**필사 연습용**

# 불교성전

佛敎聖典

필사본

동국대학교 출판문화원

# 불교성전 활용법

1 〈불교성전 필사본〉은 학교법인 동국대학교출판문화원에서 제작하였습니다.
2 〈불교성전 필사본〉은 동국역경원 〈불교성전〉의 내용을 원문 그대로 필사할 수 있도록 편집 제작하였습니다.
3 본문의 세부 숫자는 필사의 용이성을 위해 임의로 부과한 것입니다.
4 〈불교성전 필사본〉은 '경전을 옮겨 적는다'는 의미의 사경(寫經)과 다름없습니다. 매일 일정한 분량을 정해 놓고 스스로 마음을 밝혀가는 기도 수행의 방편으로 삼기 바랍니다.
5 부처님의 말씀을 옮겨 적는 일은 글자 하나하나에 정성을 들여 마음을 쏟아야 하므로 그 마음을 집중하고 순일하게 합니다.
6 〈불교성전 필사본〉 필사에 앞서, 늘 지킬 수 있는 개인의식을 정해 둡니다.
7 예를 들어, 주변을 깨끗이 정돈하고 몸과 마음을 바로 하며, 삼귀의를 독송하고, 필사를 시작하며 바라는 기도를 간략히 적어 조용히 소리내어 읽거나 입정 시간을 가지면 좋습니다.

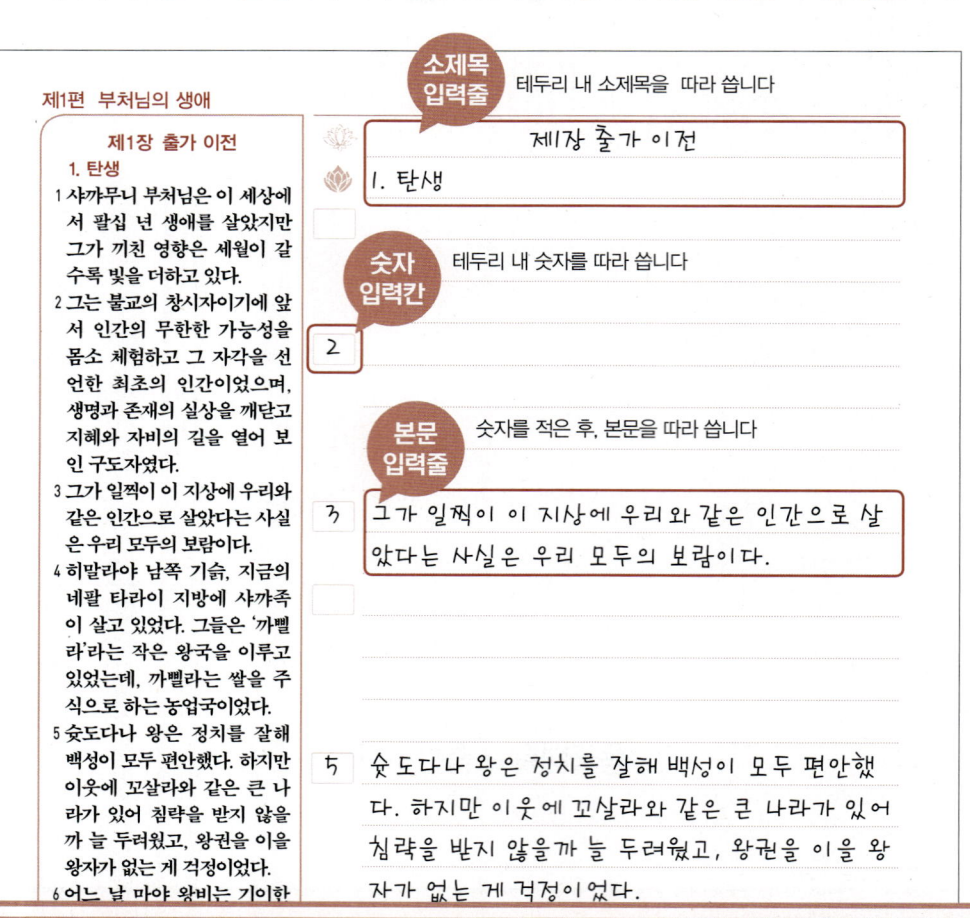

# 제1편 부처님의 생애

## 제1장 출가 이전

### 1. 탄생

1 샤꺄무니 부처님은 이 세상에서 팔십 년 생애를 살았지만 그가 끼친 영향은 세월이 갈수록 빛을 더하고 있다.

2 그는 불교의 창시자이기에 앞서 인간의 무한한 가능성을 몸소 체험하고 그 자각을 선언한 최초의 인간이었으며, 생명과 존재의 실상을 깨닫고 지혜와 자비의 길을 열어 보인 구도자였다.

3 그가 일찍이 이 지상에 우리와 같은 인간으로 살았다는 사실은 우리 모두의 보람이다.

4 히말라야 남쪽 기슭, 지금의 네팔 타라이 지방에 샤꺄족이 살고 있었다. 그들은 '까삘라'라는 작은 왕국을 이루고 있었는데, 까삘라는 쌀을 주식으로 하는 농업국이었다.

5 슛도다나 왕은 정치를 잘해 백성이 모두 편안했다. 하지만 이웃에 꼬살라와 같은 큰 나라가 있어 침략을 받지 않을까 늘 두려웠고, 왕권을 이을 왕자가 없는 게 걱정이었다.

6 어느 날 마야 왕비는 기이한 꿈을 꾸었다. 여섯 개의 이를 가진 눈부시게 흰 코끼리가 왕비의 오른쪽 옆구리로 들어왔다.

7 왕비에게는 곧 태기가 있었다. 사람들은 아들을 낳을 꿈이라며 훌륭한 왕자의 탄생을 기대했다.

8 해산달이 가까워지자 마야 왕비는 그 나라의 풍습에 따라 친정인 꼴리야성으로 길을 떠났다. 늦은 봄 화창한 날씨였다. 왕비 일행은 까삘라와 꼴리야의 경계에 이르렀다.

9 저 멀리 히말라야의 웅장한

제1편 부처님의 생애

봉우리들이 흰 눈을 이고 우뚝우뚝 솟아 있었다. 일행이 도착한 작은 동산에는 이름 모를 꽃들이 다투어 피어났다. 뭇 새들은 왕비 일행을 축복하는 듯 지저귀며 날아다녔다.

10 왕비가 말했다.
"여기가 어디냐?"
"룸비니 동산이라 하옵니다."
"아름답구나, 잠시 쉬어가자."

11 마침 가까운 곳에 아쇼까 나무 꽃이 활짝 피어 진한 향기를 뿜고 있었다. 왕비는 아름다운 꽃가지를 만지려고 오른손을 뻗쳤다. 그 순간 갑자기 산기를 느꼈다. 일행은 나무 아래 휘장을 쳐 부랴부랴 산실을 마련했다.

12 왕자는 왕비의 옆구리를 통해서 세상에 나왔다. 마치 어머니의 꿈에 흰 코끼리가 옆구리를 통해 들어온 것처럼, 아기는 자기가 들어온 곳으로 다시 나왔다.

13 그리고 태어나자 일곱 발자국을 걸어가서 소리쳤다. '천상천하 유아독존!'

14 왕자가 산모의 옆구리를 통해 출산했다는 이야기는 당대 인도인들의 신분제도에 따른 신화를 반영한 것이다.

15 웨다 성전에 따르면 사람은 신격인 범천의 신체에서 각각 출생하는데 계급에 따라서 태어나는 위치가 다르다.

16 성직자인 브라만 계급은 입으로, 왕족인 크샤트리아 계급은 옆구리로, 평민인 바이샤 계급은 허벅지와 무릎을 통해, 그리고 최하층민인 수드라 계급은 발바닥을 통해 태어난다.

눈의 경계도 의식의 경계까지도 없고,
무명도 무명이 다함까지도 없으며,
늙고 죽음도 늙고 죽음이 다함까지도 없고,
고 집 멸 도도 없으며, 지혜도 얻음도 없느니라.
얻을 것이 없는 까닭에 보살은 반야바라밀다를 의지하므로
마음에 걸림이 없고 걸림이 없으므로 두려움이 없어서,
뒤바뀐 헛된 생각을 멀리 떠나 완전한 열반에 들어가며,
삼세의 모든 부처님도 반야바라밀다를 의지하므로
최상의 깨달음을 얻느니라.
반야바라밀다는 가장 신비하고 밝은 주문이며 위없는 주문이며
무엇과도 견줄 수 없는 주문이니,
온갖 괴로움을 없애고 진실하여 허망하지 않음을 알지니라.
이제 반야바라밀다주를 말하리라.

아제아제 바라아제 바라승아제 모지 사바하
아제아제 바라아제 바라승아제 모지 사바하
아제아제 바라아제 바라승아제 모지 사바하

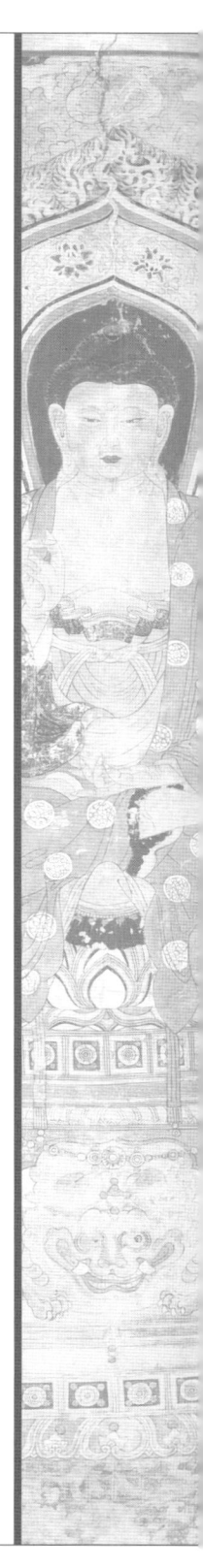

# 불교성전
佛敎聖典

## 필사본 上

1 · 부처님의 생애
2 · 초기 경전

❧ 필사자(법명) _____
❧ 시작일(입재) _____
❧ 마친일(회향) _____
❧ 소 속 사 찰 _____

동국대학교 출판문화원

# 불교성전 활용법

1 〈불교성전 필사본〉은 학교법인 동국대학교출판문화원에서 제작하였습니다.
2 〈불교성전 필사본〉은 동국역경원 〈불교성전〉의 내용을 원문 그대로 필사할 수 있도록 편집 제작하였습니다.
3 본문의 세부 숫자는 필사의 용이성을 위해 임의로 부과한 것입니다.
4 〈불교성전 필사본〉은 '경전을 옮겨 적는다'는 의미의 사경(寫經)과 다름없습니다. 매일 일정한 분량을 정해 놓고 스스로 마음을 밝혀가는 기도 수행의 방편으로 삼기 바랍니다.
5 부처님의 말씀을 옮겨 적는 일은 글자 하나하나에 정성을 들여 마음을 쏟아야 하므로 그 마음을 집중하고 순일하게 합니다.
6 〈불교성전 필사본〉 필사에 앞서, 늘 지킬 수 있는 개인의식을 정해 둡니다.
7 예를 들어, 주변을 깨끗이 정돈하고 몸과 마음을 바로 하며, 삼귀의를 독송하고, 필사를 시작하며 바라는 기도를 간략히 적어 조용히 소리내어 읽거나 입정 시간을 가지면 좋습니다.

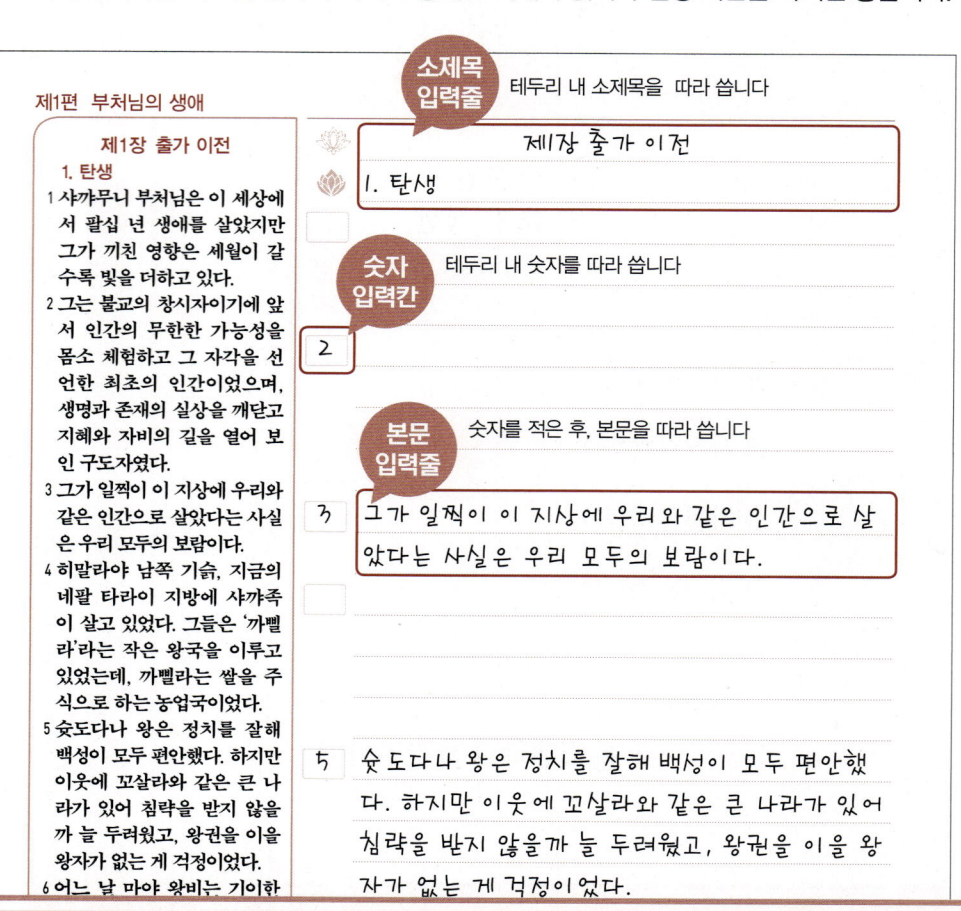

제1편 부처님의 생애

# 제1편 부처님의 생애

## 제1장 출가 이전

### 1. 탄생

1 샤꺄무니 부처님은 이 세상에서 팔십 년 생애를 살았지만 그가 끼친 영향은 세월이 갈수록 빛을 더하고 있다.

2 그는 불교의 창시자이기에 앞서 인간의 무한한 가능성을 몸소 체험하고 그 자각을 선언한 최초의 인간이었으며, 생명과 존재의 실상을 깨닫고 지혜와 자비의 길을 열어 보인 구도자였다.

3 그가 일찍이 이 지상에 우리와 같은 인간으로 살았다는 사실은 우리 모두의 보람이다.

4 히말라야 남쪽 기슭, 지금의 네팔 타라이 지방에 샤꺄족이 살고 있었다. 그들은 '까삘라'라는 작은 왕국을 이루고 있었는데, 까삘라는 쌀을 주식으로 하는 농업국이었다.

5 숫도다나 왕은 정치를 잘해 백성이 모두 편안했다. 하지만 이웃에 꼬살라와 같은 큰 나라가 있어 침략을 받지 않을까 늘 두려웠고, 왕권을 이을 왕자가 없는 게 걱정이었다.

6 어느 날 마야 왕비는 기이한 꿈을 꾸었다. 여섯 개의 이를 가진 눈부시게 흰 코끼리가 왕비의 오른쪽 옆구리로 들어왔다.

7 왕비에게는 곧 태기가 있었다. 사람들은 아들을 낳을 꿈이라며 훌륭한 왕자의 탄생을 기대했다.

8 해산달이 가까워지자 마야 왕비는 그 나라의 풍습에 따라 친정인 꼴리야성으로 길을 떠났다. 늦은 봄 화창한 날씨였다. 왕비 일행은 까삘라와 꼴리야의 경계에 이르렀다.

9 저 멀리 히말라야의 웅장한

봉우리들이 흰 눈을 이고 우뚝우뚝 솟아 있었다. 일행이 도착한 작은 동산에는 이름 모를 꽃들이 다투어 피어났다. 뭇 새들은 왕비 일행을 축복하는 듯 지저귀며 날아다녔다.

10 왕비가 말했다.
"여기가 어디냐?"
"룸비니 동산이라 하옵니다."
"아름답구나, 잠시 쉬어가자."

11 마침 가까운 곳에 아쇼까 나무 꽃이 활짝 피어 진한 향기를 뿜고 있었다. 왕비는 아름다운 꽃가지를 만지려고 오른손을 뻗쳤다. 그 순간 갑자기 산기를 느꼈다. 일행은 나무 아래 휘장을 쳐 부랴부랴 산실을 마련했다.

12 왕자는 왕비의 옆구리를 통해서 세상에 나왔다. 마치 어머니의 꿈에 흰 코끼리가 옆구리를 통해 들어온 것처럼, 아기는 자기가 들어온 곳으로 다시 나왔다.

13 그리고 태어나자 일곱 발자국을 걸어가서 소리쳤다. '천상천하 유아독존!'

14 왕자가 산모의 옆구리를 통해 출산했다는 이야기는 당대 인도인들의 신분제도에 따른 신화를 반영한 것이다.

15 웨다 성전에 따르면 사람은 신격인 범천의 신체에서 각각 출생하는데 계급에 따라서 태어나는 위치가 다르다.

16 성직자인 브라만 계급은 입으로, 왕족인 크샤트리아 계급은 옆구리로, 평민인 바이샤 계급은 허벅지와 무릎을 통해, 그리고 최하층민인 수드라 계급은 발바닥을 통해 태어난다.

17 까뻴라의 왕자가 그 어머니의 옆구리를 통해 태어났다는 이야기는 아기의 신분을 나타내 주는 설화인 셈이다.
18 또한 태어난 아기가 '이 세상에서 가장 존귀한 것은 오직 나!'라고 외친 것은 '모든 생명이 저마다 차별 없이 존귀하다'는 부처님 가르침의 핵심을 상징적으로 보여 주는 것이다.
19 그 가르침은 인류사의 혁명적 선언이었으며 암울한 정신세계에 새로운 빛을 비추는 일대 사건이었다.
20 왕자의 탄생은 그런 점에서 새로운 길의 시작이었다. 인류사의 새로운 길이 실제로 길 위에서 이루어졌다.
21 왕자는 길에서 태어났다. 그의 태가 떨어진 곳은 화려한 궁전의 안락한 침실이 아니었다. 그 어머니가 걸어가는 도중이었고, 꽃과 새와 풀과 나무가 노래하는 자연의 품 안이었다.
22 아무것도 가진 것 없이 모든 것을 가지는 자연이 그의 집이요, 길이요, 가르침의 원천이었다.
23 특히, 나무는 그의 생애에서 주요 등장인물처럼 함께했다. 땅과 하늘을 이어 주고, 풍성한 열매를 주며, 시원한 그늘을 드리우는 나무는 부처님 삶의 동반자이자 증언자였다.
24 왕자는 아쇼까 나무 아래서 태어나고, 보리수 아래서 깨달음을 얻었으며, 살라 나무 아래서 열반에 들었다.
25 나무가 뭇 생명을 위해 공덕을 베푸는 것처럼, 부처님의 생애 역시 중생 교화를 위해 헌신했다.

제1편 부처님의 생애

26 부처님은 깨달음을 얻은 후 인도의 주요 지역을 돌며 사람들을 깨우쳤다. 이것이 바로 길 위의 위대한 인생이다. 이보다 위대한 생애는 다시없다.

27 '모든 일이 다 이루어지라'는 뜻에서 왕자의 이름을 '싯다르타'라고 지었다.

28 그러나 뜻하지 않은 불행이 닥쳐왔다. 왕자를 낳은 지 이레만에 마야 왕비가 세상을 떠나고 말았다. 위대한 성자를 낳은 어머니는 아들의 탄생과 자신의 목숨을 맞바꿨다.

29 태자의 양육은 왕비의 동생인 마하빠자빠띠가 맡았다. 까뻴라의 풍습에 따라 이모가 태자의 새어머니로 들어왔다.

30 왕은 이름난 점성가를 불러 태자의 장래를 알아보고 싶었다.

31 "태자의 장래가 어떠한고?"
"대왕마마, 태자는 훌륭한 위인이 되실 관상입니다. 왕위에 오르면 무력을 쓰지 않고 온 세상을 다스리는 전륜성왕이 되실 것입니다."
"오호, 전륜성왕이란 위대한 왕이 아니더냐? 기쁜 일이로다!"

32 왕과 신하들은 기뻤다.

33 어느 날 아시따 선인이 까뻴라성으로 찾아왔다. 그는 히말라야 깊숙한 곳에서 세상과 인연을 끊고 수도에만 전념하고 있었는데 천신들이 '부처님이 세상에 출현했다.'고 말하는 소리를 들었다.

34 까뻴라의 왕궁에 태자가 태어난 것을 천안으로 알게 된 선인은 태자의 얼굴을 직접 보려고 왕궁을 찾아온 것이다. 덕망이 높은 아시따 선인이 찾아온 것을 기뻐한 왕은 태

자를 보도록 허락했다.
35 백 살도 훨씬 넘어 백발이 성성한 선인은 태자를 팔에 안고 얼굴을 유심히 들여다보았다. 곁에 있던 사람들은 숨을 죽이고 지켜보았다.
36 말없이 태자의 얼굴만 들여다보던 아시따 선인의 눈에 갑자기 눈물이 흐르기 시작했다. 사람들은 불길한 예감이 들었다. 왕은 선인에게 물었다.
37 "태자를 본 사람마다 크게 기뻐하는데, 선인은 왜 말 한마디 없이 울기만 하시오?"
"대왕마마, 염려치 마시옵소서. 태자는 전륜성왕의 상을 갖추고 있으니 앞으로 위대한 왕이 되실 것입니다. 하지만 대왕마마, 태자는 그보다 더 뛰어난 상을 가지고 계십니다. 태자는 장차 모든 중생을 구제할 부처님이 되실 분입니다."
"부처님?"
38 "그러하옵니다, 대왕마마. 부처님이 이 세상에 출현한다는 것은 참으로 귀하고 드문 일입니다. 태자는 지상에 한 번도 나투신 적 없는 위대한 성자가 되실 것입니다. 하지만 대왕마마, 저는 이제 너무 늙었습니다. 태자가 도를 이루어 부처님이 되실 그때까지 살지 못하옵니다. 이 한 몸 가는 것은 서럽지 않으나 부처님을 뵙지 못하고 가려니 그것이 슬퍼서 눈물이 나는 것입니다."
39 그런 뒤에 데리고 온 어린 제자에게 당부했다.
"네가 커서 부처님이 출현하셨다는 소문을 듣거든 지체 말고 찾아가 그분의 제자가 되어라."

40 싯다르타 태자가 전륜성왕보다 뛰어난 상을 가졌다는 아시따 선인의 말을 듣고 왕과 신하들은 기뻤다.

41 그러나 왕위를 이어받아 나라를 다스리지 않고 출가하여 부처님이 되리라는 예언이 기쁘지만은 않았다. 이웃나라인 꼬살라의 침략을 두려워하던 까삘라의 샤꺄족들은 전륜성왕이 출현하여 온 세상을 평화롭게 다스려 줄 것을 고대하지 않았던가.

42 그러므로 태어난 왕자가 나라를 다스릴 왕이 아니라 사람들의 마음을 다스릴 성자가 되리라는 예언이 마냥 좋지만은 않았다.

### 2. 명상에 잠긴 싯다르타

1 어머니를 일찍 여읜 태자는 많은 사람의 사랑을 받았다. 이모인 마하빠자빠띠도 태자를 지극히 사랑하고 잘 보살폈다.

2 마하빠자빠띠는 그 뒤 왕자와 공주를 낳았지만 싯다르타에 대한 사랑은 조금도 변함없었다.

3 태자는 총명했다. 하나를 들으면 열을 알았다. 특별한 재능과 비범한 능력을 타고난 것 같았다.

4 하지만 태자는 고독했다. 혼자 있는 걸 좋아했다. 왕은 이따금 태자의 얼굴에서 쓸쓸한 그늘을 보았다. 세상 떠난 어머니를 그리워해서인가 하고 생각할 때마다 태자가 더욱 애처로웠다.

5 태자가 열두 살 되던 해 봄이었다. 숫도다나왕은 신하들과 함께 들에 나가 '농민의 날' 행사를 참관했다. 왕은 그해 봄에 첫 삽을 흙에 꽂았다. 이는 농업국인 까삘라 왕국의 밭갈

이 시작을 알리는 풍습이었다.

6 어린 태자도 부왕을 따라 농부들이 사는 마을까지 내려갔다. 왕궁 밖의 전원 풍경은 싱그럽고 아름다웠다. 태자는 농부들이 땀 흘리며 일하는 모습을 보자 그들의 처지가 자기와는 다르다는 것을 생각했다.

7 뜨거운 햇볕 아래서 고된 일을 하고 있는 농부들을 본 싯다르타의 마음은 잠시 어두워졌다.

8 쟁기 끝에 파헤쳐진 흙 속에서 벌레가 꿈틀거렸다. 이때 새 한 마리가 날아들더니 벌레를 쪼아 물고 공중으로 날아갔다. 순식간에 한 생명이 사라졌다.

9 살려고 발버둥 치던 벌레는 왜 새의 입 속으로 들어갔나? 새는 왜 벌레를 잡아먹나? 어린 싯다르타는 충격을 받았다. 그곳에 더 머물 수가 없었다. 방금 눈앞에서 일어난 일을 생각하면서 일행을 떠나 숲으로 발길을 옮겼다.

10 숲속 깊숙이 들어가니 아름다운 나무가 보였다. 잠부나무였다. 나무는 땅과 하늘을 이어 주는 기둥 같았다. 시원한 그늘을 드리워서 걱정거리가 많은 사람들의 머리를 식혀 주는 것도 같았다.

11 바람이 부드럽게 불어오자 나뭇잎들이 속삭였다. '싯다르타야, 무슨 문제가 있니? 몸에 열이 있구나. 여기 시원한 그늘에 와서 앉아라.'

12 어린 태자의 가슴에 여러 갈래의 문제가 한꺼번에 뒤얽혔다. 태자의 눈에는 아직도 또렷하게 어른거렸다. 먹고살기 위해 뙤약볕 아래서 땀을 흘리며 일하던 농부들, 흙 속에서 나와 꿈틀거리던 벌레, 그 벌레를 물

고 사라진 날짐승…;
13 '어째서 살아 있는 것들은 서로 먹고 먹히며 괴로운 삶을 이어 가야만 할까? 무슨 이유로 그렇게 살아가야 하는 것일까?' 그의 눈에는 삶 자체가 괴로움이었다.
14 소년 싯다르타는 한번 의문을 품기 시작하면 끝까지 파고드는 성미였다. 그는 깊은 생각에 잠긴 채 다른 일은 모두 잊어버렸다.
15 "큰일 났다, 태자님이 안 보인다!"
"큰일 났다, 태자님이 없어졌다!"
행사가 끝나 왕을 모시고 궁중으로 돌아가려던 신하들은 어린 태자의 모습이 보이지 않자 안절부절못했다. 사방으로 흩어져 여기저기 찾아 헤매던 끝에 큰 나무 아래 앉아 깊은 명상에 잠겨 있는 태자를 보았다.
16 소년의 모습은 단정했다. 평화스럽고 거룩했다. 아무리 태자라지만 아직 열두 살 소년인데, 정말로 그는 거룩했다. 신비한 빛이 태자 주변에 은은히 어리어서 신하들은 감히 태자에게 말을 걸 수가 없었다.
17 왕 역시 태자를 불러일으키지 못했다. 왕은 조심스레 아들 곁으로 다가가서 말했다.
"싯다르타, 이제 해도 저물었으니 그만 일어나 궁으로 돌아가자."
18 태자는 비로소 왕의 얼굴을 쳐다보고 나무 아래서 일어섰다. 부왕의 마음은 무겁고 답답했다.
19 모든 일을 잊어버리고 명상에 잠긴 열두 살짜리 아들에게서 벌써 성자의 모습이 보이지 않는가. 한편으로는 대견스러

제1편 부처님의 생애

# 제1편 부처님의 생애

왰지만 다른 한편으로는 태자가 자기에게서 멀어질 것만 같아 안타까웠다.

20 "태자는 장차 모든 중생을 구제할 부처님이 되실 분입니다."

왕은 까맣게 잊었던 아시따 선인의 예언을 다시 생각했다. 아직 어릴 때 싯다르타의 마음을 돌이키지 않으면 영영 떠나가 버릴 것만 같았다.

21 옛날부터 인도의 수행자들은 흰 눈을 머리에 이고 하늘 높이 솟아 있는 히말라야를 멀리 바라보면서 명상을 즐겼다.

22 그들은 무더위를 피해 우거진 숲속과 나무 그늘 아래서 깊은 명상에 잠기거나 제자들과 대화를 나누었다.

23 인도 사람들은 숲속의 수행자와 사상가를 존경했다. 아내와 아이들을 위해 생계를 꾸려 나가다가도 틈만 있으면 숲속을 찾아가 성자들의 말씀을 들었다.

24 아들이 나이가 차서 집안일을 돌보게 되면 그들은 가정을 떠나 숲으로 들어가곤 했다. 수행자나 성자들과 함께 여생을 보내기 위해서였다.

25 인도의 종교와 사상은 이처럼 히말라야가 바라보이는 대자연 속에서 이루어졌다. 어린 싯다르타 태자가 숲에서 홀로 명상하는 경험도 인도의 이러한 수행 문화와 관련이 깊다.

## 3. 네 개의 문

1 싯다르타는 숲속에서 명상에 잠겼다가 돌아온 뒤부터 남의 눈에 뜨이지 않는 곳에서 홀로 깊은 생각에 잠기는 일이 잦았다. 그럴수록 슛도다나왕의 마음은 점점 어두워졌다.

제1편 부처님의 생애

2 왕은 태자를 즐겁게 하여 홀로 사색에 빠지는 일이 없도록 항상 마음을 썼다. 대신의 자녀들 중 같은 또래를 곁에 머물게 하여 그를 즐겁게 해 주려고 애썼다. 그럴수록 싯다르타는 홀로 있고 싶어 했다.

3 오랫동안 궁전에만 있던 싯다르타는 궁전 밖에 나가 바람을 쐬고 싶었다. 그 뜻을 부왕에게 말씀드리자 왕은 기꺼이 허락했다.

4 왕은 곧 화려한 수레를 마련하게 하는 한편 신하들에게 분부했다.
"태자가 가는 곳마다 값진 향을 뿌리고 아름다운 꽃을 장식해서 태자의 마음을 기쁘게 하라."

5 싯다르타를 태운 수레가 동쪽 성문을 막 벗어났을 때였다. 머리는 마른 풀처럼 빛바래고 몸은 지팡이처럼 바짝 마른 노인이 숨을 헐떡거리면서 저쪽에서 오고 있었다. 화려한 궁중에서만 자란 태자는 이렇게 불쌍한 노인을 본 적이 없었다.

6 그는 시종에게 물었다.
"왜 저 사람은 저토록 비참한 모양을 하고 있느냐?"

7 시종은 대답했다.
"태자마마, 사람이 늙으면 누구나 저렇게 된답니다. 나이 먹으면 점점 기운이 빠지면서 숨이 차 헐떡거리게 되고, 눈이 어두워져 앞을 잘 못 보게 되며, 이가 빠져 굳은 것은 먹을 수도 없습니다. 그래서 결국에는 저렇게 초라하게 되고 말지요."

8 태자의 마음에 어두운 그늘이 드리워졌다. '사람이 늙으면 누구나 저렇게 된다?'

9 싯다르타는 침통하게 혼잣말을 했다.
"그렇다면 나도 결국은 저 같은 늙은이가 되겠구나!"

10 시종은 자신도 모르게 태자의 말을 받았다.
"그렇습니다, 태자마마. 이 세상에 태어난 사람이면 태자이건 시종이건 신분의 높고 낮음을 가릴 것 없이 누구나 저런 노인의 모양을 면할 수 없습니다."

11 시종의 말을 듣고 난 태자는 한동안 멍하니 먼 하늘을 바라보다가 힘없는 소리로 말했다.
"수레를 왕궁으로 돌려라!"

12 모처럼의 소풍길에서 되돌아선 태자의 마음에는 또 한 겹의 어둠이 내렸다.

13 싯다르타의 번민하는 모습을 본 부왕은 아시따 선인의 예언대로 싯다르타가 혹시나 출가하지 않을까 전전긍긍했다.

14 부왕은 태자의 생활이 전보다 한층 더 호화롭고 기쁨에 차도록 마음을 썼다.

15 어느 날 태자는 답답한 궁중을 또 벗어나 자연을 즐기고 싶어 했다. 왕은 신하들에게 명령을 내려, 이번에는 길가에 궂은 것은 하나도 눈에 띄지 않도록 단단히 당부했다.

16 수레는 남쪽 성문 밖으로 나갔다. 얼마쯤 가다 보니 길가에 누더기를 뒤집어쓴 채 쓰러져 신음하는 사람이 있었다. 얼굴은 파리하고 팔다리는 뼈만 앙상했다.

17 싯다르타는 수레를 멈추게 하고 시종에게 물었다.
"저 사람은 왜 저러고 있는가?"

18 시종은 솔직하게 대답하지 않을 수 없었다.
"태자마마, 저 사람은 지금 병에 걸려 앓고 있습니다. 육신을 가진 사람은 한평생 사는 동안 전혀 앓지 않고 지낼 수 없습니다. 앓는다는 건 괴로운 일입지요. 저 사람은 지금 아픔을 못 이겨 신음하고 있는 중입니다."

20 태자는 그 자리에서 깊은 생각에 잠겼다. '사람은 왜 병에 걸려 고통을 받아야만 할까? 늙음의 고통이나 질병의 고통은 왜 생기는 것일까? 그러한 고통에서 벗어나는 길은 없을까?'

21 그날도 태자는 도중에서 돌아오고 말았다. 날씨는 맑게 개어 화창했지만 태자의 눈에는 모든 것이 병들어 빛이 바래 보였다.

22 또 어느 날 싯다르타는 서쪽 성문을 벗어나 들로 나갔다. 수레를 끌고 달리는 말처럼 오늘만은 어쩐지 그의 마음도 가벼웠다.

23 태자의 수레가 들길을 지나 인적이 드문 고요한 숲에 이르렀다. 바로 그때, 죽은 시체를 앞세우고 슬피 울며 지나가는 행렬과 마주쳤다.

24 깜짝 놀란 싯다르타는 시종에게 물었다.
"저건 무엇이냐?"
시체인 줄 뻔히 알고 있는 시종은 태자의 반응이 두려워 입을 열지 못했다. 태자는 다시 물었다.
"도대체 무엇이기에 대답을 당설이느냐?"

25 시종은 하는 수 없이 말문을 열었다.
"죽은 사람입니다, 태자마마. 죽음이란 생명이 끊어져서 영원한 이별을 가져다주는 가장 슬픈 일이옵지요."

26 싯다르타는 마치 자기 자신의 죽음을 본 것처럼 가슴이 내려앉았다. 지금 자기는 살아 있는 게 아니라 순간순간 죽음의 길을 걷고 있다는 사실을 비로소 깨달았다.

27 해가 기운 뒤에야 수레가 돌아오는 것을 보고 부왕은 흐뭇하게 생각했다.

28 그러나 수레가 가까이 다다랐을 때 싯다르타의 얼굴은 심각하게 어두워져 있었다. 이 날부터 그는 혼자 있는 시간이 더욱 잦았다.

29 며칠 뒤 싯다르타는 북쪽 문을 거쳐 밖으로 나갔다. 북쪽 성문을 나서자 우람한 수목들이 숲을 이루고 있었다.

30 숲속으로 난 오솔길로 텁수룩한 머리에 다 해진 누더기를 걸친 사람이 걸어오고 있었다. 옷은 비록 남루하지만 걸음걸이는 의젓했고 얼굴에는 거룩한 기품이 감돌며 눈매가 빛났다.

31 수레 가까이 온 그 사람은 태자를 쳐다보았다. 그 모습이 너무도 의젓했으므로 태자는 자신도 모르게 수레에서 내려 그에게 머리를 숙였다.

32 "당신은 어떤 분이십니까?"
그 사람은 낭랑한 음성으로 대답했다.
"나는 출가 사문이오."

33 출가 사문이란 세상의 모든 일을 버리고 집을 나와 도를 닦는 수행자를 말한다. 싯다르타는 다시 물었다.
"출가하면 무엇이 좋습니까?"

34 "나는 일찍이 세상에서 늙음과 질병과 죽음의 고통을 자신과 이웃을 통해 맛보았소. 그리고 모든 것이 덧없다는 것을 알았소. 그래서 부모와 형제를 이별하고 집을 떠나,

고요한 곳에서 이 고통으로부터 벗어나기 위해 수도를 했소. 내가 가는 길은 세속에 물들지 않는 평안의 길이오. 나는 이제 그 길에 이르러 영원한 평안을 얻었소."

이 말을 남기고 사문은 태자의 곁을 떠나 휘적휘적 가버렸다.

35 사문의 말을 듣고 난 싯다르타의 가슴에는 시원한 강물이 흐르는 듯했다. 그의 눈에는 감격의 눈물이 맺혔다.

36 사문의 뒷모습을 바라보는 태자의 마음에 무엇인가 굳은 결심이 생겼다.

### 4. 학문에 대한 회의

1 숫도다나왕은 태자를 위해서라면 무슨 일이든 가리지 않았다. 태자에게는 어떤 괴로움이나 불편도 주지 않으려고 했다.

2 부처님께서는 뒷날 태자 시절을 회상하면서 이렇게 말씀하셨다.

"나는 이루 말할 수 없이 호사스런 나날을 보냈다. 아버지의 왕궁에는 커다란 연못이 있었는데 거기에는 형형색색의 연꽃이 피어 있었다. 나는 까시 지방에서 나는 향밖에는 쓰지 않았다. 내가 입던 옷감 역시 까시에서 생산되는 것이었다. 내가 밖으로 나갈 때는 언제나 양산을 들어 주는 시종이 따랐다. 게다가 나는 겨울과 여름과 장마철에 따라 편리하도록 꾸며진 궁전을 세 채나 가지고 있었다. 나는 아름다운 여자들에게 둘러싸여 장마철에도 지루하지 않게 보낼 수 있었다. 이 모두가 나를 즐겁게 하기 위해 마련된 것이었다."

제1편 부처님의 생애

3 태자 시절이 얼마나 호사스러웠던가를 짐작할 만하다.
4 그러나 한번 깊이 품은 인생에 대한 회의는 그런 호사와 즐거움으로 메워질 수 없었다. 쾌락이 지나간 다음의 허전함은 태자의 회의를 더욱 깊게 할 뿐이었다.
5 출가한 사문을 만난 뒤부터 태자는 혼자 있기를 더욱 좋아했다.
6 왕은 태자의 관심을 돌리기 위해 태자에게 심오한 학문을 가르치기로 했다. 슛도다나왕은 나라에서 가장 학식이 뛰어난 '위슈와미뜨라'라는 학자를 모셔다 태자의 스승으로 삼았다.
7 태자에게 글을 가르치던 첫날, 스승은 태자의 총명함에 놀랐다. 지금까지 많은 왕자들을 가르쳐 보았지만 싯다르타처럼 뛰어난 천재를 보지 못했다.
8 태자는 인도의 가장 오래된 고전인 웨다 성전을 줄줄 욀 만큼 기억력도 비상했다. 스승 위슈와미뜨라가 알고 있는 깊은 학문도 거의 다 배우게 됐다.
9 싯다르타의 학문은 나날이 깊어 갔다. 슛도다나왕은 스승을 불러 싯다르타에게 제왕의 길도 가르쳐 줄 것을 부탁했다. 얼마 후에는 '끄샨띠데와'라는 군사학의 대가를 불러 무예와 병법도 가르쳤다.
10 태자는 무예와 병법에도 뛰어난 소질을 보였다. 처음 배우는 지식이었지만 모두가 신기하기만 했다. 싯다르타는 새 것을 알고 싶어 하는 소년다운 호기심으로 더욱 열심히 공부했다. 스승으로부터 이런 소식을 전해들은 왕은 몹시

기뻤다.
11 총명한 태자가 자기의 뒤를 이어 까삘라를 잘 다스려 주기만 한다면 더 이상 바랄 게 없었다.
12 그러나 부왕의 안심은 오래가지 못했다. 태자는 지식이 풍부해질수록 회의가 없어지기는커녕 더욱 깊어 갔다.
13 학문이란 한낱 지식을 넓혀 줄 뿐 인생의 근본적인 문제에 대해서는 무력하다는 것을 알게 되었다.
14 사람은 어째서 늙고, 병들어 죽어 가는가? 무엇 때문에 태어나는 것일까?
15 태자는 인생의 중요한 문제에 대해 입을 다물고 있는 학문을 좋아하지 않았다. 어디엔가 자신의 의문을 풀어 줄 수 있는 길이 있을 것만 같았다.
16 이제 싯다르타는 스승으로부터 배울 게 없었다. 스승 역시 그 이상 가르쳐 줄 게 없다면서 떠나갔다. 태자는 또다시 명상에 잠겼다.
17 불안해진 숫도다나왕은 어떻게 하면 태자의 마음을 궁중에 붙잡아 둘 수 있을까 하고 궁리한 끝에 한 가지 좋은 생각을 떠올렸다.
18 아름다운 여성이 태자의 아내가 되어 곁에 있으면 명상에 잠길 겨를도, 출가하여 사문이 되려는 생각도 없어지고 말 것이라고 믿었다. 태자를 결혼시키자!

### 5. 결혼
1 싯다르타가 열아홉 살이 되자 부왕은 서둘러 태자비를 물색하기로 했다. 태자는 결혼이 마음에 내키지 않았지만 부왕의 간곡한 권유를 뿌리

칠 수 없었다.
2 가문 좋고 아름답고 슬기로운 규수를 물색한 끝에 같은 샤꺄족 대신의 딸 야쇼다라를 태자비로 정했다.
3 태자는 결혼한 다음에도 사색에 잠기거나 침울한 생각에 빠질 때가 많았다. 그때마다 슬기로운 야쇼다라는 태자의 마음을 위로하는 데 정성을 다했다.
4 수많은 궁녀들이 그의 둘레에 몰려들어 춤과 노래로 즐겁게도 했지만 그의 마음속 깊이 자리 잡은 생각은 어쩔 수 없었다.
5 인간이 영원히 살 수 있고 모든 사람이 행복하다면, 그 역시 마음껏 쾌락을 즐길 수 있었으리라.
6 그러나 태자는 이 세상에 태어나면서부터 인생의 덧없음을 몸소 겪었다. 어머니의 죽음은 싯다르타로 하여금 어린 시절부터 인생의 근원적인 문제로 눈을 돌리게 했다.
7 인간은 누구나 죽는다. 살아 있다고 하지만 언제 죽을지 아무도 모른다. 죽으면 어떻게 되는 것일까. 젊고 아름다운 사람을 볼 때마다 싯다르타의 눈에는 그가 늙었을 때의 추해진 모습이 떠오르곤 했다.
8 태자는 인생의 근원적인 병을 혼자서 앓았다. 아내인 야쇼다라도 어쩔 도리가 없었다.
9 그가 뒷날 부처님이 되었을 때 제자들에게 이런 말씀을 하신 적이 있다.
"어리석은 사람은 자신의 병을 피할 수 없다는 것을 모른다. 그래서 앓는 사람을 보면 싫어한다. 나는 지금 앓고 있지 않지만 언젠가는 앓게 되리라는 것을 알기 때문에 병든 사람을 싫어하지 않는다. 또 어리석은 사람은 자신이 늙어 가는 것을 모른다. 그래서 늙은 사람을 보면 싫어한다. 나는 내가 늙어 가는 것을 알기 때문에 노인을 싫어하지 않는다."

10 싯다르타는 젊은 나이에도 불구하고 늙고, 병들고, 죽어 가는 자신의 모습을 보았다. 괴로움을 짊어지고 시시각각 죽음을 향해 걸어가고 있는 자신의 모습을 깊은 사색 속에서 역력히 보았던 것이다.

11 태자의 기억 속에는 전에 성문 밖에서 만났던 사문의 모습이 또다시 떠올랐다. 문득 그 사문을 다시 보고 싶었다.

12 싯다르타는 야쇼다라가 곁에 있는 것도 잊어버리고 자주 명상에 잠겼다. 결혼 생활도 태자의 마음을 붙잡을 수는 없었다.

13 싯다르타의 나이 스물아홉이 되었다. 야쇼다라와 결혼한 지도 십 년이 지났다. 어느 날 그는 생각했다. '결혼 때문에 출가가 십 년이나 늦어졌구나. 이러다가는 몇 해가 더 늦어질지 모른다. 나는 자꾸 늙어 갈 테고 죽음으로 가까이 갈 텐데…….'

14 싯다르타의 마음은 초조해졌다. 이대로 살다 죽는다면 아무런 보람도 없으리라 생각하자 그의 앞에 새로운 길이 보이기 시작했다.

15 싯다르타는 혼자서 외쳤다. '그렇다! 나도 출가 사문의 길을 찾아 나서자.' 이렇게 마음을 정하고 나니 초조함이 사라지고 괴로움도 조금씩 누그

러졌다.
16 이제 싯다르타에게는 출가 시기만이 문제였다.
17 그러나 자기가 떠나 버린 뒤의 일을 생각하니 걱정이 밀려왔다. '부왕의 실망이 얼마나 클 것인가. 다행히 이모인 마하빠자빠띠에게서 태어난 동생이 있으니 왕위를 계승하는 문제는 걱정이 없다. 그러나 내가 출가해 버린 걸 아신 부왕은 얼마나 애통해 할 것인가. 그리고 아내 야쇼다라는 또 얼마나 슬퍼할 것인가.'
18 싯다르타는 매일매일 잠을 이룰 수 없었다. 후일 부처님께서는 이때의 심정을 말씀하셨는데 그걸 전하는 바람결이 노래처럼 곡조를 바꾸어 사람들에게 들려주었다.
19 나는 아직 젊은 청년이었네.
머리칼은 검고 청춘의 즐거움으로 가득 차 있었지.
내 앞에는 영화로운 제왕의 자리가 또한 기다리고 있었네.
하지만 나는 영원한 진리를 찾아
부모와 아내가 눈물로써 만류하는 것을 뿌리치고
인생의 봄을 등졌도다.
왕궁을 빠져나와 머리를 깎고 가사를 입은 후,
싯다르타 왕자는 출가 사문의 길을 떠났노라.
20 숫도다나왕은 아시따 선인의 예언이 실현되지 않기를 바랐다. 태자가 자기의 왕위를 이어받아 훌륭한 제왕이 되기를 간절히 원했던 것이다. 모든 소원을 이루게 하는 사람이라는 뜻에서 태자의 이름을 싯다르타라고 지은 것도 왕의 소원 때문이 아니었던가.

21 그러나 '모든 일이 다 이루어지라'는 왕의 바람과는 달리, '모든 것을 버리겠노라'며 출가를 결심한 태자는 예고도 없이 부왕 앞에 나타났다.

22 "아바마마, 저는 아무래도 사문의 길을 가야겠습니다. 출가를 허락해 주십시오."

23 왕은 눈앞이 캄캄했다. 가슴이 벌벌 떨렸다. 그러나 정신을 차려야 했다. '나는 왕이기 이전에 아버지 아닌가!' 아버지는 다시 한 번 아들의 뜻을 돌려 보려고 했다.

24 "사랑하는 태자야, 무슨 소원이든 다 들어줄 테니 제발 출가할 뜻만은 버려다오."
"그러시다면 제게 한 가지 소원이 있습니다."
"오, 그 소원이 무엇이냐?"
"이 소원만 이루어 주신다면 저는 출가의 뜻을 버리겠습니다."

25 슛도다나왕의 얼굴이 밝아졌다.
"어서 소원을 말해 보아라."
왕의 표정과는 달리 싯다르타의 얼굴은 돌처럼 굳어 있었다. 나직하면서도 힘 있는 말이 그의 입에서 흘러나왔다.

26 "아바마마, 제 소원은 죽음을 뛰어넘는 일입니다. 늙고 죽어가는 고통에서 벗어날 수 있는 방법을 가르쳐 주시면 저는 이 자리에서 출가의 뜻을 버리겠습니다."

27 왕은 어처구니가 없었다. 그러나 진지하고 슬픈 태자의 표정을 보자 화를 낼 수도 없었다. 모든 소원을 다 들어주겠다던 왕도 어쩔 도리가 없었다. 국왕인 자신도 늙음과 죽음 앞에서는 무기력하다는

제1편 부처님의 생애

것을 인정해야 하지 않는가.
28 "안 된다. 절대로 안 된다. 그리는 못한다!"
왕은 절망에 빠져 비명에 가까운 소리를 질렀다. 태자는 일단 자리에서 물러나왔다. '아바마마, 너무 슬퍼하지 마옵소서. 태자는 전륜성왕의 길보다 더 높고 바른 길을 가고자 하나이다. 조만간 제가 보이지 않더라도 상심하지 마옵소서.' 돌아 나오는 길에 마음속으로 이렇게 혼잣말을 하였다.
29 마음의 준비도 굳게 되었고 왕에게도 출가의 결심을 알린 뒤라 싯다르타는 이제 왕궁을 떠날 기회만을 찾고 있었다.
30 태자는 아내 야쇼다라와 이모인 마하빠자빠띠에게는 출가의 결심을 말하지 않기로 했다. 연약한 여인들의 가슴에 상처를 주고 싶지 않았다.
31 이 무렵 궁전 안에 기쁜 소식이 전해졌다. 야쇼다라가 아들을 낳은 것이다.
32 숫도다나왕의 기쁨은 이루 말할 수 없었다. 큰 잔치를 베풀고 왕손의 탄생을 축하하도록 했다.
33 그런데 정작 이 경사를 기뻐해야 할 싯다르타는 보이지 않았다. 해가 지고 어둠이 내릴 무렵에야 그는 궁전으로 돌아왔다. 그날도 숲속에 들어가 온종일 혼자 명상에 잠겼다 돌아오는 길이었다.
34 궁전 앞에 이르러 사람들이 웅성거리며 즐거워하는 광경을 보자 싯다르타는 비로소 궁중에 경사가 난 줄 알았다.
"태자마마에게 새 왕자가 생기셨다!"
"만세, 만세!"

"까삘라의 미래를 축복하세, 축복하세!"

35 자기에게 아들이 생겼다는 소식을 들은 싯다르타는 '오, 라훌라!' 하고 탄식했다. 라훌라는 '장애'라는 뜻이다. '출가할 길에 아이가 생기다니!'

36 태자가 탄식한 말은 그대로 아이의 이름이 되었다. 싯다르타는 아들이 태어났다는 소식을 듣고 '라훌라!'라고 탄식했지만 한편으로는 이제야말로 기회가 왔다고 결심했다.

37 당시 인도의 풍습으로는 대를 이을 후계자가 있어야 출가가 떳떳하게 여겨지던 터였다.

### 제2장 성도하기까지

#### 1. 출가

1 마침내 그날 밤이 되었다. 싯다르타는 왕궁을 떠나기로 결심했다.

2 마지막 밤이나마 사람들 마음을 기쁘게 해 주고 싶었다. 야쇼다라와 함께 궁녀들의 노래와 춤을 즐겁게 구경했다.

3 잔치가 끝나고 밤이 깊었을 때 싯다르타는 잠든 아내와 어린 아기를 번갈아 보았다. 세상에서 가장 행복하고 평화로운 기운이 어머니와 아기의 잠든 얼굴에 깃들어 있었다.

4 '야쇼다라여, 모쪼록 슬퍼하지 말고 잘 지내시오. 아가야, 너도 무럭무럭 잘 자라거라.'

5 한 여인의 남편이자 한 아이의 아버지인 싯다르타는 그의 가족을 향해 이렇게 눈으로 이야기했다. 그러고는 곧바로 고개를 돌렸다.

6 사람들이 깊이 잠든 한밤중에 그는 자리에서 일어났다. 그토록 법석이던 궁중은 무덤

처럼 적막했다.
7 드넓은 대청마루에서는 지난 밤 노래하고 춤추던 궁녀들이 여기저기 쓰러져 자고 있었다. 어떤 궁녀는 이를 갈면서 자는가 하면 또 다른 궁녀는 입을 벌린 채 침을 흘리며 자고 있었다. 이불을 걷어차 버리고 추한 모양으로 자는 여자도 있었다.
8 피로에 지쳐 곯아떨어진 궁녀들의 몰골은 아름답게 치장했을 때와는 너무도 달랐다. 싯다르타는 그들이 가엾었다.
9 싯다르타는 밖으로 나와 시종의 집으로 갔다. 낮은 목소리로 시종 찬다까를 깨워 말을 끌고 나오도록 했다.
10 싯다르타는 말에 올랐다. 그가 말을 타고 궁중을 빠져나가는 것을 찬다까 외에는 아무도 몰랐다. 찬다까는 태자의 엄숙하고 비장한 표정을 보고서 입을 열 수가 없었다.
11 성문을 나올 때 태자는 맹세했다. '생사의 문제를 해결하기 전에는 다시 이 문으로 들어오지 않으리라.'
12 싯다르타는 마침내 오랜 세월을 두고 갈망하던 출가를 결행했다. 태자의 행차치고는 외로운 길이었다. 하지만 어쩌랴. 출가 사문의 길은 원래 혼자서 가는 고독한 길인 법이다.
13 싯다르타는 성을 벗어나자 길을 재촉했다. 말발굽 소리가 밤하늘에 울려 퍼졌다. 이따금 숲에서 밤새들의 울음소리가 들려올 뿐 태자와 찬다까는 한마디 말도 없었다.
14 아노마강을 건너 아누삐야 망고숲에 도착하자 먼동이

트기 시작했다. 새벽의 맑은 강바람이 상쾌하게 불어왔다.

15 싯다르타는 말에서 내려 시종의 손을 잡으면서 부드럽게 말했다.

"찬다까야, 수고했구나."

이 길이 태자의 출가임을 알아차린 찬다까는 흐느껴 울었다.

16 싯다르타는 강물에 얼굴을 씻고 허리에서 칼을 뽑아 치렁치렁한 머리칼을 손수 잘랐다. 찰기 있게 빛나는 태자의 검은 머리칼들이 강물 위로 뭉텅뭉텅 떨어져 내렸다.

17 까뻴라 왕자의 영광과 화려한 세월들이 일순간에 사라지는 중이었다. 찬다까는 눈물을 흘리며 말없이 지켜보았다. 싯다르타는 몸에 지녔던 패물을 찬다까에게 내주며 말했다.

18 "이 목걸이를 부왕께 전하여라. 그리고 싯다르타는 죽은 것으로 생각하시라고 말씀드려라. 내 뜻이 이루어지기 전에는 죽는 한이 있더라도 돌아가지 않을 것이다. 나는 왕위 같은 세속의 욕망은 털끝만큼도 없다. 다만 생로병사의 괴로움에서 벗어나기 위해 이 길을 걷는다고 말씀드려라."

19 그리고 다른 패물을 주면서 아울러 부탁했다.

"이것은 이모님과 야쇼다라에게 전하여라. 내가 출가 사문이 된 것은 세속을 떠나기 위해서가 아니라 지혜와 자비의 길을 찾기 위해서라고 말해다오."

20 그때 마침 사냥꾼이 그들 곁을 지나갔다. 태자는 사냥꾼을 불렀다. 그리고 자기가 입고 온 호화스러운 태자의 옷

제1편 부처님의 생애

을 벗어서 사냥꾼에게 주고 사냥꾼의 해진 옷을 얻어 입었다.

21 머리를 깎고 해진 옷을 걸친 싯다르타는 누가 보아도 까삘라의 태자가 아니었다. 그는 영락없는 사문의 모습이었다.

22 "찬다까야, 여기서 헤어지기로 하자. 만나면 헤어지는 게 이 세상 인연 아니냐. 그럼 잘 가거라."

찬다까는 자리에 주저앉아 통곡했다.

23 싯다르타는 마지막으로 타고 온 백마 깐타까를 쓰다듬어 주었다.

"깐타까야, 그동안 나를 위해 수고가 많았다. 잘 가거라."

백마 깐타까도 이별을 서운해 하는 듯 눈물을 흘렸다.

### 2. 구도의 길

1 구도의 길을 찾아 왕궁을 나온 싯다르타는 가까운 숲으로 들어갔다.

2 그는 어떤 나무 아래 단정히 앉아 정신을 집중하기 시작했다. 싯다르타는 죽어도 물러서지 않겠다는 굳은 결심으로 최초의 싸움에 임했다.

3 머리 위로 태양이 높이 솟아올랐다. 그는 심한 갈증과 허기를 느꼈지만 움직이지 않았다.

4 이름 모를 새들이 지저귀고 이따금 사나운 짐승들의 포효가 들려왔다.

5 뜻을 굳게 세운 싯다르타는 조금도 흔들림이 없었다. 해가 기울고 어두운 밤이 되어도 그곳을 떠나지 않았다. 정신을 집중하려 애썼다.

6 그러나 온갖 기억들이 되살아나 그의 머릿속을 어지럽혔

제1편 부처님의 생애

7 밤이 깊어 갈수록 숲은 무거운 정적으로 가라앉았다. 그는 마음을 더욱 굳게 가다듬었다.

8 첫 밤을 새고 나자 싯다르타는 자기 뜻대로 수행이 되는 듯한 생각이 들었다. 하지만 어지러운 기억들은 여전히 지워지지 않았다. 다음 날도 그 다음 날도 같은 상태가 계속되었다.

9 허기가 져서 참을 수 없게 되면 가까이서 흐르는 개울물을 마실 뿐 아무것도 먹지 않았다. 그렇게 하면서 싯다르타는 이 우주의 진리를 깨닫지 않으면 안 된다고 더욱 굳게 결심했다.

10 어떤 날 밤에는 비가 내렸고 비가 개고 나서는 쌀쌀한 바람이 숲에 몰아쳤다. 비에 흠뻑 젖은 싯다르타는 이가 딱딱 부딪치도록 추위에 떨었다. 속이 비어 추위를 이겨내기 어려웠다.

11 왕궁의 따뜻한 방이 생각났다. 싯다르타는 부질없는 생각을 떨치면서 어떠한 유혹에도 뜻을 굽히지 않았다.

12 이런 상태로 꼬박 일주일을 같은 자리에 앉아 있었다. 그러나 깨달음을 얻지는 못했다.

13 깨달음이 쉽게 얻어지지 않는다는 것을 비로소 알게 되었다.

14 혼자서 진리를 구하는 것보다 수행의 힘이 뛰어난 사람들에게 가르침을 받아야겠다고 마음먹었다.

15 조급하게 굴어서도 안 되겠다고 생각했다. 마음의 여유를 가지고 차근차근 닦아 나가는 게 현명한 방법이라고 생각했다.

16 '같은 자리에만 앉아 있어선

안 되겠구나!' 싯다르타는 여드레 만에 그 자리를 떨치고 일어났다.

17 숲에서 가까운 마을로 밥을 빌러 내려갔다. 싯다르타는 이제 완전한 수행승의 모습이었다. 여윈 얼굴에 해진 옷을 걸치고 걸음걸이도 휘청거렸다.

18 그러나 눈빛만은 형형하게 빛나고 얼굴에는 맑고 깊은 의지가 서렸다. 몸의 고통은 참기 어려웠지만 마음은 차분히 가라앉았다.

19 그는 괴로운 수행을 통해 인내의 의미를 깨달아 가는 중이었다. 의지가 약한 사람이었다면 벌써 쓰러졌을 것이다.

20 목숨을 걸고 도를 찾는 싯다르타에게 육신의 고통은 장애가 될 수 없었다.

21 싯다르타는 가까이 있는 수행승한테서 '박가와'라는 선인의 이야기를 듣고 그가 고행하고 있다는 숲을 찾아갔다.

22 그 숲은 마을에서 멀리 떨어져 사람들의 발걸음이 미치지 않는 한적한 곳이었다. 청정한 기운이 감도는 고요한 숲은 두려운 생각마저 들게 했다.

23 싯다르타는 처음으로 자신의 스승이 될 만한 사람을 찾아가는 길이었다.

24 그러나 박가와 선인의 제자들을 보고는 실망감이 들었다. 그들은 남이 흉내 낼 수 없는 어려운 고행을 하고 있었다.

25 어떤 사람은 가시로 몸을 찔러 피가 흐르고, 흐르는 피가 검붉게 굳어 있는데도 참고 누워 있었다. 몸무게에 눌리면 눌릴수록 가시는 살 속으로 더욱 파고들었다. 또 어떤 고행자는 더러운 쓰레기 더미 속에 누워 있었다. 그는 더럽

고 냄새나는 것에 무관심한 듯했다.
26 혹은 타오르는 불꽃에 몸을 벌겋게 달구고 있는 사람도 보였다. 한쪽 발로 딛고 서 있는 사람, 물속에 들어가 숨을 죽이고 있는 사람도 있었다. 그들 가운데는 발가벗고 종일토록 물구나무를 서는 고행자도 있었다.
27 하루에 한 끼만 먹는 이도 있었고, 이틀에 한 끼, 사흘에 한 끼밖에 먹지 않는 사람도 있었다.
28 수행승은 혹독하게 고행할수록 존경을 받았다. 그들은 고행을 참아내는 일로써 수행을 삼았다.
29 그 참을성에는 감동할 만하지만 싯다르타는 그런 고행을 이해할 수 없었다. 고행자들의 얼굴은 하나같이 어두운 그늘이 덮여 처참하고 불결했다.
30 싯다르타는 박가와에게 물었다.
"무엇 때문에 이 같은 고행을 합니까?"
선인은 당연하다는 표정으로 말했다.
"천상에 태어나기 위해서요."
31 싯다르타는 하마터면 웃을 뻔했다. 모처럼 찾아간 스승이었으므로 실망은 더욱 컸다. '즐거움을 얻기 위해 괴로움을 참는다고? 설사 천상에 태어난다 할지라도 천상의 즐거움이 다하면 다시 인간 세계에서 고통을 겪어야 하지 않는가. 게다가 천상에 태어난다는 것을 무엇으로 보장할 수 있단 말인가.'
32 싯다르타는 그들의 고행이 더욱 어리석게 보였다. 싯다르타가 생각에 잠겨 있는 것을 본

박가와 선인은 다시 입을 열었다.

"처음 고행은 어렵지만 수행을 쌓으면 참아내기 어렵지 않게 되오."

선인은 싯다르타가 잠자코 있는 것이 심한 고행에 놀라 의기가 죽은 것으로 생각했던 모양이다.

33 싯다르타는 조용히 말했다.

"고행에 대해서는 존경합니다. 하지만 어떤 보상을 바라고 고행을 한다면 괴로움은 영원히 떠나지 않을 것입니다. 영원히 되풀이될 괴로움과 즐거움을 어떻게 하겠습니까?"

34 선인은 시원하게 대답하지 못했다. 하룻밤을 그곳에서 머문 다음 싯다르타는 다시 길을 떠났다.

35 박가와의 제자들로부터 남쪽으로 가면 '알라라 깔라마'라는 훌륭한 선인이 있다는 말을 들었다. 그를 찾아가기로 했다.

36 '이곳에 온 게 무익하지만은 않았어. 고행승들을 만난 건 새로운 경험이었지. 하지만 이건 바른 길이 아니야. 다른 스승을 찾아가 보자.'

37 알라라 깔라마의 덕망은 싯다르타도 전부터 듣고 있었다. 그가 있는 곳까지는 길이 멀었다. 몇 개의 강을 건너고 산을 넘어야 했다.

38 도중에 강가강을 건너 라자그리하에 들르게 되었다. 라자그리하는 마가다 왕국의 수도로 인구도 많고 집들이 까삘라보다도 훨씬 호화로웠다. 마가다는 빔비사라왕이 다스리는 나라였다.

### 3. 스승을 찾아서

1 싯다르타는 라자그리하에서 걸식을 하고 있었다. 사람들은 그

빼어난 모습과 기품 있는 행동을 보고 그가 까삘라 왕국의 태자임을 첫눈에 알아보았다. 삽시간에 소문이 퍼졌다.

2 "까삘라의 왕자가 출가를 했다는데!"

"그러게 말이야, 왜 그 좋은 궁전을 놔두고 고생을 하는 거지?"

"전륜성왕이 될 분이라던데……."

"아니야, 부처님이 되실 거라는 예언이 있었대."

"훤칠한 대장부로 잘생기셨다지?"

"나도 한번 보고 싶다!"

3 싯다르타는 소문에 개의치 않았다. 그는 빤다와산 동쪽에 사문들이 모이는 곳을 찾아가 자리를 잡고 앉아 명상에 잠겨 있었다. 소문을 들은 빔비사라왕은 기쁜 마음으로 싯다르타를 찾아갔다.

4 싯다르타는 자기를 찾아온 분이 이 나라의 왕인 줄을 알았다. 일어나 왕을 정중히 맞이했다. 왕도 싯다르타를 보고 수행자에 대한 예로써 인사를 했다.

5 "태자가 출가했다는 소문을 듣고 놀랐소. 태자의 부왕께서는 얼마나 가슴 아파하시겠소. 태자처럼 젊고 기품 있는 사람이 사문이 되어 고생한다는 것은 참으로 아까운 일이오. 나와 함께 우리나라에서 사는 게 어떻겠소? 마음에 드는 땅을 드리고 편히 살 수 있도록 해 드리겠소."

6 그러나 싯다르타는 정중하게 사양했다.

"왕이시여, 친절한 말씀은 고맙습니다. 그러나 저는 이미 세상의 모든 욕망을 버리고

제1편 부처님의 생애

출가한 몸입니다."
"그렇다면 무슨 목적이 있어 출가를 하셨소?"
"늙고 병들고 죽는 괴로움에서 벗어나 내 자신과 이웃을 구제하기 위해서입니다."
"그것을 이룰 수가 있겠소?"

7 싯다르타는 조용히 대답했다. "되고 안 되고는 해 보지 않고는 모릅니다. 저는 그것을 알기까지 죽어도 물러서지 않을 각오입니다."
싯다르타의 높은 뜻과 굳은 결심을 보고 빔비사라왕은 크게 감동했다.

8 "태자의 굳은 결심이 반드시 이루어지기를 빌겠소. 만약 그러한 도를 얻으면 나에게 그 법을 알려 주기 바라오."
왕은 마음속 깊이 태자를 존경했다. 저런 믿음직한 젊은이가 왕이 되어 나라를 다스린다면 태평한 세월을 누릴 것이라고 믿었다.

9 이런 생각은 왕만 하는 게 아니었다. 라자그리하에서 싯다르타를 만나는 사람이면 누구나 그 인품과 정신력에 깊은 감동을 받았다.

10 그러나 라자그리하는 싯다르타가 머물 곳이 아니었다. 덕망 높은 스승을 찾아가기 위해 잠시 쉬어가는 곳이었다.

11 싯다르타는 라자그리하를 떠나 알라라 깔라마가 있는 곳에 이르렀다. 알라라는 나이가 많았으나 아직도 건장했다.

12 그는 싯다르타를 기꺼이 맞이했다. 늙은 선인은 차근차근 이야기를 들려주었다.

13 싯다르타는 이 백발의 선인에게서도 역시 아쉬움을 느꼈지만 그래도 얻을 것이 많다는 것

을 알고 기뻐했다. 오랜만에 스승을 만난 것 같아 흐뭇했다.
14 그는 그곳에 머물면서 스승의 가르침에 따라 수행했다. 그것은 마음의 작용이 정지된 무념무상의 상태에 이르는 수행이었다. 그는 밤잠을 안자고 열심히 수행했다.
15 그때 알라라 스승에게는 수백 명의 제자가 있었다. 싯다르타는 다른 제자들이 도저히 따를 수 없는 정열과 용맹심을 가지고 수도에 열중했다.
16 마침내 싯다르타는 스승이 가르쳐 준 경지에 이르렀다. 스승은 깜짝 놀랐다.
"자네 같은 천재를 만나 기쁠 따름이네. 자네는 이미 내가 얻은 경지에 도달하였네. 이제는 나와 함께 우리 교단을 이끌어 나가세."
17 싯다르타는 만족할 수 없었다. 보다 높은 경지가 있을 것이라고 확신했다. 그는 무념무상의 상태가 최고의 깨달음의 경지가 아님을 알았던 것이다.
18 그는 스승과 하직하고 보다 높은 수행을 위해 다시 길을 떠났다.
19 어느 날, 싯다르타는 자기를 찾아온 사람들을 만났다. 그들은 까삘라에서 부왕이 보낸 사신들로서 태자가 떠나온 뒤 까삘라가 온통 슬픔에 잠겼다는 이야기를 전했다.
20 "태자마마, 우리 까삘라는 슬픔에 빠져 사방이 온통 눈물바다이옵니다. 대왕께서는 몸져누우시고, 태자비께서는 아침에는 속울음을 우시다가 저녁에는 통곡을 하십니다. 차마 눈을 뜨고 볼 수가 없고, 열린 귀로 들을 수가 없사옵니다. 가정이 깨어지고 나라

가 걱정인데 수행이 다 무엇입니까? 제발 저희와 함께 왕궁으로 돌아가소서."

21 그러나 싯다르타는 뜻을 굽히지 않았다. 까삘라의 사신들에게 담담하고 결연하게 말했다.

22 "어떤 일이 있어도 돌아갈 수 없다. 내 뜻이 이루어지기 전에는 죽어도 돌아가지 않으리라. 인간은 이별과 죽음을 피할 수 없는 것. 생사를 두려워하는 한 불행에서 벗어날 수 없다. 나는 내 자신만이 아니라 부왕과 이모와 아내와 그 밖의 모든 사람들을 구하려고 출가했다. 하지만 수행이 아직 멀었으니 방해하지 말고 어서 돌아들 가거라."

23 사신들은 태자의 굳은 의지를 확인하고 어쩔 수 없이 돌아가야만 했다. 왕궁의 일이 또 걱정이었지만 태자의 굳은 결의를 보니 한편으론 응원하는 마음이 저절로 생겼다.

24 '도를 이루기 전에는 차라리 죽겠단다.'
'오, 태자마마, 이토록 용맹하시다니!'
'사자보다 굳세게 달리고, 용을 잡아먹는 금시조보다 높이 날아오르소서.'
'모쪼록 더없이 높고 밝은 깨달음을 얻으소서.'

25 그 뒤 싯다르타는 '웃다까 라마뿟따'라는 스승을 찾아가 그에게서 가르침을 받았다.

26 웃다까는 칠백 명의 제자들을 거느리고 사유를 초월하고 순수한 사상만 남는 비상비비상처의 경지에 이르는 길을 가르치고 있었다.

27 싯다르타는 얼마 안 되어 또 웃다까 스승의 경지에 이르게 되었다.

28 웃다까는 젊은 수도승 싯다르타를 두려워하면서 그 이상의 높은 경지는 없다고 했다.

29 싯다르타는 자기가 출가한 궁극의 목적이 여기에 있지 않음을 잘 알고 있었다. 그리하여 더 이상 그곳에 머물지 않고 다시 길을 떠났다.

30 세상이라면 불완전한 스승도 용납될 수 있지만 진리의 세계에서는 용납될 수가 없다. 그는 보다 완전한 스승을 찾아 헤매었다.

31 그것은 싯다르타의 지나친 욕심이었다. 이 세상에서 완전 무결한 스승이란 있을 수 없다는 것을 그는 뒤늦게야 알았다. 어디를 찾아가 보아도 그럴 만한 스승은 없었다.

32 그도 그럴 것이, 그 무렵 인도에서 가장 으뜸가는 수행자로 알라라와 웃다까 두 선인을 제외하고는 아무도 없었기 때문이다.

33 싯다르타는 외로웠다. 더 이상 의지하고 배울 스승이 없어서 허전했다.

34 그는 문득 생각했다. '어디를 찾아가 보아도 내가 의지해 배울 스승은 없다. 이제는 내 자신이 스승이 될 수밖에 없구나. 그렇다, 나 혼자 힘으로 깨달아야만 한다.'

35 싯다르타는 지금까지 밖으로만 스승을 찾아 헤매던 일이 오히려 어리석게 생각되었다. 가장 가까운 데 스승을 두고 먼 곳에서만 찾아 헤맨 것이다.

37 이제는 내 자신밖에 의지할 데가 없다고 생각을 돌이키자 자기 자신의 존재 의미가 새로워졌다.
'나의 스승은 나다!'

38 싯다르타는 우선 머물러 수행할 곳을 찾아야 했다. 마가다 왕국의 가야라는 곳에서 멀지 않은 우루웰라 마을의 숲이 마음에 들었다.

39 아름다운 숲이 우거진 이 동산 기슭에는 네란자라강이 잔잔히 흐르고 있었다. 싯다르타는 이곳을 수행 장소로 정했다.

### 4. 성도

1 이때 웃다까 교단에서 수도하던 다섯 사문이 싯다르타의 뒤를 따라오고 있었다.

2 '우리는 오랫동안 수행했지만 스승의 경지에 이르지 못했다. 그러나 이 젊은 사문이 짧은 기간에 스승과 같은 경지에 이르렀다. 그러고도 만족하지 않고 보다 높은 경지를 향해 수행하려고 하지 않는가. 이분은 결코 범상한 인물이 아니다. 반드시 최고 경지에 도달할 분이다.'

3 이렇게 판단한 그들은 서로 의논한 다음 웃다까의 교단에서 나와 싯다르타의 뒤를 따라온 것이다.

4 싯다르타는 결심했다. '사문들 가운데는 마음과 몸은 쾌락에 맡겨 버리고 탐욕과 집착에 얽힌 채 겉으로만 고행하는 사람이 있다. 이런 사람은 마치 젖은 나무에 불을 붙이려는 어리석은 사람과 같다. 몸과 마음이 탐욕과 집착을 떠나 고요히 자리 잡고 있어야 그 고행을 통해 최고의 경지에 이를 수 있으리라.'

5 이와 같이 고행에 대한 근본적인 태도를 굳게 결정한 뒤, 싯다르타는 혹독한 고행을 다시 시작했다.

6 아무도 이 젊은 수행자의 고

행을 따라할 수 없었다. 싯다르타는 그 당시 인도의 고행자들이 수행하던 가운데서도 가장 어려운 고행만을 골라 수행했다.

7 먹고 자는 것도 잊어버릴 정도였다. 몇 톨의 낟알과 한 모금의 물로 하루를 보내는 때도 있었다.

8 그의 눈은 해골처럼 움푹 들어가고 뺨은 가죽만 남았다. 몸은 뼈만 남은 앙상한 몰골로 변해 갔다. 죽지 않고 살아 있다는 것이 이상하게 느껴질 정도였다.

9 그러나 싯다르타는 여전히 번뇌를 끊지 못했으며 삶과 죽음을 뛰어넘지도 못했다. 그는 여러 가지 무리한 고행을 계속했다.

10 곁에서 수행하던 다섯 사문은 너무도 혹독한 싯다르타의 고행을 보고 경탄할 뿐이었다.

11 이렇게 뼈를 깎는 고행이 어느 정도 수행에 보탬을 주기는 했지만, 그가 근본적으로 바라는 깨달음에는 아직도 이르지 못했다.

12 번뇌의 불꽃은 꺼지지 않았고 생사의 매듭도 풀리지 않았다.

13 싯다르타는 언젠가 남들이 하는 고행을 보고 비웃던 생각이 떠올랐다.

14 그러나 지금 자기가 닦고 있는 고행은 죽은 후에 하늘에 태어나기 위해서가 아니었다.

15 오로지 육신의 번뇌와 망상과 욕망을 없애 버림으로써 영원한 평화의 경지인 열반을 얻는 것이었다. 모든 사람들에게 자기가 얻은 평화를 주기 위해서였다.

16 깨닫지 못할 바에야 차라리

죽는 편이 낫다고 그는 거듭 결심했다. 그는 이따금 모든 고뇌와 집착에서 벗어나 해탈의 삼매경에 들어간 것 같은 생각이 들 때도 있었다.
17 그러나 삼매는 곧 흩어지고 현실의 고뇌가 파고들었다.
18 고행을 시작한 지도 다섯 해가 지나갔다. 아무도 흉내 낼 수 없는 지독한 고행을 계속해 보았지만 자기가 바라던 최고의 경지에는 이르지 못했다.
19 어느 날 싯다르타는 지금까지 해 온 고행에 대해 문득 회의가 생겼다. '육체를 괴롭히는 일은 오히려 육체에 집착하는 게 아닐까? 육체를 괴롭히기보다는 차라리 육체를 깨끗하고 건강하게 해야 깨달음의 경지에 오를 수 있지 않을까?'
20 싯다르타는 수행의 방법에만 얽매인 나머지 자기 자신이 점점 형식에 빠진다는 것을 알아차렸다. 육체의 고행에 몰입하는 것보다 마음을 고요하고 깨끗하게 가지는 일이 더 중요하다고 생각했다.
21 그는 고행을 중지했다. 단식도 그만두기로 했다. 지쳐 버린 육체를 회복하기 위해서 네란자라강으로 내려가 맑은 물에 몸을 씻었다.
22 그때 마침 강가에서 우유를 짜고 있던 소녀에게서 한 그릇의 우유를 얻어 마셨다. 소녀의 이름은 '수자따'라고 했다. 우유의 맛은 비길 데 없이 감미로웠다. 몸에서 새로운 기운이 솟아나는 듯했다.
23 멀리서 지켜보던 다섯 수행자는 크게 실망했다. '그토록 고행을 쌓고도 최고의 경지에 이르지 못한 사람이 어찌 세

제1편 부처님의 생애

상 사람이 주는 음식을 받아 먹으면서 최고의 경지를 깨달을 수 있겠는가.'

24 그들은 고행을 그만둔 싯다르타가 타락했다고 하여 그의 곁을 떠나 바라나시의 교외에 있는 녹야원으로 가 버렸다.

25 싯다르타는 홀로 숲속에 들어가 커다란 보리수 아래 단정히 앉았다. 숲 전체가 아름다운 향기로 넘쳤다. 삡빨라 나무라고 부르는 이 나무는 바람에 천천히 흔들리는 시원한 그늘을 드리우고 있었다.

26 '사람은 어떻게 하면 시원해지나?', '번뇌의 뜨거운 열기를 어떻게 하면 다스리나?' 이런 질문에 대답이라도 하듯 나무는 속삭였다. '싯다르타여, 여기로 오세요. 여기 평안하게 앉으세요. 옛날, 숲속의 잠부나무 아래 앉았을 때처럼, 깊고 고요한 명상에 들어가세요.'

27 맑게 갠 날씨였다. 앞에는 네란자라강이 잔잔히 흐르고 있었다. 싯다르타의 마음은 날듯이 홀가분했다. 모든 것이 맑고 아름답게 보이기만 했다. 싯다르타는 오랜만에 마음의 환희를 느꼈다.

28 그는 다시 비장한 맹세를 했다. '이 자리에서 육신이 다 죽어 없어져도 좋다. 우주와 생명의 실상을 깨닫기 전에는 이 자리를 떠나지 않으리라.' 싯다르타는 평온하고 가벼운 마음으로 깊은 명상에 잠겼다.

29 그는 열두 살 소년 시절 시도했던 방법을 동원했다. 활기찬 에너지를 모아 일으키자 몸과 마음이 고요해지면서 의식이 집중되어 갔다.

39

30 어느 순간 감각적 쾌락으로부터 초연해지면서 기쁨과 행복이 찾아왔다. 그것은 소년 시절에 이미 경험한 바 있는 초선이었다. 왕과 신하들이 어린 태자에서 거룩한 모습을 보았던 바로 그 경지였다.

31 그러나 명상의 깊은 심연을 어찌 다 헤아리랴. 마음에 잠시 행복이 찾아온다 해서 생로병사의 고통이 근본적으로 해결되는 것은 아니었다.

32 싯다르타는 자신을 더욱 낮게 가라앉히면서 제2선, 제3선을 지나 마침내 제4선의 경지까지 나아갔다. 여기가 형색이 감각되는 색계의 끝이었다.

33 언어가 끊어지더니 신체 활동이 완전히 멈추었다. 숨이 없어져 버렸다. 가슴 은은하게 뻐근한 행복감도 사라졌다. 싯다르타는 행복감도 무상하다는 것을 확실히 알았다.

34 이 단계에서 그는 자신의 과거를 상기하기 시작했다. 한 생, 두 생, 스무 생…, 서른 생…, 백…, 천…, 십만…, 세계가 아주 오랜 기간 일어나고 무너지는 것을 되풀이하는 동안 그는 자신의 전생들을 남김없이 상기할 수 있었다.

35 싯다르타의 용맹정진은 여기서 멈추지 않았다. 이미 언어가 끊어지고 신체 활동 기능이 가라앉은 사이, 의식만이 반짝거리면서 무한을 여행하고 있었다.

36 우주가 태초에 대폭발을 하는 것처럼, 의식이 폭발적으로 팽창하기 시작했다. 우주 공간 모든 곳을 보고 의식이 무한정으로 확장되는 경지에 들었다.

제1편 부처님의 생애

37 그러다가 아무것도 없는 상태를 지나 아무것도 없다는 인식마저 없어진 상태에 이르렀다. 옛 스승 웃다까 라마뿟따로부터 배운 사유를 초월하고 순수한 사상만 남는 비상비비상처의 경지였다.

38 그러나 여기가 끝이 아님을 싯다르타는 알고 있었다. 그는 더욱 깊은 명상으로 자신을 밀어붙였다.

39 어느 순간 인식 활동과 의식의 느낌 자체가 완전히 사라졌다. 언어의 소멸과 신체 활동의 소멸에 이어 정신 활동마저 사라져 버린 것이다.

40 이제 인식과 느낌이 완전히 꺼졌다. 세계가 없어졌다. 절대 무, 절대 평화, 절대 고요였다. 이제껏 한번도 경험한 적 없는 최고의 평온, 최고의 행복에 마침내 도달했다.

41 싯다르타는 언어와 신체와 정신이 다 사라진 가운데서도 지금의 상태가 최상의 깨달음이라는 것을 깨달았다.

42 이 깨달음의 언어로 그는 말했다.
"해야 할 일을 다했다. 종교적인 삶이 완성됐다. 내가 다시는 이 세계에 태어나지 않는다는 것을 완전히 알아차렸다."

43 그때 사방이 신비로운 고요에 싸이고 하늘에서는 샛별이 돋기 시작했다. 명상에 잠긴 싯다르타의 얼굴에는 이제 막 맑고 밝은 빛이 깃드는 중이었다.

44 네란자라강 너머로 먼동이 트기 시작했다. 자연의 새벽이 열리는 것처럼 인간 정신의 새벽도 처음으로 열리는 중이었다.

45 싯다르타는 새로운 광명이 온

몸을 감싸 오는 것을 느꼈다. 집착을 벗어나서 번뇌와 망상을 끊으면 무엇에도 속박되지 않고 영원히 자유로워진다는 것을 꿰뚫어 알게 되었다.

46 이제는 두려워할 아무것도 없었다. 모든 이치가 그 앞에 밝게 드러났다. 태어나고 죽는 일까지도 환히 깨닫게 되었다. 온갖 집착과 고뇌가 자취도 없이 풀려 버렸다.

47 싯다르타는 드디어 더없이 높고 밝은 깨달음을 얻었다. 그토록 어려운 수도의 길이 끝난 것이다.

48 싯다르타는 자신이 '부처'가 되었다는 확고한 신념을 가질 수 있었다.

49 스물아홉에 태자의 몸으로 까삘라의 왕궁을 버리고 출가한 젊은 수도자는 목숨을 걸고 찾아 헤매던 끝에 더 이상 도달할 수 없는 최고의 진리를 깨달은 것이다.

50 싯다르타가 '깨달은 사람'이 되었을 때는 출가 육 년 만인 서른다섯 살이었다.

51 이제는 인간적인 갈등과 번뇌가 깨끗이 사라졌다. 이 세상에서 그 누구도 경험할 수 없었던 으뜸가는 열반의 경지를 스스로 깨달아 얻었다.

52 이렇게 해서 인류의 스승 부처님이 나타나신 것이다.

53 진리를 깨달아 부처님이 된 싯다르타의 마음속에는 새로운 생각이 솟아났다.

54 그가 처음 출가하여 수행한 동기는 우선 자기 자신의 구제에 있었다. 생로병사라는 인간 고뇌의 실상을 해결하고자 사랑하는 처자와 왕자의 지위도 내던지고 뛰쳐나왔던 것이다.

55 이제 보리수 아래서 최상의 깨달음을 얻게 되자 자기 자신의 문제는 해결되어 그 이상 아무것도 구할 필요가 없었다.

56 이제부터의 문제는 자기가 깨달은 진리를 세상 사람들에게 널리 전해 해탈의 기쁨을 함께 나누는 일이었다.

57 많은 사람이 겪고 있는 고통이 곧 자기 자신의 것처럼 느껴졌다. 우주의 진리를 밑바닥까지 들여다본 부처님의 자비였다.

58 그는 이제부터 중생을 구제하는 길에 나서기로 새로운 뜻을 세웠다.

## 제3장 교화에서 열반까지

### 1. 최초의 설법

1 부처님께서는 맨 먼저 누구에게 설법할 것인가를 생각했다. 알라라와 웃다까가 떠올랐으나 그들은 얼마 전에 세상을 떠나고 말았다. 그다음으로 떠오른 사람이 네란자라 강가에서 함께 수행하던 다섯 사문이었다.

2 부처님께서는 그들이 고행하고 있을 녹야원으로 발길을 옮겼다. 녹야원이 있는 바라나시까지는 여러 날이 걸리는 먼 길이었다. 부처님께서 혼자서 그 길을 걸어가시는 도중에 순세외도 우빠까를 만났다.

3 그 수행자는 부처님의 얼굴을 유심히 쳐다보면서 말했다.

"당신의 얼굴은 잔잔한 호수와 같이 맑습니다. 당신의 스승은 누구이며 어떤 가르침을 받고 있습니까?"

4 "나는 모든 것을 이겨냈고 이 세상의 진리를 다 알게 되

었고, 나는 스스로 깨달았으므로 내 스승은 없소. 또 나와 견줄 사람은 아무도 없소."

부처님께서 자신 있게 대답했다.

5 하지만 그 수행자는 부처님을 무시하고 다른 길로 가 버렸다. 녹야원으로 가는 도중 부처님께서는 하루 한 끼씩 얻어먹으면서 쇠약해진 몸을 다스렸다.

6 부처님께서 녹야원에 이르렀을 때 다섯 사문은 전과 다름없이 고행을 계속하고 있었다. 간혹 싯다르타의 이야기가 나오면 다들 그의 타락을 비난했다.

7 그들 가운데 하나가 가까이 걸어오고 있는 부처님을 알아보았다.

"저기 고따마가 오는군."

고따마는 싯다르타의 성이다.

"그럴 리가 있나?"

다른 사람이 말했다.

8 "아니, 틀림없는 고따마야."

"왜 찾아왔을까?"

"자신의 타락을 후회한 모양이지? 고행을 하다가 도중에 그만둔 사람이니까."

"우리는 고따마가 가까이 오더라도 모른 척하세."

"그래, 타락한 사문에게 우리가 먼저 머리를 숙일 건 없지."

9 이제 막 성도한 성자는 그들이 앉아 있는 곳까지 천천히 걸어갔다. 모른 척하자고 다짐했지만, 그들은 이상한 힘에 끌려 자신들도 모르게 자리에서 일어나고 말았다. 그러고는 공손히 머리를 숙여 인

사를 드렸다.
10 성자는 그들에게 조용히 말했다.
"그대들은 내가 와도 일어서서 맞지 않기로 약속까지 했으면서 왜 일어나 인사를 하는가?"
다섯 사람은 서로 마주보며 놀랐다. 성자가 그들의 마음을 이미 환히 알고 있었던 것이다.
11 그들은 서둘러 성자가 앉을 자리를 마련했다.
"고따마여, 멀리서 오시느라고 고단하시겠습니다."
성자는 엄숙하게 말했다.
"이제부터는 내 성을 고따마라고 부르지 마라. 나를 여래라고 불러라. 나는 이제 여래가 되었다."
12 여래란 진리의 세계에 도달한 사람이란 뜻도 되고, 진리의 세계에서 설법하러 온 사람이란 뜻도 된다. 또한 부처님의 다른 이름이니 다섯 사문을 만나는 이 순간부터 위대한 성자를 가리키는 바로 그 이름이 되었다.
13 그리하여 '가장 높고 바른 깨달음'에 이르신 부처님께서는 다섯 사문을 향해 최초의 설법을 하셨다.
14 "수행의 길을 걷고 있는 사문들이여, 이 세상에는 두 가지 극단으로 치우치는 길이 있다. 사문은 그 어느 쪽에도 치우치지 말아야 한다. 두 가지 치우친 길이란, 하나는 육체의 요구대로 자신을 내맡겨 버리는 쾌락의 길이고, 또 하나는 육체를 너무 지나치게 학대하는 고행의 길이다. 사문은 이 두 가지 극단을 버리고 중도를 배워야 한다. 여래는 바로

이 중도를 잘 알아차렸다. 여래는 그 길을 통해서 마침내 열반에 도달한 것이다."

15 이 설법은 부처님 자신의 절실한 체험에서 우러난 말씀이었다. 그 자신도 출가하기 전까지는 까뻴라의 왕궁에서 지나치게 쾌락을 누려 왔다. 왕궁을 버리고 출가한 뒤에는 극심한 고행으로 육체를 학대하지 않았던가.

16 그러나 두 가지가 다 잘못된 길이라는 것을 스스로 깨달았다. 그 결과, 쾌락의 길과 고행의 길을 넘어선 곳에서 가장 올바른 길을 찾아낸 것이다.

17 부처님께서 다시 말씀을 이으셨다.
"사문들이여, 그렇다면 중도란 무엇인가. 그것은 여덟 가지로 되어 있다. 바른 견해, 바른 생각, 바른 말, 바른 행위, 바른 생활, 바른 노력, 바른 기억, 바른 선정이다."

18 부처님께서는 가장 높고 바른 깨달음에 이르는 실천 윤리인 팔정도를 말씀하셨다. 사람이라면 누구나 할 수 있는 바른 길이 처음으로 열렸다. 이 수행은 일상 삶에서 누구나 실천할 수 있는 쉬운 가르침이었다. 입으로만 도를 말하고 실제로 실천하지 않는 게 많은 수행자들의 문제지만, 입으로 도를 말하지 않아도 몸으로 팔정도를 실행하면 마침내 최고의 진리에 이른다는 말씀이었다.

19 팔정도는 이른바 진리에 이르는 정답이었다. 그러나 부처님께서는 정답을 가르쳐 줄 뿐이지 정답을 실행하는 것은 각자의 노력이라고 강조하셨다.

20 위대한 성인이 나를 대신해서 높은 깨달음에 이르게 한다는 말씀이 아니었다. 그를 신처럼 믿기만 하면 저절로 도를 터득한다는 말씀도 하지 않으셨다. 그런 방법은 오히려 경계해야 한다고 말씀하셨다.

21 "자, 여기 바른 길이 있다. 내가 이 길을 보여 주노라. 이 길을 걸어가면 더없이 밝고 높은 진리의 세계에 이르노라. 수행자여, 진리를 배우고자 하는 세상의 모든 학인이여, 이 길을 가겠느냐?"

22 부드럽고 차근차근 말씀하시는 부처님의 설법을 듣고 있던 다섯 사문은 어느 순간 그 길의 이치를 깨닫게 되었다. 그들은 기뻐하면서 부처님께 진심으로 감사의 예배를 드렸다. 그들은 최초의 제자가 되었다.

23 부처님께서 설법하고 계실 때 숲에서 살던 사슴들도 떼 지어 나와 부처님의 말씀을 한 곁에서 조용히 듣고 있었다. 녹야원의 이름은 그래서 부처님 가르침이 처음으로 전해진 곳으로도 쓰인다.

24 부처님께서는 다섯 제자와 함께 녹야원에서 한동안 머무셨다.

25 어느 날 새벽 부처님께서 강물에 얼굴을 씻고 강변을 조용히 거닐고 계셨다. 그때 저쪽 강기슭에서 이리저리 뛰어다니는 한 젊은이가 보였다. 그는 미친 사람처럼 마구 고함을 치며 뛰어다녔다.
"아, 괴롭다. 괴로워!"

26 그 소리는 가슴을 쥐어짜는 듯했다. 부처님께서는 말없이 강 건너에 있는 그 젊은이를 바라보고 계셨다. 이윽고 젊은

이는 어떤 힘에 이끌리듯 강을 건너 부처님 곁으로 왔다.
27 그는 부처님 앞에 무릎을 꿇고 앉더니 하소연을 했다.
"이 괴로움에서 저를 구해 주십시오."
"여기에는 괴로운 것이 아무 것도 없소. 대체 무엇이 그렇게도 괴롭소?"
28 이 젊은이는 바라나시에 살고 있는 큰 부자의 외아들 야사였다. 야사는 왕 못지않게 호화로운 생활을 하고 있었다. 전날 밤 야사의 집에서는 큰 잔치가 베풀어졌다.
29 흥겨운 잔치가 끝나고 사람들이 깊은 잠에 빠졌을 때 그는 잠에서 깨어났다가, 그토록 아름답던 시녀들이 제멋대로 흐트러져 추한 모습으로 자고 있는 것을 보고서 집을 뛰쳐나와 괴롭다고 외치면서 거리를 헤맨 것이다.
30 그러나 부처님을 만나 이야기하는 동안 미칠 것 같던 그의 마음은 점차 안정이 되었고 지나치게 자기 자신에게 집착한 것이 다시없이 어리석은 일임을 알았다.
31 부처님께서는 야사에게 인생의 괴로움을 이야기하고 그 괴로움에서 벗어나는 길을 가르쳐 주셨던 것이다.
32 야사는 그 길로 머리를 깎고 출가하여 부처님을 따르는 제자가 되었다.
33 그 뒤 아들의 소식을 전해 듣고 부처님을 찾아온 야사의 아버지는 부처님의 설법을 듣자 곧 신도가 되었다. 그가 부처님께 귀의한 최초의 신도였다.
34 야사와 같은 상류 가정의 아들이 출가하여 부처님의 제자

가 되었다는 소문은 삽시간에 바라나시에 퍼졌다.
35 더구나 야사처럼 재주 있고 학식이 있는 유망한 청년이 출가하여 부처님 아래에서 비구가 된 사건은 바라나시의 젊은 청년들에게 커다란 충격을 주었다.
36 그 뒤 부처님을 찾아온 야사의 친구들이 뒤를 이어 출가하여 부처님의 제자가 되었다.

## 2. 교화 활동

1 보리수 아래서 지혜의 눈을 뜬 부처님께서는 하루도 쉬지 않고 여기저기 다니면서 지혜롭게 사는 길을 말씀하셨다.
2 부처님께서 설법하실 때마다 부처님을 따라 출가하는 사람의 수는 점점 늘어갔다. 그리고 출가할 수 없는 처지에 놓인 사람들은 부처님을 믿는 신도가 되었다.
3 부처님의 설법을 듣고 깨달은 다음 아라한의 지위에 오른 제자가 오십여 명이 되었을 때 부처님께서는 그들을 한자리에 모아 놓고 전도 선언을 말씀하셨다.
4 "수행자들이여, 세상을 불쌍히 여기는 마음을 가져라. 신과 인간의 이익과 번영과 행복을 위해서 길을 떠나라! 둘이 가지 말고 홀로 가라! 수행자들이여, 처음도 아름답고 중간도 아름답고 마지막도 아름다우며, 말과 내용을 갖춘 가르침을 설해라! 완전히 이루어지고 두루 청정한 삶을 널리 알려라!"
5 이와 같이 하여 부처님의 가르침을 이 세상에 널리 펴 중생을 괴로움에서 구제하는 교화 활동이 시작되었다. 제자

제1편 부처님의 생애

들을 떠나보내기 전에 부처님께서 다음과 같이 덧붙여 말씀했다.

6 "수행자들이여, 출가한 사람으로서 법을 펼 때 남에게 존경받겠다는 생각을 해서는 안 된다. 남을 도울 줄 모르고 법에 의하여 먹고 살려 하면 법을 먹는 아귀와 같이 된다. 또 너희가 전하는 법을 듣고 사람들은 기뻐하리라. 그럴 때 너희들은 교만해지기 쉽다. 사람들이 법을 듣고 기뻐하는 것을 보고 자기의 공덕처럼 생각하면 그는 벌써 법을 먹고 사는 아귀가 된다. 그러므로 법을 갉아먹고 사는 아귀가 되지 않도록 항상 겸손해야 한다."

7 부처님 자신은 바라나시를 떠나 마가다로 향했다. 길을 가던 도중, 길가에서 깊이 들어간 숲속의 한 나무 아래서 잠시 좌선을 할 때였다. 이때 한 떼의 젊은이들이 숲속 여기저기에서 무엇인가를 찾아다니고 있었다.

8 나무 아래 조용히 앉아 있는 부처님을 보고 그들이 물었다. "한 여자가 도망가는 것을 보지 못했습니까?"
사연인즉, 그들은 이 근처에 사는 지체 있는 집안의 자제들인데, 삼십 명이 저마다 자기 아내를 데리고 숲에 놀이를 왔다고 했다.

9 그 가운데 한 사람의 독신자만은 기생을 데리고 왔는데, 다들 노는 데만 정신이 팔려 있는 동안 기생은 여러 사람의 옷과 값진 물건을 가지고 달아나 버렸다. 그래서 그 여인을 찾고 있는 중이라고 했다.

10 이와 같은 사정을 듣고 부처

님께서 그들에게 말씀하셨다. "젊은이들이여, 달아난 여인을 찾는 것과 자기 자신을 찾는 것 중에 어느 것이 더 중요한가?" 놀이에 팔려 자기 자신을 잊어버리고 여인을 찾아 헤매던 그들은 부처님 말씀을 듣고 제정신으로 돌아왔다.

11 "자기 자신을 찾는 일이 더 중요합니다."
"그럼, 다들 거기 앉아라. 내가 이제 그대들을 위해 자기 자신을 찾는 법을 가르쳐 주겠다."

12 그들의 마음은 아직 세상에 물들지 않았으므로 이치에 맞는 부처님의 말씀을 듣고 곧 이해했다. 삼십 명의 청년은 설법을 들은 뒤 그 자리에서 출가했다.

13 그 무렵 네란자라 강변에 있는 우루웰라 마을에는 '까샤빠'라는 성을 가진 브라만 삼형제가 살고 있었다. 그들의 영향력은 대단하여 맏형은 오백 명, 둘째는 삼백 명, 셋째는 이백 명의 제자들을 각각 거느리고 있었다.

14 그들의 명망은 매우 높았다. 그들은 불의 신 아그니를 섬기고 있으므로 불을 신성한 것으로 믿었다.

15 그러나 그 브라만 삼형제도 부처님을 한번 만나 뵙고는 지금껏 그들이 섬겨 오던 불의 신을 버리고 당장 부처님의 제자가 되었다. 삼형제와 함께 그들을 스승으로 받들던 천 명의 제자들까지 부처님께 귀의했다.

16 이렇게 되자 마가다 왕국에서 가장 큰 교단이 그대로 부처님의 교단이 되었다.

17 이제 부처님께서는 천 명이 넘

는 제자를 거느리고 라자그리하로 가시게 되었다. 라자그리하는 예전에 부처님께서 까삘라를 떠나 출가의 길에 올랐을 때 들른 적이 있던 곳이고, 또 자신의 성도를 기다리는 빔비사라왕이 있는 곳이다.

18 라자그리하로 가는 도중 일행은 산을 넘게 되었다. 산 위에 올라섰을 때 부처님께서는 천 명의 제자들을 향해 설법을 하셨다.

19 "보라, 모든 것은 지금 이글이글 타오르고 있다. 눈이 타고 있다. 눈에 비치는 형상이 타고 있다. 그 형상을 인식하는 생각도 모두 타고 있다. 눈으로 보아서 생기는 즐거움도 괴로움도 모두 타고 있다.

20 그러면 그것은 무엇으로 인해 타고 있는가. 탐욕의 불, 성냄의 불, 어리석음의 불로 인해 타고 있는 것이다. 수행자들이여, 이것을 바로 보는 사람은 모든 것에 대한 애착이 없어지리라. 애착이 없어지면 그는 영원한 안락을 누릴 것이다."

21 이 설법은 제자들에게 새로운 눈을 뜨게 했다. 지금까지 불을 섬겨 오던 그들에게 주는 감명은 말할 수 없이 컸다.

22 그들은 지금까지 타는 불을 섬겨 왔지만 인간의 마음속에서 타고 있는 탐욕과 성냄과 어리석음의 불은 모르고 지나왔던 것이다.

23 이 자리에서 까샤빠 형제와 천 명의 제자들은 크게 깨달았다. 탐욕, 성냄, 어리석음. 이 세 가지는 부처님께서 사람들에게 늘 경계하라고 이르신 세 가지의 해악이었다. 이런 탐진치의 삼독심만 다스리고 제거해도 마음이 편안해진다고 하셨다.

제1편 부처님의 생애

24 욕심내고, 화내고, 어리석은 마음을 불길에 비유해서 말씀해 주시니 그것이 얼마나 위험한 것인지를 실감나게 알게 되었다.

25 삼독의 불길을 사그라뜨리는 부처님의 말씀은 마치 거대한 나무 그늘처럼 제자들의 마음을 시원하게 해 주었다.

26 '욕심내지 마라. 화내지 마라. 어리석은 일을 하지 마라. 매일매일, 매 순간, 생각하고 말로 하고 실천하라. 꼭 그렇게 하라. 수행자는 물론이요, 배우지 않은 사람도 쉽게 할 수 있느니라.'

27 부처님과 그 일행이 라자그리하로 오신다는 소문은 빔비사라왕에게까지 알려졌다. 왕은 곧 신하들을 데리고 부처님을 영접하러 성 밖으로 나갔다.

28 부처님의 모습을 보자 왕은 부처님 발 앞에 엎드려 절했다. 부처님께서는 빔비사라왕과 다시 만나게 된 인연에 감회가 깊었다.

29 왕과 신하들을 위해 어떻게 하는 것이 나라를 잘 다스리는 길인가를 말씀하셨다. 부처님의 설법을 듣고 난 빔비사라왕은 갑자기 자기 눈이 열리는 듯한 큰 감동을 받았다.

30 왕은 그 자리에서 자기의 심정을 이렇게 고백했다.
"내가 아직 태자로 있을 때 나에게는 다섯 가지 소원이 있었습니다. 첫째는 왕위에 오르는 것, 둘째는 나의 영토에 부처님께서 오시는 것, 셋째는 내가 그 부처님을 섬기는 것, 넷째는 부처님께서 내게 설법해 주실 것, 다섯째는 부처님의 설법을 듣고 깨달을 수 있었으면 하는 것들이었습니다. 오늘 부처님께서 이 나라에 오셨으니 이제는 그 다섯 가지 소원이 모두 이루어졌습니다. 나는 오늘부터 부처님께 귀의하겠습니다."

31 이때부터 빔비사라왕은 한평생 부처님을 섬기는 독실한 신도가 되었다. 그리고 라자그리하 밖에 있는 대숲을 부처님과 그의 교단에 바쳤다.

32 그러던 어느 날 라자그리하의 한 부자가 대숲에 계시는 부처님을 찾아왔다. 그는 부처님의 설법을 들은 다음 이곳에 집을 지어 드리겠다고 자청했다. 이때까지 부처님의 교단은 비와 햇볕을 피할 만한 집이 없었기 때문에 더러는 곤란을 느낄 때가 있었다.

33 부처님께서는 화려하게 꾸미지만 않는다면 집을 지어도 좋다고 허락하셨다. 이렇게 하여 지은 것이 죽림정사이고, 이 집은 부처님의 교단이 가지게 된 최초의 절이기도 하다.

34 이곳을 중심으로 교단은 나날이 번창하고 날이 갈수록 찾아오는 사람들의 수는 늘어만 갔다. 왕으로부터 천민에 이르기까지 부처님의 소문을 들은 사람들은 모두 이 대숲에 있는 절로 찾아왔다.

35 그리고 부처님을 뵙고 설법을 듣게 되면 누구나 신도가 되었다. 젊은이들 중에는 그 자리에서 출가하여 제자가 된 사람도 적지 않았다.

36 한편 부처님께서 라자그리하에 오셔서 설법을 시작한 지 얼마 안 되었을 때의 일이다.

37 라자그리하 사람들은 불안했다. 유능한 젊은이들이 모두 출가해 버리지 않을까 하는 걱정이 컸다.

38 아들이 출가한 집에서는 부모들이 '부처님이 우리 아들을 빼앗아 갔다.'고 원망했다.

39 게다가 산자야 종파의 제자였던 사리뿟따와 목갈라나 같은 유명한 수행자가 이백오십 명의 제자를 거느리고 부처님께 귀의해 버렸다.

40 어떤 사람은 부처님의 제자를 보고 비꼬았다.
"마가다의 수도 라자그리하에 한 위대한 사문이 나타났다. 지난번에는 산자야의 제자들을 유혹하더니 이번에는 또 누구를 유혹하려는가?"

41 한 제자로부터 이 말을 들은 부처님께서는 이렇게 말씀하셨다.
"이 같은 비난의 소리는 오래 가지 못할 것이다. 또 비난하는 사람이 있으면 이렇게 대답해 주어라. 여래는 법에 의해 사람을 인도할 따름이다. 바른 법에 귀의하는 것을 시기하는 자는 누구인가. 바른 법을 시기하는 자는 모두가 바르지 못한 자들이다."

42 부처님께서는 스스로 '길을 가리키는 사람'이라고 말씀하셨다. 만나는 사람마다 괴로움에서 벗어나 지혜롭고 평화롭게 사는 길을 가르쳐 주셨기 때문이다. 자기 자신은 결코 신앙의 대상이나 예배의 대상이 아니라고 힘주어 말씀하셨다.

43 부처님의 설법은 언제나 듣는 사람의 수준에 따라 달랐다. 의사가 환자의 병을 알고 나서 그 증세에 따라 알맞게 치료해 주듯이, 찾아와 묻는 사람들의 형편을 보고 그에게 맞는 방법으로 설법하셨다.

44 듣고 배우는 사람의 능력에 맞추어 가르침을 주셨다. 작

은 질문도 다 받으시고 친절하고 시원하게 궁금증을 풀어 주셨다. 잘못된 믿음을 가진 이들에겐 단호하셨다. 근본을 확실히 세워 마음 흔들리지 않게 다잡으셨다.

45 사람들은 이런 선생님을 처음 보았다. 그랬다. 부처님은 성인이신 동시에 선생님이셨다.

46 배우고 가르치는 일의 즐거움과 기쁨을 경험하는 사람들이 점점 많아졌다.

47 부처님께서 사왓티의 기원정사에 계실 때였다. 삼대독자를 잃어버린 한 과부는 비탄에 빠져 먹지도 자지도 않고 울기만 했다.

48 어느 날 부처님을 찾아와 자신의 슬픔을 하소연했다.
"부처님, 저는 유복자를 잃고 살아갈 용기마저 잃었습니다. 저에게 이 슬픔에서 벗어날 길을 가르쳐 주십시오."

49 가만히 듣고 계시던 부처님께서는 이렇게 말씀하셨다.
"가엾은 여인이여, 내게 한 가지 방법이 있소. 지금 곧 가서 사람이 죽은 일이 없는 집을 일곱 군데 찾아내어 쌀 한 움큼씩만 얻어 오시오. 그러면 내가 그 슬픔에서 벗어나는 길을 가르쳐 주리라."

50 과부는 바삐 마을로 쌀을 얻으러 나갔다. 며칠이 지난 뒤 그 과부는 한 움큼의 쌀도 얻지 못한 채 맥이 빠져 부처님께로 돌아왔다.

51 부처님께서 물으셨다.
"사람이 죽지 않은 집이 있었습니까?"

52 그제야 과부는 부처님께서 하신 말씀의 깊은 뜻을 스스로 알아차리게 되었다. 부처님을 쳐다보는 과부의 얼굴에는 어

느새 슬픔의 그림자가 사라졌다.

### 3. 살인자의 귀의

1 어느 때 부처님께서는 사왓티에 들어가 밥을 얻은 다음 성 밖에 있는 숲길을 지나가다 소 치는 사람과 밭을 가는 농부들을 만났다. 그들은 길을 가는 부처님을 보자 만류했다.

2 "부처님, 그 길로 가시면 안 됩니다. 그 길에는 '앙굴리말라'라는 무서운 살인귀가 있어 닥치는 대로 사람을 죽입니다. 사람을 죽인 다음 손가락을 잘라 목걸이를 만들어 걸고 다닙니다. 제발 그 길로 가지 마십시오."

이와 같이 거듭거듭 만류하였다.

3 "내게는 두려움이 없소."

부처님께서는 이렇게 말씀하시면서 길을 떠났다. 얼마 안 가서 앙굴리말라가 갑자기 칼을 치켜들고 나타나 부처님께로 달려왔다. 부처님께서는 태연하게 걸어가셨다. 앙굴리말라는 있는 힘을 다해 뛰었으나 이상하게도 부처님께 가까이 다가설 수가 없었다.

4 "사문아, 거기 섰거라!"

그가 소리쳤다. 부처님께서는 걸음을 멈추고 돌아서서 앙굴리말라를 바라보셨다.

5 그는 부처님의 자비스럽고 위엄 있는 모습을 대하자 한 발짝도 떼어 놓을 수가 없었다. 조금 전까지의 살기가 순식간에 사라져 버렸다.

6 이때 부처님께서는 조용히 말씀하셨다.

"앙굴리말라여, 나는 여기 이렇게 멈추어 있다. 너는 어리석어 무수한 인간의 생명을 해쳐 왔고 나를 해치려 하지만 나는 여기 이렇게 멈추어 있어도 마음이 평온하다. 너를 가엾이 여겨 여기에 왔다."
7 이 말을 듣자 앙굴리말라는 문득 악몽에서 깨어나 제정신으로 돌아왔다. 마치 시원한 물줄기가 훨훨 타오르던 불길을 꺼버린 듯했다. 그는 칼을 내던지고 부처님 앞에 꿇어 엎드렸다.
8 "부처님, 저의 어리석음을 용서해 주십시오. 그리고 오늘부터 저를 제자로 받아 주십시오."
　그는 부처님을 따라 기원정사에 가서 설법을 듣고 지혜의 눈을 뜨게 되었다.
9 이튿날 앙굴리말라는 발우를 들고 밥을 빌러 나갔다. 그가 나타났다는 소문을 듣고 거리의 사람들은 두려움에 떨었다.
10 그가 밥을 빌고자 찾아간 집의 부인은 해산하기 위해 산실에 들었다가 그가 왔다는 이야기를 듣고 너무 놀란 끝에 해산을 못하고 말았다.
11 그 집 사람들에게 무서운 저주를 받은 앙굴리말라는 빈 발우를 들고 기원정사로 돌아와 눈물을 흘리면서 부처님께 도와주기를 호소했다.
　부처님께서는 이렇게 말씀하셨다.
　"앙굴리말라여, 너는 곧 그 집에 가서 여인에게 '나는 이 세상에 난 뒤로 아직 산목숨을 죽인 일이 없습니다. 이 말이 사실이라면 당신은 편안히 해산할 것입니다.'라고 말하라."
12 앙굴리말라는 놀라서 말했다.
　"부처님, 저는 아흔아홉 사람의 목숨을 빼앗았습니다."
　"도에 들어오기 전은 전생이다. 세상에 난 뒤라는 말은 도를 깨친 뒤를 말한다."
13 그가 곧 그 집에 가서 부처님이 시킨 대로 했더니 부인은 편안히 해산을 했다.
14 그러나 그에게 원한이 있던 사람들은 돌과 몽둥이를 들고 나와 그를 치고 때렸다. 온 몸이 피투성이가 되어 겨우 기원정사로 돌아온 그는 부처님께 여쭈었다.
15 "부처님, 저는 원래는 남을 해치지 않는다는 뜻에서 '아힘사까'라는 이름을 가졌으면서 어리석은 탓으로 많은 생명을 죽였습니다. 그리고 씻어도 씻기지 않는 피 묻은 손가락을 모았기 때문에 앙굴리말라(손가락 목걸이)라는 이름을 얻었습니다. 그러나 이제는 부처님께 귀의하여 깨달음을 얻었습니다. 소나 말을 다루려면 채찍을 쓰고 코끼리를 길들이려면 갈고리를 씁니다.
16 그런데 부처님께서는 채찍도 갈고리도 쓰지 않으시고 흉악한 저 마음을 다스려 주셨습니다. 저는 오늘 악의 갚음을 받았고, 바른 법을 들어 청정한 지혜의 눈을 떴으며, 참는 마음을 닦아 다시는 다투지 않을 것입니다. 부처님, 저는 이제 살기도 원치 않고 죽기도 바라지 않습니다. 다만 때가 오기를 기다려 열반에 들고 싶을 뿐입니다."
17 앙굴리말라가 처음부터 살인귀는 아니었다. 그는 마음이 밝은 수행자로서 훌륭한 스승 밑에서 도를 닦는 아힘사까였다.
18 하루는 스승과 일행이 모두 외출을 하고 집에는 아힘사까와 스승의 부인만 남았다. 부인이 다가와 젊은 수행자를 유혹하였으나 아힘사까는 이를 거부했다.

19 무시당한 부인은 외출에서 돌아온 남편에게 아힘사까가 자기를 욕보이려 했다고 거짓말을 했다.

20 스승은 부인의 말을 믿고 제자에 대해 치를 떨었으나 그를 쉽게 벌 줄 수도 없었다. 제자를 벌하는 순간 자기 교단이 쑥밭이 될 게 뻔하기 때문이다.

21 그는 묘안을 생각했다.
"아힘사까야, 너는 나의 말을 믿느냐?"
"예, 스승님의 가르침을 믿사옵니다."

22 "너는 내 제자들 중에서도 가장 뛰어나다. 이제 네게 높은 깨달음에 가장 빨리 이르는 비결을 가르쳐 줄 테니 실행할 수 있겠느냐?"
"여부가 있겠습니까."

23 "너는 지금 당장 나가서 사람들을 닥치는 대로 죽여 백 명의 손가락을 꿰어서 목에 두르고 다녀라. 그러면 하늘나라에 다시 태어나리라. 아무에게도 말하지 말고 너 혼자만 행해야 하느니라."
"네, 분부를 받들겠습니다."

24 이렇게 하여 아힘사까가 살인귀가 되자 나라의 왕은 군대를 보내 아힘사까를 처단하려 했다.

25 아힘사까는 어느새 아흔아홉 사람을 죽이고 마지막 한 명을 남기게 되었다. 이를 안 어머니가 숲으로 아힘사까를 찾아가 애원했다.

26 "어머니, 여기는 어인 일이십니까? 이 아들은 이제 한 사람만 더 죽이면 마침내 도를 이루게 됩니다. 도를 이루면 어머니도 구원해 드릴 테니 조금만 기다려 주십시오."

27 "아들아, 지금 군인들이 너를 죽이러 오고 있단다. 네가 도를 이루기 전에 죽을 것이니 어쩌면 좋겠느냐. 그렇게 도가 좋거든 이 어미를 죽여 도를 이루려무나. 자, 마지막으로 나를 죽여라."

28 부처님께서 이를 천안으로 보시고 사왓티성 밖의 숲길을 일부러 찾아가셨다. 그때 사람들이 부처님을 만류하여 이렇게 말했던 것이다.

29 "부처님, 그 길로 가시면 안 됩니다. 그 길에는 앙굴리말라라는 무서운 살인귀가 있어 닥치는 대로 사람을 죽입니다. 제발 그 길로 가지 마십시오."

"내게는 두려움이 없소."

30 부처님께서 이렇게 말씀하신 데에는 살인귀를 구원하고자 하는 마음도 있었지만, 그 어머니를 가엾이 여겨 자식이 제 어머니 죽인 죄까지 받아 지옥에 떨어지지 않도록 하려는 마음도 컸다.

31 어머니는 자신이 지옥에 갈지언정 그 자식이 지옥에 떨어지는 것은 보지 못하는 법이다.

32 이런 어머니를 구원하지 않으면 누구를 구원하랴. 두려움이 없다는 것은 바로 이런 커다란 자비심을 말하는 것이다.

### 4. 샤꺄족의 귀의

1 까삘라의 숫도다나왕은 태자가 마가다 왕국의 수도인 라자그리하에서 위대한 부처님으로 존경받고 있다는 소식을 듣고 매우 기뻤다.

2 태자가 도를 이루어 부처님이 되었다는 소식은 숫도다나왕도 벌써부터 들어서 알고 있었다. 숫도다나왕은 하루빨리

아들의 모습을 보고 싶었다.
3 부처님께서는 라자그리하까지 와 계시면서도 고향인 까삘라에는 아직도 가려 하지 않으셨다. 숫도다나왕은 기다리다 못해 여러 번 사신을 보내어 자신의 뜻을 부처님께 알렸다.
4 그때마다 찾아간 사신들은 부처님의 설법을 듣고 그 자리에서 출가했다. 그들은 수행에만 힘쓸 뿐 사신의 임무는 까맣게 잊어버렸다.
5 그래서 왕은 이번에는 가장 신임하는 우다이 대신을 특사로 보내게 되었다. 왕의 심정을 잘 알고 있는 우다이는 다음과 같이 맹세하고 길을 떠났다.
6 "제가 부처님을 만나 혹시 출가하게 되더라도 대왕의 간절하신 뜻은 꼭 전하여 모시고 오겠습니다."
7 우다이도 부처님의 설법을 듣고는 곧 출가했다. 그러나 그는 왕에게 맹세한 일만은 잊어버리지 않았다.
8 몇 달을 두고 기회를 살피던 우다이는 부처님 곁에 사람이 없는 틈을 타서 이렇게 말했다.
9 "부처님, 지금 까삘라에서는 숫도다나왕과 샤꺄족들이 부처님께서 오시기만을 고대하고 있습니다. 그들은 부처님의 가르침을 받고자 오래전부터 기다리고 있었습니다. 곧 까삘라로 가시는 것이 어떻겠습니까?"
10 부처님께서 말씀하셨다.
"나도 벌써부터 그런 생각을 하고 있었다. 이제 까삘라로 갈 때가 되었다. 떠날 준비를 하라."
11 우다이는 가슴이 벅찼다. '드

디어 부처님께서 고향에 가시는구나! 대왕께서는 얼마나 기뻐하실 것이며 태자비께서도 부처님 맞는 기쁨에 매일매일 잠을 설치시겠구나! 잘됐다. 너무 잘됐다!'

12 우다이는 기쁨에 들떠 까삘라로 먼저 떠났다. 까삘라에서는 왕을 비롯하여 온 나라 안이 부처님을 맞을 준비에 바빴다.

13 다들 옛날의 태자를 보고 싶었다. 위대한 성자가 되신 부처님! 많은 사람들의 존경을 받는 부처님!

14 태자가 정든 까삘라를 떠난 지 어느덧 열두 해가 되었다. 부처님의 나이도 이제 마흔이 넘었다. 부처님께서는 제자들을 데리고 라자그리하를 떠난 지 두 달 만에 까삘라에 이르렀다.

15 까삘라에 도착한 부처님께서는 궁전에 들지 않고 출가 사문의 습관에 따라 이 집 저 집 밥을 빌며 다녔다.

16 황금 가마를 타고 다니던 위대한 태자가 고향에 돌아와 맨발로 걸식을 다니는 모습을 본 왕은 충격을 받았다.

17 "가문을 욕되게 하는 일을 그만두고 어서 들어와 궁전에 머물도록 하오."
왕의 머릿속에는 아직도 옛날의 싯다르타가 뚜렷이 남아 있었다.

18 부처님께서는 이렇게 대답하셨다.
"이것은 출가 사문이 옛날부터 지켜온 법도입니다."

19 부처님께서는 궁중에서 설법하시기 전에 이모와 야쇼다라 그리고 라훌라와도 만났다. 열두 해 만에 친족들과 만나

는 감회가 새로웠다.
20 마음 착한 여인들은 눈물만 흘리고 있을 뿐이었다. 아내인 야쇼다라는 더욱 애달팠다.
21 지아비가 떠난 후 그녀의 삶은 많이 변했다. 태자가 화장터에서 시신 감싸던 옷을 주워 입고 다닌다는 말을 듣고는 자기가 입던 비단옷을 다 버렸다. 태자가 맨발로 걸어 다닌다는 이야기를 듣고는 방 안의 이불을 다 치웠다.
22 먹어도 먹는 게 아니요, 입어도 입는 게 아니었다. 자나 깨나 앉으나 서나 그리운 이가 다시 돌아오기를 오매불망 기다렸다. 이제 그가 왔다, 드디어 돌아왔다.
23 자기 발로 걸어 나간 남편이 이제 자기 발로 다시 왔으니 기다려야 했다.
24 그녀는 부처님 스스로 옛 아내의 방으로 와야 한다고 생각했다. 여인이 먼저 맨발로 뛰어나가 맞을 일이 아니었다.
25 그러나 부처님은 부왕이 간곡하게 부탁하기 전가지 조금도 움직이지 않으셨다.
"부처님, 야쇼다라의 방으로 직접 찾아가셔야 합니다. 그녀를 위로해 주소서."
26 부처님은 아무 말씀 없이 야쇼다라의 방으로 가셨다. 그러고 침상 가까운 의자에 소리 없이 앉으셨다.
27 희미한 어둠 속에서 조용한 흐느낌이 새어나오고 있었다. 그 소리는 점점 커지더니 마침내 통곡으로 변했다.
28 야쇼다라는 그리운 이의 발 앞에 엎드려 하염없이 눈물을 흘렸다. 부처님의 발이 야쇼다라의 눈물로 흥건히 적셔지

고 있었다.
29 "야쇼다라여, 울지 마시오. 이렇게 다시 만나지 않았소. 그대가 나를 보살피고 절개를 지켰던 것은 이번 생만이 아니라오."
30 부처님께서는 부왕과 왕궁의 사람들을 위해 설법하셨다. 설법을 듣고 난 그들은 출가 사문의 길을 이해하게 되었고 한편으로는 자랑스럽게 생각했다.
31 부처님께서 까삘라에 오신 지 며칠 안 되어 샤꺄족 출신의 청년들은 앞을 다투어 부처님의 제자가 되었다.
32 까삘라는 또 한번 발칵 뒤집혔다. 옛날 숫도다나왕과 야쇼다라 태자비가 겪었던 쓰라린 아픔을 많은 부모와 아내들이 똑같이 겪어야 했다.
33 부처님께는 아우가 있었다. 그는 부처님을 키워 준 마하빠자빠띠 왕비가 낳은 아들이다.
34 부처님께서 까삘라로 돌아왔을 때 장차 싯다르타 대신 왕위를 계승하게 될 아우 난다의 결혼식이 막 거행되려는 참이었다. 신부는 미인으로 알려진 순다리였다.
35 부처님께서는 난다를 데리고 성 밖에 있는 니그로다 정사로 가셨다. 니그로다는 부처님과 그 제자들을 위해 숫도다나왕이 마련한 정사였다.
36 정사에 도착하신 부처님께서는 난다를 앞에 앉히고 천천히 말씀하셨다.
"난다야, 너는 지금 곧 머리를 깎고 출가해라."
청천벽력 같은 말씀이었다. 난다는 선뜻 대답을 못하고 주저하는 모습을 보였다.
37 "난다야, 너는 지금 눈앞에 보이는 여성의 아름다움에 사

로잡혀 있구나. 너는 내 말대로 곧 출가하는 것이 좋겠다." 부처님께서는 손수 난다의 머리를 깎아 출가시켰다.

38 형님인 부처님의 뜻을 어기지 못하고 출가하여 니그로다 정사에 살게 되었지만 아리따운 순다리의 모습이 떠오를 때마다 난다는 괴로웠다.

39 이 괴로움은 난다가 출가한 뒤에도 오랫동안 계속되었다. 출가한 난다가 두고 온 순다리를 잊지 못하면서 이따금 멍하게 앉아 있는 모습을 보시고, 부처님께서는 어느 날 난다를 데리고 깊은 숲속으로 들어가셨다.

40 거기에서 흉하게 생긴 암원숭이 한 마리를 난다에게 보이며 물으셨다.
"이 암원숭이와 너의 순다리를 비교하면 어느 편이 더 아름다우냐?"

41 난다는 대답했다.
"말할 것도 없이 순다리가 훨씬 아름답습니다."

42 이번에는 신통력으로 이 세상에서는 볼 수 없는 아름다운 선녀를 보이시며 물었다.
"이 선녀와 순다리를 비교하면 어떠냐?"

43 난다는 입을 다문 채 아무 말도 못했다. 총명한 난다는 금세 깨달았다. 이후부터 난다는 출가 사문의 길만을 찾아 수행했다.

44 난다의 출가를 슬프게 여기는 사람은 순다리만이 아니었다. 싯다르타 태자가 떠난 다음 오직 하나밖에 없는 후계자로 믿고 있던 난다마저 출가했다는 소식을 들었을 때 숫도다나왕은 또 한번 쓰라린 고통을 겪어야 했다.

제1편 부처님의 생애

⁴⁵이제 남은 후계자는 손자인 라훌라밖에 없었다. 태자가 출가하기 직전에 태어난 라훌라는 어느덧 열두 살이 되었다.

⁴⁶"라훌라야, 네 아버지는 엄청난 재산을 가진 분이시란다. 아버지에게 가서 너에게 물려줄 재산을 달라고 청하여라. 유산을 받기 전엔 절대 물러나선 안 된다."
어머니인 야쇼다라가 아들에게 부처님께 그렇게 요청하라 일렀다.

⁴⁷"예, 어머님. 잘 알겠습니다."
열두 살 라훌라는 어느 날 부처님을 찾아와서 이렇게 말했다.

⁴⁸"아버지, 아버지의 그늘은 행복합니다. 아버지, 저에게 물려줄 재산을 주세요."
"나의 그늘이 정말 행복하냐?"
"예, 아버지는 우리 가정의 큰 나무 그늘이십니다."

⁴⁹"그것이 네 생각이더냐?"
"어머니가 이렇게 이야기하라 하셨습니다."
부처님께서는 빙그레 웃으시며 라훌라의 손목을 끌고 성 밖에 있는 니그로다 정사로 가셨다.

⁵⁰부처님께서 제자인 사리뿟따에게 이르셨다.
"이 아이를 출가시켜라."
마침내 라훌라도 아버지인 부처님을 따라 출가하게 되었다.

⁵¹물려줄 재산은 물질적인 재산이 아니라 법의 재산이었던 것이다.

⁵²야쇼다라는 하늘이 두 번이나 무너지는 아픔을 겪었다. 아들을 통해 지아비의 마음을 어떻게 돌려 보려 했으나

67

오히려 어린 아들마저 자기 곁을 떠나게 되어 버렸다.

53 나이 어린 손자까지 출가하자 왕의 비통함도 이루 말할 수 없이 컸다. 그리하여 숫도다나왕은 부처님께 이제부터 미성년자의 출가는 반드시 부모의 허락을 받자고 제의했고 부처님도 그 의견을 받아들이셨다.

54 부처님께서 까삘라에 계시는 동안 난다와 라훌라 이외에도 오백 명에 가까운 귀족 청년들이 출가했다.

55 출가하는 청년들은 삭발을 하면서 이발사인 우빨리에게 그들이 지니고 있던 패물을 내주었다. 오랫동안 신세진 갚음이었다.

56 그러나 우빨리도 받았던 패물을 내버리고 출가해서 부처님의 제자가 되었다.

57 후세에 계율 지키기에 으뜸이라고 존경받는 우빨리 존자는 바로 이 까삘라의 이발사였다.

58 이 무렵 또 다른 두 형제가 출가했다. 그들은 야쇼다라의 사촌 형제였다.

59 이 두 형제 가운데서 아난다는 일생을 바쳐 부처님을 공경하고 시봉하였으나, 다른 한 형제인 데와닷따는 부처님 교단에 반역하여 부처님을 괴롭혔다.

60 까삘라와 이웃나라 꼴리야 사이에는 로히니강이 흐르고 있었다. 이 꼴리야는 예전부터 까삘라와 국교가 매우 두터운 사이였다. 같은 샤꺄족인데다 싯다르타를 낳은 마야 왕비와 그를 길러준 마하빠자빠띠, 그리고 태자비 야쇼다라까지도 모두가 꼴리야 출신이었다.

## 제1편 부처님의 생애

61 두 나라는 쌀을 주식으로 하는 농업국이었으므로 농사철에는 물이 많이 필요했다. 그런데 어느 해 여름 가뭄이 몹시 들어 로히니강 물은 바닥이 나고 강변에 있는 저수지 물도 얼마 남지 않았다.

62 까삘라와 꼴리야 사람들은 저수지 양쪽에서 서로 물을 끌어들이려다가 큰 싸움이 벌어졌다. 양편이 다들 지나치게 흥분한 나머지 살기가 등등하여 서로 맞붙어 싸우려고 했다.

63 이 말을 전해 들은 부처님께서는 급히 로히니강으로 나가셨다. 부처님을 보자 그들은 들었던 연장을 놓으며 합장했다. 부처님께서 말씀하셨다.

64 "여러분은 물과 사람, 이 둘 중에 어느 편이 더 소중하다고 생각하십니까?"
"물론 사람이 더 중요합니다."

65 "여러분은 지금 물 때문에 서로 싸우고 있습니다. 내가 나타나지 않았더라면 지금쯤 아마 몇 사람이 크게 다쳤을지도 모릅니다. 이 일은 싸움으로 해결될 일이 아닙니다."

66 부처님께서는 다음과 같은 비유를 들어 인간의 어리석음을 깨우쳐 주셨다.
"옛날 깊은 산속에 사자 한 마리가 살고 있었습니다. 그 사자가 하루는 큰 나무 아래 누워 있을 때 바람이 불어 나무 열매가 사자의 얼굴에 떨어졌습니다. 사자는 잔뜩 화를 내며 꼭 혼을 내줘야지 하고 별렀습니다. 그런 지 사흘째 되던 날 한 목수가 수레바퀴에 쓸 재목을 찾아 이 산으로 올라오게 되었습니다.

67 사자는 좋은 기회라고 생각하

고 '수레바퀴에 쓸 재목이라면 이 큰 나무를 베어 가시오.' 하고 목수에게 일러 주었습니다. 목수는 사자의 말대로 그 나무를 베었습니다. 그랬더니 넘어진 나무는 목수에게 '사자의 가죽을 바퀴에 쓰면 아주 질깁니다.'라고 속삭였습니다. 목수는 마침내 곁에 있던 사자도 잡아 버렸습니다. 사자와 나무는 이와 같이 하찮은 일로 다투어 자기의 목숨까지 잃고 말았던 것입니다."

68 부처님께서 이와 같은 비유를 들어 말씀하시자 양쪽 사람들은 부끄러워하면서 돌아갔다.

### 5. 여성의 출가

1 숫도다나왕은 늙어 병석에 눕게 되었다. 사랑하던 태자 싯다르타는 부왕의 기대를 저버리고 출가하여 위대한 성자가 되었고, 작은아들 난다 역시 싯다르타의 뒤를 따랐다.

2 그리고 손자 라훌라마저 출가하였으므로 늙은 왕의 마음은 더없이 쓸쓸했다. 부처님을 낳았다는 영광을 느끼면서도 손자마저 떠난 뒤부터는 마음이 텅 비어 외로움이 깊어 갔다.

3 숫도다나왕이 병석에 누웠다는 소식을 전해 들은 부처님께서는 곧 라자그리하를 떠나 까삘라로 가셨다.

4 병석에 나타난 부처님을 보았을 때 왕은 마지막 설법을 청했다. 부처님께서는 왕의 손을 잡고 이렇게 말씀하셨다.

5 "모든 근심은 푸시고 아무 일도 걱정하지 마십시오. 제가 지금까지 말한 법을 생각하시면서 마음을 평안히 가지십시오. 제가 많은 생애 동안 쌓은 공덕과 보리수 아래에서 깨달

은 진리가 아버님을 고통에서 벗어나게 할 것입니다."
6 "이제 나의 소원이 이루어졌습니다. 내 아들 부처님이시여, 나는 행복합니다."
7 왕이 누워 있는 병석에는 부처님을 비롯하여 난다, 라훌라, 아난다와 같은 친족의 사문들이 모여 있었다.
8 늙은 왕은 옛날의 태자였던 부처님의 손을 꼭 쥔 채 마지막 설법을 듣고 조용히 숨을 거두었다.
9 왕이 돌아가신 지 얼마 안 되었을 때의 일이다. 그 무렵 부처님께서는 까삘라성 밖에 있는 니그로다 정사에 머물고 계셨다.
10 하루는 아무 예고도 없이 자기를 알뜰히 키워 주던 마하빠자빠띠 왕비가 정사로 찾아왔다. 왕비는 부처님께 공손히 예배한 다음 옛날의 아들에게 간곡하게 부탁했다.
11 "부처님, 이제는 나도 출가하여 부처님 곁에서 수행의 길을 걸으렵니다. 제발 나 같은 여성들도 출가할 수 있는 길을 열어 주소서."
12 "안 됩니다."
"제발!"
"안 됩니다."
"제발! 허락하소서!"
"안 됩니다."
부처님께서는 자기를 키워 준 이모의 간절한 소원조차 거절하셨다.
13 이런 일이 있은 뒤 부처님께서는 까삘라를 떠나 웨살리로 옮겨 가셨다. 그때 웨살리 교외에 있는 마하와나 정사의 대중들은 부처님께서 오시기를 기다리고 있었다.

14 부처님께 세 번씩이나 출가를 신청했다가 세 번 다 거절당했지만 마하빠자빠띠는 결심한 뜻을 굽히지 않았다.

15 왕비는 며칠 뒤 스스로 머리를 깎은 다음 비단옷 대신 누더기를 걸치고 맨발로 부처님이 가신 길을 따라나섰다.

16 출가 사문의 모습을 하고 웨살리로 향하는 왕비를 보고 오백 명의 샤꺄족 여인들도 그 뒤를 따랐다.

17 여인들의 발은 돌부리에 채어 피가 흘렀다. 마하빠자빠띠와 그 일행은 부처님이 계시는 곳까지 걸어갔다. 그리고 다시 여성의 출가를 애원했다.

18 마하와나 정사 밖에서 여성들이 웅성거리며 애원하는 소리를 듣고 문을 연 사람은 부처님을 시봉하고 있던 아난다였다.

19 아난다의 얼굴을 본 마하빠자빠띠는 자기들이 여기까지 찾아온 뜻을 말하면서 여성의 출가를 부처님께서 허락해 주시도록 해 달라고 당부했다. 아난다는 곧 부처님께 알려 드렸다.

20 "부처님, 지금 밖에 까삘라에서 맨발로 걸어온 마하빠자빠띠 일행이 여성의 출가를 애원하며 있습니다."

21 그러나 부처님의 대답은 전과 마찬가지였다. 그러자 아난다는 마하빠자빠띠가 어린 태자를 키우느라 애썼던 과거를 회상시키면서 다시 여성의 출가를 간청했다.

22 그래도 부처님의 대답은 한결같았다. 세 번이나 거절당했을 때 아난다는 부처님께 이렇게 여쭈었다.

"부처님, 만일 여성일지라도

출가하여 부처님의 가르침대로 수행에 힘쓴다면 남자만큼 수행의 성과를 얻을 수 있겠습니까?"
23 부처님께서는 침묵을 깨뜨리고 말씀하셨다.
"그렇다, 여인도 이 법에 귀의하여 지극한 마음으로 수행하면 성스러운 과보를 얻을 수 있다."
24 이 대답에 용기를 얻은 아난다는 다시 한 번 마하빠자빠띠의 은혜를 들면서 여성의 출가를 허락해 줄 것을 간청했다. 부처님께서는 말씀하셨다.
25 "출가한 사문은 청정한 계율을 닦고 세속의 애착을 떠나야 한다. 그런데 여인은 세속의 애착이 강하므로 도에 들어가기 어렵다. 그리고 여인이 출가하면 청정한 법이 이 세상에 오래 갈 수 없다. 그것은 잡초가 무성한 논밭에는 곡식이 자라지 못하는 것과 같다.
26 가정에 여인이 많고 사내가 적으면 도둑이 들기 쉽듯이, 이 교단에 여인이 출가하면 청정한 법이 오래가지 못하게 될 것이다. 그러므로 물을 넘치지 않게 하기 위해 둑을 쌓는 것과 같이 교단의 질서를 위해 따로 여덟 가지 특별한 계율을 마련한다. 출가한 여인은 반드시 이 여덟 가지 계법을 지켜야 한다."
27 이와 같이 하여 마하빠자빠띠의 출가가 허락되었다. 최초의 비구니 교단이 이렇게 탄생됐다.

### 6. 데와닷따의 반역

1 데와닷따는 부처님의 가까운 친척이었다. 그는 야쇼다라의 동생이고 아난다의 형이었다.
2 그는 아난다와 우빨리가 출가할 때 함께 출가하여 부처님

교단에서 수행 중이었지만 남달리 야심이 컸다.

3 그는 부처님의 교단을 이어받으려는 뜻을 품고 있었다. 마가다의 태자 아자따삿뚜의 후원을 얻게 되자 그의 야심은 더욱 커 갔다.

4 아자따삿뚜 태자와 데와닷따의 사이가 가까워지면서 여러 가지 소문이 돌고 있었다.

5 그때 부처님께서는 라자그리하의 죽림정사에 계셨다. 오랜만에 부처님을 가운데 모시고 둘러앉은 제자들은 데와닷따의 소문을 부처님께 알려드렸다.

6 "부처님, 아자따삿뚜 태자는 아침저녁으로 오백 대의 수레에 음식을 실어다가 데와닷따와 그 무리들에게 공양한다고 합니다."

7 이 말을 들은 부처님께서 비구들에게 말씀하셨다.
"지금 데와닷따가 누리고 있는 명성과 이익을 부러워해서는 안 된다. 그와 같은 호화로운 사치는 데와닷따에게 아무런 이익을 주지 못하고 도리어 파멸을 가져다 줄 것이다. 마치 파초가 열매를 맺으면 시들어 버리는 것과 같다."

8 며칠이 지나 부처님께서 다시 제자들과 한자리에 앉아 설법을 시작하려고 할 때였다. 데와닷따와 그를 추종하는 무리들이 부처님을 찾아왔다. 그는 부처님께 중대한 제의를 했다.

9 "부처님께서는 연세도 많으신 데다 건강도 좋지 않으십니다. 교단을 제게 맡겨 주십시오."
교단의 내용과 데와닷따를 잘 알고 있는 부처님께서는 이렇게 말씀하셨다.

10 "데와닷따여, 잘 들어라. 내

아직 아무에게도 교단을 맡기려고 생각한 적이 없다. 맡긴다고 하더라도 여기 목갈라나와 같은 제자들이 있지 않느냐. 어찌 네가 교단을 맡을 수 있겠느냐."

11 부처님께 이와 같이 거절당한 데와닷따는 무서운 음모를 꾸미기 시작했다. 빔비사라왕을 옥에 가두고 왕위를 빼앗은 아자따삿뚜의 힘을 빌려 부처님을 죽이려 했다.

12 한번은 칼 잘 쓰는 자객을 보내어 부처님의 목숨을 빼앗으려 했다. 그러나 부처님의 곁에까지 간 그 자객은 어찌된 영문인지 몸을 꼼짝도 할 수가 없었다.

13 부처님께서 어찌하여 그렇게 떨고만 있느냐고 물으셨을 때, 자객은 그 자리에 엎드려 부처님께 용서를 빌었다.

14 부처님의 목숨을 해치려던 자객은 도리어 부처님의 충실한 제자가 되었다.

15 한번은 부처님께서 영취산에서 내려오시는 길이었다. 데와닷따의 무리들은 벼랑 위에 숨어 있다가 부처님께서 그 아래를 지나가는 순간 큰 바위를 굴러 내려뜨렸다.

16 그들은 바위가 부처님 머리에 떨어지도록 했으나 바위는 굴러 내려오다가 좁은 골짜기에서 멎고 말았다. 제자들은 걱정이 되어 부처님의 둘레에 모였다.

17 "여래는 폭력에 의해 목숨을 잃는 법이 없다."
부처님께서는 이렇게 말씀하시면서 태연히 길을 걸어가셨다. 데와닷따는 두 번이나 음모에 실패했으면서도 뜻을 돌리려 하지 않았다.

18 이번에는 라자그리하의 거리

를 지나가는 부처님을 향해 아주 성질이 사나운 코끼리를 풀어놓았다. 멀리서 그 광경을 바라보던 사람들은 부처님의 신변을 매우 걱정했다.

19 그러나 부처님을 향해 달려가던 코끼리는 부처님 앞에 이르더니 갑자기 그 자리에 멈추었다. 그러고는 코를 아래로 드리운 다음 꿇어앉았다.

20 데와닷따의 음모는 세 번 다 실패로 돌아갔다. 어떠한 폭력도 여래의 법 앞에서는 무력했다.

21 그러나 데와닷따의 사건은 부처님의 일생에서 가장 큰 아픔이었다. 데와닷따로 인해 교단이 분열되는 일까지 일어났다.

22 교단을 분열시킨 데와닷따가 부처님의 가까운 친척이었다는 것이 부처님의 마음을 아프게 했다.

### 7. 시드는 가지

1 부처님께서는 두루 다니시면서 설법하셨다. 해가 갈수록 많은 사람들이 부처님의 가르침에 귀의했다. 그러나 부처님의 육신은 차츰 쇠약해지고 있었다.

2 부처님께서 기원정사에 계실 때였다. 부처님께서 가장 아끼던 제자 사리뿟따가 마가다의 집에서 앓다가 죽었다.

3 곁에서 간호하던 어린 동생 쭌다는 죽은 사리뿟따의 유물인 발우와 가사를 가지고 부처님께 왔다.

4 부처님의 얼굴을 본 쭌다는 이제까지 참았던 설움이 복받쳐 흐느끼면서 사리뿟따의 죽음을 부처님께 알려 드렸다.

5 "부처님, 여기 사리뿟따의 발우와 가사가 있습니다."

곁에서 쭌다의 이야기를 듣고 있던 아난다도 같이 울었다.
6 사리뿟따는 부처님의 많은 제자 가운데서도 지혜가 으뜸인 수제자였다. 제자가 부처님보다 먼저 세상을 떠났으니 부처님의 슬픔도 말할 수 없이 컸다.
7 그러나 부처님께서는 담담한 표정으로 아난다와 쭌다의 슬픔을 달래 주셨다.
8 "너희들은 내가 항상 하던 말을 잊었느냐? 가까운 사람과는 언젠가 이별해야 하는 법이다. 세상에서 무상하지 않은 것은 없다. 모든 것은 세월을 따라 변해 간다. 아난다여, 저기 큰 나무가 있구나. 저 무성한 가지 중에서 하나쯤은 먼저 시들어 떨어질 수도 있지 않느냐. 그와 같이 사리뿟따도 먼저 간 것이다.
9 이 세상에 무상하지 않은 것은 없다. 너희들은 언제든지 너희들 자신에게 의지하라. 남에게 의지해서는 안 된다. 그리고 법에 의지하고 다른 것에 의지하지 마라."
10 사리뿟따가 죽은 지 얼마 안 되어 이번에는 목갈라나가 죽었다는 소식이 전해졌다.
11 목갈라나도 사리뿟따 못지않게 부처님 교단에서는 중요한 인물이었다.
12 노년에 이르러 유능한 두 제자를 잃었다는 사실은 부처님의 마음에도 적지 않은 슬픔을 가져다주었다. 부처님께서는 두 제자가 없는 모임에 참석할 때면 가끔 이런 말씀을 하셨다.
13 "사리뿟따와 목갈라나가 보이지 않는 모임은 어쩐지 텅 빈 것만 같구나."

14 부처님이라고 해서 아끼던 제자의 죽음에 서운한 생각이 들지 않는 것은 아니었다. 다만 그 슬픔에 집착하지 않을 뿐이었다.

15 그리고 인생이 덧없다는 것을 부처님께서는 이 세상에 태어나면서부터 느껴 왔던 것이다.

16 부처님께서는 사리뿟따의 죽음을 몹시 슬퍼하는 쭌다와 아난다에게 했던 말씀을 그 후로도 여러 수행자들의 모임에서 가끔 되풀이하셨다.

17 만년에 이르러 부처님의 주변에 몇 가지 비극이 벌어졌다. 아버지 숫도다나왕의 죽음과 가장 아끼던 두 제자의 죽음, 그리고 친척인 데와닷따의 배반, 이런 것들이 부처님의 심경을 더욱 아프게 했다. 게다가 또 하나의 큰 비극이 일어났다.

18 까삘라를 노려 오던 꼬살라가 마침내 쳐들어오고 있었다. 부처님께서는 이 소식을 듣고 뙤약볕이 내리쪼이는 큰길가의 고목나무 아래 앉아 계셨다.

19 군사를 이끌고 그 앞을 지나가려던 꼬살라의 젊은 왕 위루다까는 얼른 말에서 내려 부처님께 절한 다음 물었다.

20 "부처님, 우거진 나무도 많은데 왜 하필이면 잎이 하나도 없는 나무 아래 앉아 계십니까?"
부처님께서는 대답하셨다.
"친족이 없는 것은 여기 그늘이 없는 나무와 같은 법이오."

21 젊은 왕은 부처님의 뜻을 알아차리고 군대를 돌려 꼬살라로 돌아갔다.

22 위루다까는 얼마 후 다시 진군을 시작했다. 이번에도 그늘이 없는 나무 아래 앉아 계시는 부처님의 모습을 보고

왕은 다시 되돌아섰다.
23 세 번째 진군이 까삘라를 향했을 때 부처님의 모습은 보이지 않았다. 지난 세상에 진 빚은 어쩔 수 없이 받게 되는 것을 아셨기 때문이다.
24 위루다까왕은 서슴지 않고 까삘라를 공격했다. 살생을 엄격히 금하고 있던 샤꺄족은 전쟁에 약할 수밖에 없었다. 이렇다 할 저항도 못하고 샤꺄족은 멸망하고 말았다.

## 8. 열반

1 부처님의 연세도 여든이 되었다. 노쇠한 몸을 이끌고 강가 강을 건너 왓지족의 수도인 웨살리에 이르렀을 때 장마철을 만났다.
2 그해에는 인도 전역에 심한 흉년이 들어 많은 수행자들이 한자리에 모여 지내기가 어려웠다. 여럿이 한데 모여 밥을 빌기가 곤란했기 때문이다.
3 그래서 부처님께서는 제자들에게 웨살리 근처에 각각 흩어져 지내도록 하셨다.
4 부처님께서는 아난다만을 데리고 벨루와 마을에서 지내시게 되었다. 이때 부처님께서는 혹심한 더위로 몹시 앓으셨다.
5 그러나 부처님께서는 고통을 참으면서 목숨을 이어 가셨다. 병에서 회복한 지 며칠 안 된 어느 날 부처님께서는 나무 그늘에 앉아 쉬고 계셨다. 아난다는 곁에 와서 이렇게 말했다.
6 "부처님께서 무사하시니 다행입니다. 부처님의 병환이 중하신 걸 보고 저는 어찌 할 바를 몰랐습니다. 그러나 교단에 대해서 아무 말씀도 없이 이대로 열반에 드실 리는 없다고 생각하니 위안이 되었습니다."

7 부처님께서는 아난다에게 말씀하셨다.
"아난다여, 나는 이제까지 모든 법을 다 가르쳐 왔다. 법을 가르쳐 주는 데 인색해 본 적이 없다. 이제 나는 늙고 기운도 쇠했다. 내 나이 여든이다. 낡아빠진 수레가 간신히 움직이고 있는 것처럼 내 몸도 겨우 움직이고 있다."

8 부처님께서는 웨살리 지방에 흩어져 있는 비구들을 모이게 한 뒤 석 달 후에는 열반에 들겠다고 말씀하셨다.

9 그날 부처님께서는 거리에 걸식하러 나갔다가 거리의 여기저기를 돌아보시며 이것이 웨살리를 보는 마지막이라고 곁에 있는 아난다에게 말씀하셨다.

10 부처님께서는 웨살리를 떠나 '빠와'라는 고을에 이르셨다. 여기에서 금세공 쭌다가 올리는 공양을 드시고 나서 다시 병을 얻게 되었다. 이때 쭌다가 올린 음식은 부처님께 올린 마지막 공양이 되었다.

11 공양을 마치자, 부처님께서는 고통을 참으시면서 꾸시나가라로 다시 길을 떠나셨다. 많은 제자들이 걱정하며 뒤를 따랐다.

12 이 길이야말로 부처님께서 걸으신 최후의 길이었다. 꾸시나가라에 도착하자 부처님께서는 아난다에게 말씀하셨다.

13 "아난다여, 나는 지금 몹시 피곤해 눕고 싶다. 저기 두 그루의 샬라나무 사이에 가사를 네 겹으로 접어 깔아다오. 나는 오늘 밤 여기에서 열반에 들겠다."

14 아난다는 부처님께서 열반에 드신다는 말을 듣고 슬퍼서

견딜 수가 없었다. 부처님께서는 한쪽에서 울고 있는 아난다를 불렀다.

15 "아난다여, 울지 마라. 가까운 사람과 언젠가 한번은 헤어지게 되는 것이 이 세상의 인연이다. 태어난 것은 반드시 죽게 마련이다. 죽지 않기를 바라는 것은 어리석은 생각이다. 너는 그동안 나를 위해 수고가 많았다. 내가 간 뒤에도 더욱 정진하여 성인의 자리에 오르도록 하라."

16 아난다는 슬픔을 참으면서 부처님께서 열반에 드신 다음 그 몸을 어떻게 할 것인지를 여쭈었다. 부처님께서는 다음과 같이 말씀하셨다.

17 "너희 출가 수행자는 여래의 장례 같은 것에 상관하지 마라. 너희는 오로지 진리를 위해 부지런히 정진하라. 여래의 장례는 신도들이 알아서 치를 것이다."

18 그날 밤에 부처님께서 열반에 드신다는 소식이 전해지자 말라족 사람들은 슬퍼하면서 살라나무 숲으로 모여들었다.

19 이때 꾸시나가라에 살던 늙은 수행자 수밧다도 그 소식을 듣고 부처님께서 돌아가시기 전에 평소의 의문을 풀어야겠다고 허둥지둥 살라나무 숲으로 달려왔다. 그러나 아난다는 청을 받아 주지 않았다.

20 "부처님을 번거롭게 해 드려서는 안 됩니다. 부처님께서는 지금 매우 피로하십니다."

21 하지만 부처님께서는 아난다에게 수밧다를 가까이 오도록 이르시고 이렇게 말씀하셨다.
"진리를 알고자 찾아온 사람을 막지 마라. 그는 나를 괴롭히기 위해서가 아니라 내 설법을 듣고자 온 것이다. 그는 내 말을 들으면 곧 깨닫게 될 것이다."

22 부처님께서는 수밧다를 위해 설법을 들려 주셨다. 수밧다는 부처님의 설법을 듣고 그 자리에서 깨달은 바가 있었다. 수밧다는 부처님의 마지막 제자가 된 것이다.

23 이제 부처님께서 열반에 드실 시간이 가까워 온 듯했다. 부처님께서는 모여든 제자들을 돌아보시면서 다정한 음성으로 물어보셨다.

24 "그동안 내가 한 설법의 내용에 대해서 의심나는 점이 있거든 묻도록 하라. 승단이나 계율에 대해서도 물을 것이 있으면 물어라. 이것이 마지막 기회가 될 것이다."

25 그러나 그 자리에 모인 제자들은 한 사람도 묻는 이가 없었다. 부처님께서는 거듭 말씀하셨다.
"어려워 말고 물어보라. 다정한 친구끼리 말하듯이 의문이 있으면 내게 물어보라."

26 이때 아난다가 말했다.
"지금 이 자리에 모인 수행자들 중에는 부처님의 가르침에 대해서 의문을 가진 사람이 없습니다."

27 아난다의 말을 들으시고 부처님께서는 마지막 가르침을 펴시었다.
"너희들은 저마다 자기 자신을 등불로 삼고 자기를 의지하라. 진리를 등불 삼고 진리를 의지하라. 이 밖에 다른 것에 의지해서는 안 된다. 그리고 너희들은 내 가르침을 중심으로 화합할 것이요, 물 위에 기름처럼 겉돌지 마라. 함께 내 교법을 지키고 함께 배우며 함께 수행하고 부지런히 힘써 도의 기쁨을 함께 누려라.

28 나는 몸소 진리를 깨닫고 너희들을 위해 진리를 말했노라. 너희는 이 진리를 지켜 무슨 일에나 진리대로 행동하라. 이 가르침대로 행동하면 설사 내게서 멀리 떨어져 있더라도 그는 항상 내 곁에 있는 것과 같다.

29 죽음이란 육신의 죽음이라는 것을 잊지 마라. 육신은 부모에게서 받은 것이므로 늙고 병들어 죽는 것은 어쩔 수 없는 일이다. 여래는 육신이 아니라 깨달음의 지혜다. 육신은 여기에서 죽더라도 깨달음의 지혜는 진리와 깨달음의 길에 영원히 살아 있을 것이다. 내가 간 후에는 내가 말한 가르침이 곧 너희들의 스승이 될 것이다. 모든 것은 덧없다. 너희들은 게으르지 말고 부지런히 정진하라."

이 말씀을 남기고 부처님께서는 평안히 열반에 드셨다.

30 진리를 찾아 왕자의 자리도 박차고 출가하여 견디기 어려운 고행 끝에 지혜의 눈을 뜨신 부처님, 사십오 년 동안 수많은 사람들에게 여러 가지 방법으로 설법해 몸소 자비를 구현한 부처님께서는 이와 같이 열반에 드셨다.

31 부처님께서는 육신의 나이 여든으로 이 세상을 떠나가셨지만 그 가르침은 어둔 밤에 등불처럼 중생의 앞길을 밝게 비추고 있다.

32 이 지상에 인류가 살아 있는 한 부처님의 가르침도 영원히 살아 있을 것이다.

## 제2편 초기 경전

### 제1장 지혜와 자비의 말씀 ①
#### 1. 네 가지 진리

1 부처님께서 빠딸리뿌뜨라로 가시던 도중 라자그리하에서 멀지 않은 왕원에 쉬면서 비구들에게 말씀하셨다.

2 "도를 닦는 이는 반드시 네 가지 진리를 알아야 한다. 어리석은 사람은 진리를 알지 못해 오랫동안 바른 길에서 벗어나 생사에 매여 헤매느라고 쉴 새가 없다.

3 네 가지 진리란 무엇인가. 첫째는 이 세상 모든 것이 괴로움이니 이것을 고라 한다. 둘째는 괴로움은 집착으로 말미암아 생기니 이것을 집이라 한다. 셋째는 괴로움과 집착이 없어진 상태를 말하니 이것을 멸이라 한다. 넷째는 괴로움과 집착을 없애는 방법이니 이것을 도라 한다.

4 괴로움이란 무엇인가. 태어나는 것, 늙는 것, 병드는 것, 죽는 것, 사랑하는 사람과 헤어지는 것, 미워하는 사람과 만나는 것, 구하려 하지만 얻어지지 않는 것 등이다. 그러므로 오온으로 된 이 몸이 곧 괴로움이다.

5 오온이 괴로움인 줄 알고 애욕의 집착을 끊으면 생을 마친 뒤에 다시 괴로움이 없게 된다.

6 괴로움이 없게 된다는 것은 나고 죽고 다시 태어나는 상황을 끝없이 반복하는 상태, 즉 윤회에서 벗어난다는 말이다.

7 윤회에서 벗어나 완전한 자유에 이르기 위해서는 살아가는 동안 여덟 가지의 덕목을 실천해야 한다.

8 첫째는 마음을 다하여 여래

의 가르침을 듣고, 둘째는 애욕을 버려 갈등을 없애며, 셋째는 살생과 도둑질과 음행을 저지르지 않고, 넷째는 속이고 아첨하며 나쁜 말로 꾸짖는 일을 하지 않으며, 다섯째는 질투하고 욕심내어 남들이 믿지 않는 일을 하지 않고, 여섯째는 모든 것이 무상하고 고이고 공이고 무아임을 생각하며, 일곱째는 몸의 냄새나고 더럽고 깨끗하지 않음을 생각하고, 여덟째는 몸에 탐착하지 않고 마침내는 흙으로 돌아갈 줄 아는 것이다.

9 지나간 세상의 모든 부처님들이 이 네 가지 진리를 알았고, 앞으로 올 부처님들도 이 진리를 환히 볼 것이다.

10 세속적인 은혜와 사랑을 탐하거나 혹은 세상의 부귀영화와 명예와 오래 살기를 원하는 이는 윤회하는 세상에서 벗어나는 길을 끝내 얻지 못한다.

11 길은 마음으로부터 생기는 것이니 마음이 깨끗해야 길을 얻을 수 있다. 마음이 깨끗하여 계율을 잘 지키면 천상에 태어난다.

12 만약 지옥·아귀·축생의 길을 끊으려거든 지극한 한마음으로 여래의 가르침과 계율을 실천해야 하리라.

13 이제 여래가 중생을 나고 죽는 데서 해탈케 하려고 바른 길을 열어 보였으니, 배우려고 하는 사람은 반드시 잘 생각하라."

14 이와 같이 말씀하시고 나서 부처님께서는 아난다와 함께 빠딸리뿌뜨라에 이르러 성 밖 어떤 나무 아래 머무셨다.

15 그곳 브라만과 거사들은 부처님께서 제자들을 데리고 오셨

다는 말을 듣고 모두 부처님 계신 데로 모여들었다. 부처님께 공양하기 위해서 앉을 방석을 가지고 혹은 물병과 등잔을 들고 와서 예배했다.

16 부처님께서 그들에게 말씀하셨다.
"사람이 세속에서 탐욕을 즐기면 다섯 가지가 소모된다. 무엇이 다섯 가지인가. 스스로 방종하므로 재산이 줄어들고, 몸을 위태롭게 하여 도를 잃게 되며, 사람들이 공경하지 않아 죽을 때에 뉘우치게 되며, 추한 소문과 나쁜 이름이 널리 퍼지고, 스스로 방종하므로 죽은 뒤에는 삼악도에 떨어진다.

17 그러나 사람들이 마음을 잘 다스려 방종하지 않으면 다섯 가지 덕을 갖추게 된다. 무엇이 다섯 가지 덕인가. 검소하고 절약하므로 재산이 날로 늘어 가고, 도의 뜻에 가깝게 되며, 사람마다 우러러 공경하여 죽을 때도 뉘우침이 없으며, 덕망이 세상에 널리 퍼지고, 검소하고 절약하므로 죽은 뒤에 천상이나 복된 곳에 태어난다. 사람이 방종하지 않으면 이와 같이 다섯 가지 좋은 일이 있으니 잘 생각해서 실천하라."

18 부처님께서 여러 사람을 위해 가르침을 펴시니 모두가 기뻐했다.

### 2. 계·정·혜를 닦아라

1 부처님께서 아난다와 함께 꼴리야성 북쪽의 한 나무 아래 머무르시며 여러 비구에게 말씀하셨다.

2 "너희들은 청정한 계율을 지니고 선정을 닦으며 지혜를 구하라. 청정한 계율을 지니는 사람은 탐욕과 성냄과 어리석

음을 따르지 아니하고, 선정을 닦는 사람은 마음이 산란하지 않게 되며, 지혜를 구하는 이는 애욕에 매이지 않으므로 하는 일에 걸림이 없다. 계·정·혜가 있으면 덕이 크고 명예가 널리 퍼지리라.

3 또 세 가지 허물(탐진치)을 떠나면 마침내 아라한이 될 것이다. 지금의 이 몸으로 삼매를 얻고자 하면 부지런히 깨닫기를 구해 이번 생 안에 청정한 도에 들어가라. 그러면 죽은 뒤에 다시 윤회하는 세상에 태어나지 않을 것이다."

4 부처님께서는 아난다를 데리고 여기저기 다니면서 계·정·혜 세 가지의 요긴함에 대해 제자들에게 또 이렇게 말씀하셨다.

5 "너희들은 마땅히 계를 지니고 선정을 닦아 지혜를 깨달아라. 이 세 가지를 잘 지키는 사람은 덕망이 높고 명예가 드날리게 되리라. 음란한 마음과 성내는 마음과 어리석은 마음과 잡된 생각이 없어질 것이니, 이것을 일러 해탈이라 한다.

6 이 계행이 있으면 저절로 선정이 이루어지고, 선정이 이루어지면 지혜가 밝아지리니, 이를테면 흰 천에 물감을 들여야 그 빛이 더욱 선명하게 되는 것과 같다.

7 이 세 가지 마음이 있으면 도를 어렵지 않게 얻을 것이고, 지극한 한마음으로 부지런히 닦으면 생을 마친 후에는 깨끗한 곳으로 들어갈 것이다. 이와 같이 실천하면 스스로 이 몸을 버리고 다시 나지 않을 줄을 알리라.

8 만약 계·정·혜를 머리로 알기단 하고 몸으로 실천하지

않으면 윤회에서 벗어나기 어려울 것이다.

9 그러나 이 세 가지를 갖추면 마음이 저절로 열리어, 문득 천상·인간·지옥·아귀·축생들의 세상을 보게 되고, 온갖 중생들의 생각도 알게 되리라. 마치 시냇물이 맑으면 그 밑에 모래와 돌자갈의 모양을 환히 들여다볼 수 있는 것과 같다.

10 깨달은 사람은 마음이 밝으므로 보고자 하는 것이 다 나타난다. 도를 얻으려면 먼저 마음을 깨끗이 해야 하느니, 마치 물이 흐리면 속이 보이지 않는 것과 같다. 마음을 깨끗이 하지 못하면 끊임없이 나고 죽는 윤회를 벗어나지 못하리라.

11 스승이 보고 말하는 것은 제자들이 마땅히 실행해야 할 것이다. 스승이라 할지라도 제자의 마음속에 들어가 생각을 잡아 줄 수는 없기 때문이다. 생각과 마음이 깨끗한 사람은 스스로 도를 얻으리라. 여래는 깨끗함을 가장 즐거워하느니……."

### 3. 고행과 바른 수행

1 부처님께서 녹야원에 계실 때였다. 옷을 입지 않은 수행자 까샤빠가 부처님을 찾아와 이렇게 말했다.

"부처님이시여, 당신은 온갖 고행을 싫어하고 고행자를 비방한다는데 그것이 사실입니까?"

2 부처님께서 말씀하셨다.

"까샤빠여, 그것은 내 뜻이 아니오. 또 내 말을 바르게 전한 것도 아니오. 나는 천안으로써 고행자가 죽은 후 지옥에 떨어지는 것도 보고 천상

에 태어나는 것도 봅니다. 이와 같이 고행자 중에는 지옥에 떨어지기도 하고 천상에 태어나는 이도 있는데, 어떻게 통틀어 고행을 싫어하고 고행자를 비방할 수 있겠소."

3 까샤빠가 말했다.
"부처님이시여, 알몸이라든가 공양을 받지 않는 일, 또는 쇠똥을 먹고 나무껍질이나 짐승의 가죽으로 몸을 가리며, 항상 서 있거나 하룻밤에 세 번씩 목욕을 하는 것 같은 고행은 사문과 브라만에게도 알맞은 일이라고 합니다."

4 "까샤빠여, 아무리 그와 같은 고행을 할지라도 계행과 선정과 지혜가 없으면 참된 사문이나 브라만이 아닙니다. 화내지 않고 남을 해칠 생각이 없으며 자비심을 기르고 번뇌가 없어 지금 이 순간 깨달아 있으면, 그 사람이야말로 진정한 사문이요 브라만이라고 할 것이오."

5 "부처님, 사문이나 브라만이 된다는 것은 얼마나 어려운 일입니까?"
"그 어려움이 곧 고행을 닦는다는 뜻은 아니오. 고행쯤이야 물항아리 나르는 하녀도 할 수 있는 일이 아니오? 화내지 않고 남을 해칠 생각이 없으며 자비심을 기르고 번뇌가 없이 지금 이 순간에 깨닫는다는 것은 참으로 어려운 일입니다."

6 까샤빠는 다시 물었다.
"부처님, 그러면 그 계행과 선정과 지혜의 성취란 어떤 것입니까?"
"계행의 성취란 이런 것이오. 여래가 이 세상에 출현하여 스스로 깨닫고 남을 가르칠 때에 사람들이 그 가르침을 듣고 신심을 내어 출가합니다. 그래서 계율에 따라 행동을 삼가고 바른 행동으로 즐거움을 삼으며, 조그마한 허물도 두려워하고 감각기관을 다스려 바른 지혜를 갖춥니다. 산목숨을 죽이지 않고, 주지 않는 것을 갖지 않으며, 여자를 범하지 않고, 거짓을 말하거나 거친 말을 쓰지 않으며 바른 생활을 해 나가는 것이오.

7 또 선정의 성취란 눈으로 사물을 볼 때라도 감각기관을 잘 지켜 그 모양에 팔리지 않고, 오나가나 앉으나 누울 때에도 항상 마음의 눈을 밝히어 바른 마음과 바른 생각에 머뭅니다. 새가 날개밖에는 아무것도 갖지 않듯이 몸을 가리는 옷과 배를 채우는 밥으로 만족하고, 나무 밑이나 동굴 속, 숲이나 묘지 등 한적한 곳을 찾아 고요히 앉소. 그래서 탐욕과 성냄과 게으름과 의심을 버리고, 건강하고 자유롭고 안온한 사람이 되어 선정에 들어가는 것이오.

8 그리고 지혜의 성취란 선정에 의해 고요하고 맑고 밝아 아무것에도 걸림이 없는 마음으로서 이 세상의 덧없음과 '나'라고 내세울 것 없음을 알며, 다섯 가지 신통을 얻고 네 가지 진리를 알아 번뇌를 없애고 깨달음을 얻어 해탈했다는 분명한 자각을 가지는 것이오.

9 까샤빠여, 이보다 더 뛰어난 계행과 선정과 지혜의 성취는 없소. 계와 고행과 지혜와 해탈을 칭송하는 사문이나 브라만이 있지만, 여래처럼 맑고 높은 계와 고행과 지혜와

해탈을 갖춘 사람은 없을 것이오. 그 가장 높은 곳에 도달한 자가 바로 여래입니다.

10 나의 이 말에 대해서 어떤 사람들은 이렇게 말할지 모릅니다. '사문 고따마는 사람이 없는 곳에서 사자후를 하지만 그것은 신념에서 하는 것이 아니다. 질문을 받으면 대답하지 못한다. 대답한다 할지라도 만족시키거나 믿게 하지 못한다.'

11 그러나 그와 같이 생각해서는 안 됩니다. 나는 여러 사람들 앞에서 신념을 가지고 사자후를 합니다. 많은 사람의 질문에 대답하고 만족시키며 믿게 합니다.

12 까샤빠여, 일찍이 라자그리하의 영취산에서 당신과 같은 고행자 니그로다는 욕망을 없애는 최고 형식에 대해서 내게 물어 대답을 듣고 무척 기뻐한 일이 있습니다."

13 이 가르침을 듣고 까샤빠는 부처님의 제자가 되었다. 그는 부지런히 정진한 끝에 깨달음을 얻었다.

### 4. 신통을 금하다

1 부처님께서 날란다 마을 빠와리깜바 동산에 계실 때였다. 하루는 견고라고 하는 남자 신도가 부처님을 찾아왔다.

2 "부처님, 이토록 번화하고 잘 살고 있는 날란다 사람들이 부처님을 공경하고 믿고 있습니다. 원컨대 부처님께서는 어떤 비구로 하여금 신통 변화를 나타내 보이게 해 주십시오. 그러면 이 마을 안에 사는 사람들이 더욱 부처님의 법을 믿고 공경할 것입니다."

3 "나는 비구들에게 여러 사람이 보는 앞에서 신통 변화를

나타내 보이라고 가르친 일이 없소. 다만 한적한 곳에 앉아 도를 생각하고, 공덕이 있거든 안으로 감추어 두고 허물이 있으면 몸소 드러내 놓으라고 가르칠 뿐이오."

4 그러나 견고는 거듭거듭 부처님께 간청했다. 부처님께서는 그의 청을 거절하시고 나서 이렇게 말씀하셨다.

"내가 몸소 체득한 신통은 세 가지인데 신족통과 타심통과 교계통이 그것이오.

5 신족통이란, 한 몸으로 여러 몸을 나타내기도 하고 여러 몸을 합쳐 한 몸을 만들어 내기도 하며 또는 나타내고 숨기기도 하오. 산과 장벽을 지나되 허공과 같이 걸리지 않고, 땅속에 출몰하되 물속에서처럼 자유로우며, 물 위로 다니되 땅 위와 같고 허공에 앉되 날개 있는 새와 같소. 큰 신통력과 위력으로 해와 달을 손으로 만지고 몸으로 범천에 이르기도 하오.

6 어떤 신도가 비구의 이러한 신통을 보고 아직 믿음을 얻지 못한 사람에게 이것을 이야기하면 그 사람은 '저 비구는 간다리라는 주문을 외어 그러한 신통을 얻은 것이다.' 라고 할 것이오.

7 이것은 오히려 불법을 비방하는 결과를 가져오지 않겠소? 그러므로 나는 신통 변화 같은 것을 부질없게 여기어 비구들에게 금하도록 한 것이오.

8 타심통이란, 남의 마음을 관찰하여 '너의 뜻은 그렇고 네 마음은 이렇다.'고 말하는 것이오. 이것을 보고 믿음을 얻은 이가 아직 믿음을 얻지 못

한 사람에게 이야기한다면, 그 사람은 '저 비구는 마니가라는 주문을 외어 그런 신통을 얻은 것이다.'라고 할 것이오.

9 이것은 오히려 불법을 비방하는 결과가 되지 않겠소? 그러므로 나는 이런 허물을 보고 신통 변화 같은 것을 부질없게 여기어 비구들에게 금하도록 한 것이오.

10 교계통이란, 여래가 이 세상에 출현하여 사문이나 브라만들에게 '그대들은 이렇게 생각하고 저렇게는 생각하지 마라. 이런 일은 하고 저런 일은 해서는 안 된다. 이것은 내버리고 저것을 취해라.' 이와 같이 가르쳐 훈계하는 것이오. 그들은 모두 어둠을 떠나 밝음을 찾고 죄악을 버리고 공덕을 성취하게 되는 것이오.

11 이렇게 출가하여 정진 수행하므로 계행이 갖추어지고 선정이 갖추어지며 지혜가 갖추어져 아라한의 지위를 얻게 되는 것이오. 이 세 가지 신통은 여래가 스스로 체득하여 가르치는 것이오."

12 견고는 부처님의 말씀을 듣고 기뻐하면서 그대로 실천했다.

## 5. 적을 막는 길

1 부처님께서 라자그리하의 영취산에서 천이백오십 명의 비구와 계실 때였다.

2 마가다의 왕 아자따삿뚜는 왓지국과 서로 좋지 않은 사이였다. 어느 날 왕은 여러 신하들에게 이렇게 말했다.

3 "왓지국은 나라가 부강하고 백성이 많으며 땅이 기름지다. 해마다 풍년이 들고 진기한 것이 많이 나는 것만을 믿고 나에게 굴복하지 않으니 쳐들어가 정복하고야 말겠

다."
4 왕은 브라만 출신인 어진 신하 우사에게 자기 대신 부처님을 찾아뵙고 가르침을 받아오도록 분부했다.
5 우사는 오백 대의 수레에 기마 이천 마리와 부하 이천 명을 데리고 영취산으로 향했다.
6 그는 부처님을 뵙고 공손히 꿇어앉아 여쭈었다.
"마가다의 왕 아자따삿뚜는 부처님께 머리 숙여 거처가 편안하고 기력이 좋으신지 안부를 물으셨습니다."
7 부처님께서 대답하셨다.
"고맙소, 왕과 백성들과 당신도 평안하십니까?"
8 우사는 찾아온 뜻을 말했다.
"대왕께서는 왓지국과 뜻이 맞지 않아 여러 신하들과 의논한 끝에 그 나라를 정복하기로 했습니다. 그래서 부처님의 가르침을 듣고자 저를 보낸 것입니다."
9 부처님께서 우사에게 말씀하셨다.
"내가 일찍이 왓지국에 머무르면서 본 일인데 그 나라 사람들은 모두 근엄합니다. 나는 그들을 위해 나라를 다스리는 데 필요한 일곱 가지 법을 말한 적이 있소. 만일 지금도 그것을 실행하고 있다면 날로 더욱 흥할지언정 쇠약해지지는 않을 것입니다."
10 우사는 합장을 하고 간절한 마음으로 여쭈었다.
"그 일곱 가지 법을 들려주십시오. 어떻게 실행하는 것입니까?
11 부처님께서 아난다에게 말씀하셨다.
"아난다여, 너는 왓지국 사람

들이 자주 모임을 가지고 바른 일을 서로 의논하여 몸소 지킨다는 말을 들은 일이 있느냐?"

"그렇다고 들었습니다."

12 부처님께서 다시 아난다에게 말씀하셨다.

"그렇다면 어른과 젊은이들은 서로 화목하여 갈수록 흥할 것이다. 그 나라는 언제나 안온하여 누구의 침략도 받지 않을 것이다. 너는 또 왓지국의 왕과 신하가 화목하고 윗사람과 아랫사람이 서로 공경한다고 들은 일이 있느냐?"

"그렇다고 들었습니다."

13 "그렇다면 그 나라는 언제나 안온하여 갈수록 흥성하고 누구의 침략도 받지 않을 것이다. 너는 왓지국 사람들이 법을 만들어 삼가야 할 것을 알고 예의를 어기지 않는다고 들은 일이 있느냐?"

"그렇다고 들었습니다."

14 "그렇다면 그 나라는 누구의 침략도 받지 않을 것이다. 또 왓지국 사람들은 부모에게 효도하고 어른을 공경하여 순종한다고 들은 일이 있느냐?"

"그렇다고 들었습니다."

15 "그렇다면 그 나라는 누구의 침략도 받지 않을 것이다. 그들이 조상을 공경하여 제사를 지낸다고 들은 일이 있느냐?"

"그렇다고 들었습니다."

16 "그렇다면 그 나라는 누구의 침략도 받지 않을 것이다. 너는 또 그 나라의 부녀자들이 정숙하고 진실하며 웃고 농담할 때도 그 말이 음란하지 않다고 들은 일이 있느냐?"

"그렇다고 들었습니다."

17 "그렇다면 그 나라는 누구의 침략도 받지 않을 것이다. 너는 그 나라 사람들이 수행자를 공경하고 계행이 청정한 이를 존경하고 보호하며 공양하기를 소홀히 하지 않는다고 들은 일이 있느냐?"

"그렇다고 들었습니다."

18 "그렇다면 어른과 젊은이들은 서로 화목하여 갈수록 더 흥성할 것이다. 그래서 그 나라는 언제나 안온하여 누구의 침략도 받지 않을 것이다. 나라를 다스리는 이가 이 일곱 가지 법을 실행하면 어떤 적이라도 그 나라를 위태롭게 할 수 없을 것이다."

19 이 말을 듣고 있던 우사는 부처님께 말씀드렸다.

"왓지국 사람들이 이 일곱 가지 중에서 하나만을 지닐지라도 치지 못할 것인데, 하물며 일곱 가지를 다 지킨다면 더 말할 것도 없습니다. 잘 알았습니다. 나라 일이 많으므로 이만 물러가겠습니다."

20 그는 일어나 부처님께 예배하고 자리를 떠났다.

### 6. 마음의 주인이 되라

1 부처님께서 여러 비구에게 말씀하셨다.

"이 세상에는 영원한 것도 견고한 것도 없으며 결국은 모두 흩어지고 만다. 망상 분별로 하는 일은 속임수일 뿐이다. 세속의 인연으로 만나는 것이 얼마나 오래갈 수 있겠느냐. 천지와 저 큰 수미산도 결국은 무너지는데 사람 몸이 어찌 영원하겠느냐.

2 나는 석 달 후에 열반에 들 것이니 놀라거나 슬퍼하지 마라. 과거·현재·미래의 모든 부처님들이 다 법으로 부처를

이룬 것이다. 이미 교법이 갖추어져 있으니 너희들도 부지런히 배워 실행하고 깨끗한 마음을 지니고 해탈을 얻도록 하라.

3 분별하는 작용이 끝나면 죽지도 않고 다시 나지도 않을 것이며 다른 몸을 받는 일도 없을 것이다. 오온의 작용을 끊으면 배고프고 목마르며 춥고 더우며 근심·슬픔·괴로움·번민 같은 것도 없어진다.

4 사람이 바른 마음을 쓸 줄 알면 천신들도 기뻐할 것이다. 마음을 다스려서 부드럽고 순하게 하고 스스로 텅 비어야 한다.

5 마음 가는 대로 따라가서는 안 된다. 마음 가는 대로 한다면 온갖 짓을 다 할 것이다.

6 도를 얻는 것도 또한 마음이다. 마음이 하늘도 만들고 사람도 만들며 귀신이나 축생 혹은 지옥도 만든다. 모든 것은 다 마음에 매인 것이다. 그러므로 마음을 따라 온갖 법이 일어난다.

7 마음이 바탕이 되어 마음이 뜻하는 것이 행이 되고 행이 하는 일이 명이 되니, 어질고 어리석음이 행에 있고 오래 살고 일찍 죽음이 명에 달린 것이다.

8 대개 의지와 행과 명, 이 세 가지가 서로 관계되어 좋고 나쁜 짓을 하므로 스스로 그 과보를 받는다.

9 아비가 착하지 못한 짓을 했더라도 자식이 대신 받지 못하고, 또 자식이 옳지 못한 일을 했을지라도 아비가 대신 받지 못한다. 착한 일은 스스로 복을 받고 나쁜 짓은 스스로 재앙을 불러들이는 것이

다.
10 여래가 천상천하에서 높이 공경받는 것도 그 뜻이 숭고하기 때문이다.
11 그러므로 바른 마음으로 진리를 행동으로 옮겨 실천하는 사람은 반드시 현세에서 휴식과 안락을 얻을 것이니, 잘 받아 가지고 읽고 외우며 조용히 생각하라. 그러면 곧 나의 깨끗한 법이 오래 머물 것이며, 세상의 온갖 괴로움에서 벗어나고 중생을 제도하여 편안케 하리라."

### 7. 법이 쇠퇴하지 않으려면

1 부처님께서 여러 비구에게 말씀하셨다.
"내가 하는 말을 자세히 듣고 잘 생각해서 실행하라. 비구에게 일곱 가지 가르침이 있으면 법이 쇠퇴하지 않을 것이다.
2 첫째는 자주 모여 경전의 뜻을 강론하며 외는 데 게을리하지 않는다.
3 둘째는 화합하고 순종하며 서로 바르게 가르치며 돕는다.
4 셋째는 남의 것을 가지거나 탐내지 않고 오로지 한적한 산천을 좋아한다.
5 넷째는 음욕을 끊고 어른과 어린이가 예의로써 서로 아끼고 섬긴다.
6 다섯째는 사랑과 효도로 스승을 섬기며 가르침을 듣고 안다.
7 여섯째는 법을 받들어 교법과 계율을 공경하며 청정한 행을 닦는다.
8 일곱째는 도를 받들어 실행하고 성자들을 공양하며 어린이를 타일러 알게 하고, 와서 배우려는 이를 맞아 의복과 음식과 침상과 의약을 베푼

다.
9 이와 같은 일곱 가지 가르침 속에서 법은 오래 머물게 된다.
10 또 비구에게 일곱 가지 지키는 것이 있으면 법이 쇠퇴하지 않을 것이니 잘 생각해 실행하라.
11 첫째는 청정함을 지켜 덧없는 유위법을 좋아하지 않는다.
12 둘째는 욕심 없음을 지켜 탐내지 않는다.
13 셋째는 잘 참아 다투거나 소송하는 일이 없다.
14 넷째는 고요한 행을 지켜 번거로운 여러 무리들의 모임에 섞이지 않는다.
15 다섯째는 법의 뜻을 지켜 여러 가지 생각을 일으키지 않는다.
16 여섯째는 한 마음을 지켜 고요히 앉아 생각을 한곳에 모은다.
17 일곱째는 검소하고 절약하며 옷과 밥을 거칠게 하며 풀을 깔아 침상을 삼는다.
18 이와 같은 일곱 가지 법을 지킴으로써 법이 오래가게 된다.
19 또 비구에게 일곱 가지 공경함이 있으면 법이 쇠퇴하지 않을 것이니 잘 생각해서 실행하라.
20 첫째는 부처님을 공경함이니 착한 마음으로 예의를 갖추어 섬기고 다른 데 의지하지 않는다.
21 둘째는 법을 공경함이니 뜻을 도에 두고 다른 데 의지하지 않는다.
22 셋째는 승단을 공경함이니 의지해 가르침을 받고 다른 데 의지하지 않는다.
23 넷째는 배움을 공경함이니 계를 지키는 이를 섬기고 다른 데 의지하지 않는다.

24 다섯째는 듣는 것을 공경함이니 법을 강의하는 이를 섬기고 다른 데 의지하지 않는다.
25 여섯째는 깨끗하여 욕심 없는 이를 공경하여 다른 데 의지하지 않는다.
26 일곱째는 삼매를 공경함이니, 좌선하여 선정 닦는 이를 섬기고 다른 데 의지하지 않는다.
27 이와 같은 일곱 가지 법을 공경하면 법이 오래가게 된다.
28 또 비구에게 일곱 가지 생각하는 것이 있으면 법이 쇠퇴하지 않을 것이니 잘 생각해서 실행하라.
29 첫째는 경전의 뜻 생각하기를 부모 생각하듯 해야 한다. 부모가 자식을 낳으면 그 은혜가 한 세상에 그치지만, 법은 무수한 세상에 걸쳐 살면서 생사를 건지는 것이다.
30 둘째는 인생살이가 모두 고통임을 생각하는 것이니, 살아서는 처자 권속에 대한 걱정을 하다가도 한번 죽어 뿔뿔이 흩어지면 흩어진 줄도 모른다. 이와 같이 인생의 덧없음을 생각하여 마땅히 도 닦기를 힘써야 한다.
31 셋째는 정진을 생각함이니 몸과 말과 생각을 단정히 하면 도를 이루기가 어렵지 않다.
32 넷째는 겸허하기를 생각하는 것이니 교만하고 잘난 체하지 말며, 현명한 이를 섬기고 배우지 못한 이를 가엾이 여겨 가르쳐야 한다.
33 다섯째는 마음 다스리는 것이니 감정을 마음대로 놀아나지 못하게 하고, 음란하고 성내거나 어리석은 태도를 억제하여 사특한 짓이 없게 하라.
34 여섯째는 이 육신이란 냄새나고 더럽고 피를 담은 것이므

로 탐낼 것이 못된다고 생각하라.
35 일곱째는 스스로 관찰하되 사람의 몸은 거름과 같아서 한번 태어나면 누구든 죽어서 썩는다. 세상이란 꿈과 같은데 기뻐하고 사랑하는 것이 변하는 줄도 모르고 있으니, 알고 보면 허망한 꼭두각시놀음임을 스스로 깨달아 알아야 한다.
36 이 일곱 가지 법대로 하면 법이 오래도록 머물 것이다.
37 땅 위를 흐르는 여러 갈래의 물이 쉬지 않으면 마침내 바다로 들어가듯이, 비구도 도 닦기를 그치지 않으면 궁극적인 해탈을 얻게 되리라.
38 여래의 교법을 서로 이어받아서 그 말씀을 외어 지니고 때때로 일깨우며 사부대중이 서로 가르치면 이러한 가르침이 오래 이어질 것이다."

### 8. 악인은 침묵으로 대하라

1 아난다는 부처님의 얼굴이 오늘처럼 부드럽게 빛나는 것을 일찍이 보지 못했다.
2 따스하고 부드럽게 빛나는 금빛 얼굴을 보고 그는 꿇어앉아 여쭈었다.
"제가 부처님을 모신 지 이십여 년이 되었지만 오늘처럼 얼굴빛이 부드럽게 빛나는 것을 일찍이 보지 못했습니다. 그 뜻을 알고 싶습니다."
3 부처님께서 대답하셨다.
"아난다여, 그것은 두 가지 인연 때문이다. 두 가지 인연이란 내가 바른 깨달음을 얻었을 때와 열반에 들 때이다. 내가 오늘 밤중에 열반에 들려고 해서 안색이 부드럽게 빛나는 것이다."
4 이 말을 듣고 아난다는 깜짝 놀라 어찌할 바를 몰랐다.

"어찌 그렇게 빨리 열반에 드시렵니까? 세상에 빛이 없어지는 것 같습니다."

5 부처님께서 아난다에게 말씀하셨다.
"아난다여, 쭌다에게 가서 걱정하지 말고 기뻐하라고 전해라. 여래에게 공양한 인연으로 좋은 과보를 받을 것이라고 위로해 주어라. 너도 잘 알아 두어라. 반드시 여래를 공경하고 교법을 배우고 섬겨야 한다."

6 이 말씀을 듣고 아난다는 부처님께 여쭈었다.
"찬다까 비구는 성미가 급하고 괴팍하여 욕지거리를 잘하고 말이 많습니다. 부처님께서 열반하신 후에는 어떻게 하면 좋겠습니까?"

7 "내가 열반하고 난 후에는 찬다까를 위해 대중들이 침묵을 지키고 그를 상대하여 말하지 않도록 하라. 그러면 그는 부끄러움을 느껴 저절로 뉘우치게 될 것이다."

8 이 말을 마치고 부처님께서는 아난다에게 자리를 깔게 하셨다. 그리고 오른쪽 옆구리를 바닥에 대고 무릎을 굽혀 다리를 포개고 누워 성인의 바른 지혜를 생각하셨다.

### 9. 수행자와 여인

1 아난다는 부처님께 여쭈었다.
"부처님께서 열반하신 후 아직 가르침을 받지 못한 세상 여인들을 출가 사문은 어떻게 대해야 합니까?"
"서로 마주 보지 마라."

2 "만약 서로 마주 보게 된다면 어떻게 해야 합니까?"
"더불어 말하지 마라."

3 "만약 더불어 말하게 된다면 어떻게 해야 합니까?"
"스스로 마음을 다잡아라. 아난다여, 너는 여래가 열반한 뒤에 보호할 사람이 없어 혹시 닦아 오던 것을 잃지 않을까 하는 그런 걱정을 하지 마라. 내가 지금까지 말한 교법과 계율이 곧 너를 보호하고 또한 네가 의지해야 할 곳이다.
4 오늘부터는 비구들에게 사소한 계율은 버리고 윗사람과 아랫사람이 서로 화목하여 마땅히 예절을 따르라고 일러라. 이것이 출가한 사람이 공경하고 순종할 법이다."

### 10. 사성에서 뛰어난 사람

1 부처님께서 사왓티의 녹자모 강당에 계실 때였다. 브라만 출신으로 부처님께 귀의하여 출가한 와셋타와 바라드와자에게 부처님께서 물으셨다.
"브라만 중에서도 뛰어난 너희들이 집을 버리고 출가 사문의 생활을 하니 브라만들이 혹시 너희를 보고 비난하지 않더냐?"
2 와셋타가 말했다.
"그렇습니다, 부처님. 브라만들은 남을 멸시하는 버릇으로 저희를 비난하여 욕하고 있습니다."
"어떤 말로 비난하고 욕을 하더냐?"
3 "그들은 하나같이 이렇게 말합니다. '인간 중에 브라만만이 가장 높은 종족이고 그 밖에는 다 하잘것없는 낮은 종족이다. 브라만은 살빛이 희고 다른 종족은 살빛이 검다. 브라만만이 오직 순수한 범천의 혈통을 받은 종족이다. 브라만만이 범천의 입에서 나왔

고 범천에 의해 창조되었으며 범천의 상속자이다. 그런데 너희들은 고귀한 계급을 등지고 미천한 계급의 사람들과 가까이 사귀고 있으니 어리석기 짝이 없다. 머리 깎은 사문 가운데는 범천의 발에서 나온 천한 자들도 있지 않느냐.' 이러한 말로 저희를 비난하고 욕합니다."

4 "와셋타여, 그러나 사실은 그런 것이 아니지 않느냐. 브라만도 시집가고 장가가며 여인은 임신해서 아이를 낳고 있지 않더냐. 그들의 출생도 다른 사람과 꼭 같으면서 어떻게 브라만만이 최상의 종족이라고, 범천의 입에서 나왔으며 범천의 상속자라고, 남을 욕하고 업신여긴단 말이냐.

5 세상에는 왕족과 브라만과 평민과 하인 등 네 가지 계급이 있다. 그러나 왕족이라고 해서, 남의 생명을 해치고 재산을 약탈하거나 음란한 짓을 하고 거짓말과 이간질·악담을 하며 탐욕과 성냄과 그릇된 소견을 가지고 있다면, 그들도 또한 죄를 범하게 되며 그 갚음을 받게 된다. 브라만이나 평민, 하인도 이와 마찬가지이다.

6 또 왕족이 남의 생명을 해치지 않고 약탈과 음행과 거짓말과 이간질·악담·탐욕·성냄 등에서 벗어나 바른 견해를 지녔다면, 그것은 착한 일이며 착한 갚음을 받게 된다. 이것은 브라만이나 평민이나 하인도 또한 마찬가지이다.

7 그런데 브라만만이 최상의 종족이요, 나머지는 미천하다고 주장하는 것은 지혜로운 사람으로서는 받아들일 수 없는 일이다.

8 네 가지 종족이나 계급은 그 사람의 혈통이나 신분으로서 차별해서는 안 된다.

9 우리는 모두가 똑같은 사람이다. 누구든지 번뇌가 없어지고 청정한 계행이 성취되어 생사의 무거운 짐을 벗어버리고 완전한 지혜를 얻어 해탈의 도를 이루었다면, 그 사람이야말로 사성 중에서 가장 뛰어난 사람이라고 할 수 있을 것이다. 왜냐하면 진리만이 이 세상에서 가장 높은 것이기 때문이다.

10 그 태생이 다르고 이름이 다르고 성이 다르고 가계가 다르더라도 너희가 출가하여 집을 버린 수행자가 되었을 때 저 브라만들이 '너희는 무엇이냐?'고 묻거든 '우리는 샤꺄족의 자손이다. 샤꺄무니의 진정한 아들이다. 우리는 그의 입에서 나왔으며 법에서 났으며 법의 상속자이다.'라고 대답하라.

11 너희는 여래를 의지하여 새로 얻어 성취된 청정한 계행의 몸이요, 선정의 몸이요, 지혜의 몸이요, 해탈의 몸이요, 해탈지견의 몸이기 때문이다.

### 11. 사문의 과보

1 부처님께서 많은 제자들과 함께 라자그리하의 신의인 지와까 소유의 암바 동산에 계실 때였다.

2 마가다의 아자따삿뚜왕은 사월 보름날 밤에 몸과 마음을 깨끗이 하고 궁전 누각에서 밝게 떠오르는 달을 바라보고 있었다.

3 그는 곁에 있는 신하들을 돌아보며, 이 밤에 덕이 높은 사문이나 브라만을 모시고 설법을 들었으면 좋겠다고 했다.

4 이때 지와까는 마침 부처님께서 천이백오십 명의 제자와 함께 암바 동산에 와 계시니 부처님을 모시고 법을 들었으면 좋겠다고 말했다.
5 왕은 지와까의 말을 듣고 곧 암바 동산으로 갔다.
6 왕은 부처님께 공손히 예배드린 후 이렇게 여쭈었다.
"부처님, 이 세상 사람들은 여러 가지 기술과 직업을 가지고 있습니다. 그들은 그 보답을 받아 부모처자를 부양하고 자기도 안락을 누립니다. 그런데 출가 수행하는 사문이나 브라만은 현세에서 어떤 과보를 받게 됩니까?"
7 부처님께서 말씀하셨다.
"여기 왕을 섬기는 한 사람의 종이 있다고 합시다. 그는 왕을 위해 부지런히 일을 할 것이오. 아침 일찍 일어나 밤늦게 자며 얼굴빛을 부드럽게 하고 말씨도 공손히 하여, 왕의 비위를 거스르지 않으려고 항상 애를 쓸 것이오.
8 그러다가 어느 날 문득 생각을 돌이켜 출가를 합니다. 머리를 깎고 가사를 걸치고 몸과 말과 생각을 조심하고 변변치 않은 음식과 의복에 만족하며 세속을 떠나 고요한 숲에서 살게 될 것이오.
9 이때 어떤 신하가 숲에서 수행하고 있는 예전의 종을 보았다고 왕께 전하는 말을 듣는다면, 그 사람에게 예전처럼 돌아와 시중을 들라고 하겠소?"
"그렇게 할 수는 없습니다. 내가 먼저 그에게 절하고 그를 맞아 가사와 음식과 숙소를 제공하며, 병이 나면 약과 필요한 물건을 대주면서 그를

108

보호하겠습니다."
10 "그렇다면 그것이 곧 눈앞에 보이는 사문의 과보가 아니겠소?"
"그렇습니다. 그것은 분명히 눈에 보이는 사문의 과보입니다."

### 12. 청정한 계행의 과보

1 아자따삿뚜왕이 다시 부처님께 여쭈었다.
"부처님, 눈앞의 과보보다 더 뛰어난 것을 말씀해 주십시오."
2 "어떤 귀족의 가장이나 자제나 혹은 천민의 자제들이 여래의 가르침을 듣고 믿음을 내어 장애 많은 세속 생활을 떠나 출가하여 사문이 되었다고 합시다.
3 그는 청정한 계행을 닦고 정진하여 조그만 허물도 두려워하고 깨끗한 몸과 바른 생각을 지니며, 모든 감각기관을 잘 보호하고 바른 생각과 바른 지혜를 두루 갖추게 될 것이오.
4 그러면 어떤 것이 계행을 갖춘 것인가. 살생을 하지 않고 모든 생물을 가엾이 여기며, 주지 않는 물건은 갖지 않고 남의 것을 가지려고 하는 생각도 내지 않으며, 떳떳하지 못한 음행을 하지 않고 밝고 깨끗한 행동을 합니다.
5 거짓말을 하지 않고 진실한 말만 하고, 이간질을 하지 않고 화합하고 친밀한 말을 하며, 거친 말을 하지 않고 누구나 들으면 기뻐하는 말을 하고, 부질없는 말을 하지 않고 도리와 교법에 맞는 말을 합니다.
6 하루에 한 번 먹고 연극이나 노래·춤·오락 등의 유흥장에 가지 않으며, 몸을 꽃다발이

# 제2편 초기 경전

나 향수로 치장하지 않고 높고 큰 침상이나 의자를 사용하지 않소.

7 금·은 같은 귀금속과 곡식을 저장해 놓는 일도 없고 부인이나 소녀 또는 남녀의 하인을 받아 부리는 일이 없으며, 코끼리·말·소·산양 등의 가축이나 토지 전답을 받는 일도 없소.

8 공사 간의 심부름이나 중매 혹은 팔고 사는 행위를 하지 않고 속이고 거짓말하는 모든 그릇된 행위를 하지 않소. 이 것은 또한 비구계의 일부분이 되는 것이오.

9 비구가 이와 같이 계행을 두루 갖추면 이 계행의 위력으로 어느 곳에 갈지라도 두려움을 느끼지 않게 됩니다. 마치 사방의 적을 정복한 위력 있는 왕은 어디를 가나 두려울 것이 없는 것과 같소.

10 비구가 청정한 계행을 갖추면 마음속으로 티 없이 깨끗한 평안을 누리게 되니 이것이 비구가 계행을 구족한 현세의 과보인 것이오."

### 13. 계행과 정진으로 얻은 자유

1 부처님께서 다시 말씀하셨다. "비구는 또 눈·귀·코·혀·몸·생각 등 감각기관을 잘 지켜야 합니다. 마치 부자가 창고의 문을 단속하여 도둑의 침범을 막듯이, 비구가 눈으로 사물을 볼 때에는 어떤 현상이나 특수한 환경에 집착하지 말아야 합니다.

2 만약 생각을 다스리지 않고 그대로 놓아둔다면 탐욕과 애착과 비애 등의 부정법에 흘러가고 말 것이오. 그러므로 눈을 잘 단속하여 감각 작용을 조절함으로써 보는 감각이 바른 길을 벗어나지 않고

항상 순결한 제자리로 돌아가게 해야 하는 것이오.

3 소리를 듣는 귀와 냄새를 맡는 코, 맛을 보는 혀, 차고 덥고 거칠고 부드러움을 느끼는 몸, 시비와 좋아하고 싫어하는 생각도 그와 같아서 어떤 현상이나 특수한 환경에 집착하지 말아야 합니다.

4 그래야만 듣고 냄새 맡고 맛보고 감촉하고 의식하는 것이 모두 제 길을 벗어나지 않고 항상 순결한 제자리로 돌아가게 되는 것이오.

5 이와 같이 모든 감각기관을 잘 단속하여 그 공덕이 갖추어진다면, 마음속으로 티 없이 깨끗한 안락을 누리게 되는 것이오. 이것이 감각기관을 보호한 공덕의 과보입니다.

6 또 어떤 것이 비구의 지족인가 하면, 그 몸을 보호하는 옷과 얻은 것에 만족하여 어디를 가든 한 벌 옷과 한 벌 발우를 지니고 가는 것이오.

7 마치 새가 어디를 가든 날개만을 가지고 나는 것처럼. 비구는 이와 같이 청정한 계행과 감각기관과 만족을 갖추어 조용한 숲속이나 나무 아래, 동굴이나 묘지 등 세속을 떠난 한적한 곳을 선택해 한 그릇 밥을 얻어먹은 뒤에는 단정히 앉아 바른 생각에 편안히 머무는 것이오.

8 그는 세속의 탐욕을 버리고 청정한 마음에 머물며 남을 해치려거나 성내고 미워하는 생각을 여의고, 모든 생물을 가엾이 여기어 이롭게 하려는 마음에 머물며, 정신이 혼미한 데서 벗어나 산뜻하고 올바른 생각과 바른 지혜에 머뭅니다.

9 산란하고 헐떡거리는 생각을 쉬어 고요하고 차분한 마음에 머물며, 망설이고 의심하는 데서 벗어나 깨끗하고 의심하지 않는 마음에 머물러 그 마음을 맑고 깨끗하게 정화합니다.

10 이를테면, 어떤 사람이 남에게서 빌린 돈으로 처자를 부양하고 스스로도 만족하는 것과 같이, 비구도 계행과 정진으로 묵은 죄업을 청산하고 새로운 도업에 의해 스스로 평안을 얻어 만족하는 것이오.

11 또 한 가지 비유를 든다면, 남의 노예가 되어 마음대로 오고 가지 못하다가 속박에서 벗어나 자유를 얻으면 남에게 예속되지 않고 떳떳한 자유인으로 자기가 하고 싶은 대로 하는 것과 같이, 비구도 청정한 계행과 줄기찬 정진의 힘으로 세속적인 오욕의 노예에서 벗어나 독립된 자유를 누리게 되는 것이오.

12 이것이 비구가 바른 생각과 바른 지혜를 갖추어 만족할 줄 알고 번뇌에서 벗어난 현세의 과보입니다."

13 이와 같이 부처님께서 말씀하시니, 마가다의 왕 아자따삿뚜는 감격한 끝에 이렇게 여쭈었다.

"거룩하십니다. 마치 넘어진 사람을 일으켜 주고, 파묻혀 있던 것을 드러내 놓으며, 길 잃은 사람에게 길을 보여 주고, 어둔 밤에 불을 밝혀 주는 것과 같습니다. 이같이 온갖 방편을 들어 진리를 말씀해 주시니, 저는 지금부터 부처님께 귀의하고 교법에 귀의하고 승단에 귀의하겠습니다.

오늘부터 이 목숨이 다하도록 삼보에 귀의하여 신도가 되고자 하오니 받아 주시기를 바랍니다.

14 저는 어리석고 무지하여 왕권을 얻기 위해 잔인하게도 덕이 많은 부왕을 살해하였습니다. 부처님, 앞으로 제가 잘못되는 일이 없도록 저의 이 죄악을 죄악으로 인정하시고 저를 받아 주십시오."

15 "대왕이여, 참으로 당신은 어리석고 무지하여 큰 죄악을 저질렀소. 당신은 그처럼 덕이 많은 부왕을 살해하였소. 그러나 당신이 죄악은 죄악대로 인정하고 법에 따라 그 죄를 참회하겠다니 나는 그것을 받아들이겠소. 누구든지 죄를 인정하고 법답게 참회하여 앞으로 잘못되는 일이 없도록 스스로 계를 지키려 한다면 성자의 계율이 번창할 것이오."

16 아자따삿뚜왕은 부처님의 가르침을 듣고 기뻐하면서 예배하고 물러갔다.

17 왕이 물러간 뒤 부처님께서는 제자들에게 이렇게 말씀하셨다.
"저 아자따삿뚜왕은 진심으로 뉘우친 것이다. 만일 그가 부왕을 살해하지 않았더라면, 그는 바로 이 자리에서 마음의 때를 벗고 청정한 법의 눈을 얻었을 것이다."

### 14. 허물어진 탑에는 흙을 바를 수 없다

1 부처님께서 많은 비구와 함께 빠와에 있는 어떤 동산에 머무르고 계실 때였다.

2 부처님께서는 달이 밝은 보름밤에 맨땅에 앉아 비구들에게 법을 설한 다음 사리뿟따에게 말씀하셨다.

제2편 초기 경전

"지금 사방에서 많은 비구가 모여 함께 정진하면서 자지 않는다. 나는 등이 아파 좀 쉬고 싶으니, 네가 비구들을 위해 법을 설해 주어라."

3 부처님께서는 가사를 네 겹으로 접어 깔고 오른쪽 옆구리를 바닥에 대고 사자처럼 발을 포개고 누우셨다.

4 사리뿟따는 비구들에게 말했다.

"이 빠와 마을은 니간타를 따르는 자이나교도가 살던 곳인데 그는 얼마 전에 죽었습니다. 그 후 제자들은 두 파로 갈라져 서로 잘잘못을 캐면서 시비하고 있습니다.

5 '나는 이 법을 잘 알지만 너는 그것을 모른다. 나는 바른 법을 가졌는데 너는 사견을 가지고 있다.' 이와 같이 말이 서로 얽히어 앞뒤가 없이 저마다 자기 말만을 참되고 바르다고 합니다.

6 그래서 니간타를 따르던 이 고장 사람들은 다투는 무리들을 싫어합니다. 옳다고 주장하는 그 법이 바르지 못하기 때문입니다.

7 법이 올바르지 못하면 해탈의 길로 나아갈 수 없습니다. 이를테면 허물어진 탑에는 다시 흙을 바를 수 없는 것과 같습니다.

8 그러나 여래의 법은 올바르고 참되어 해탈의 길이 될 수 있습니다. 새로운 탑은 장엄하게 꾸미기가 쉬운 것과 같습니다.

9 우리들은 마땅히 교법과 계율을 모아 그들과 같은 다툼을 막고 청정한 수행을 쌓아 모든 중생들에게 이익과 안락을 얻게 해야겠습니다.

10 수행자는 반드시 안으로 살펴야 합니다.
11 만약 성냄과 원한을 가지고 저들처럼 대중을 어지럽힌다면 화합한 대중을 모아 널리 방편을 베풀어 다툼의 근본을 뽑아야 합니다.
12 맺힌 원한이 다했을 때는 그 마음을 거두어 다시는 일어나지 않도록 할 것입니다.
13 성냄이 뒤틀어지면 시기하고 교활하여 스스로 자기 소견에 말려들어 사견에 헤매고 치우친 편견에 떨어지고 맙니다."
14 부처님께서는 사리뿟따의 말이 옳다고 인정하셨다.

## 제2장 지혜와 자비의 말씀 ②

### 1. 탐욕의 재앙

1 부처님께서 까삘라성 밖에 있는 니그로다 숲에 머물고 계실 때였다.
2 샤꺄족의 왕 마하나마가 부처님께 여쭈었다.
"부처님, 저는 오랫동안 탐욕과 성냄과 어리석음이 마음의 더러움이라고 하신 부처님의 가르침을 감사히 받들어 왔습니다. 그러나 아직도 그와 같은 번뇌가 제 마음을 사로잡을 때가 있습니다. 그래서 저는 무엇인가 제 마음에서 버려져야 할 것이 아직 버려지지 않고 있다고 생각됩니다."
3 "그렇소, 마하나마여. 탐욕과 성냄과 어리석음이 아직도 당신 마음에서 가셔지지 않았기 때문이오.
4 만약 마음속에 그와 같은 번뇌가 말끔히 가셔졌다면 당신은 가정에서 살지 않을 것이며, 또 갖가지 탐욕에 허덕이지 않을 것이오.
5 탐욕이란 어디를 가도 만족할

줄 모르는 것이오. 탐욕은 고통으로 가득 차게 하는 것이오. 우리들을 절망의 구렁으로 떨어뜨리고 무서운 재앙을 불러들이오.

6 바른 지혜로써 그것이 그른 줄 알더라도 평안한 경지에 이르지 못하면 탐욕에 쫓기고 마는 것이오.

7 그것이 그른 것인 줄 바르게 알고 탐욕을 떠나 평안한 경지에 이르러야만 탐욕의 속박에서 벗어날 수 있는 것이오.

8 이것은 내 경험이오만, 내가 깨달음을 얻기 전 탐욕이 우리를 절망으로 떨어뜨리고 무서운 재앙을 불러들이는 것임을 알기는 알았었소. 그러나 평안한 경지에 이르지 못했기 때문에 그 탐욕에 쫓기면서 지내 왔던 것이오.

9 그 후 그것이 그른 줄 바르게 알고 평안한 경지에 이른 그때부터 비로소 탐욕의 속박에서 벗어나게 된 것이오.

10 탐욕에는 즐거움과 재앙이 있소. 탐욕에는 다섯 가지가 있는데, 마음에 드는 물건과 소리와 냄새와 맛과 감촉이 그것이오.

11 이 다섯 가지 탐욕에 대해 기쁨과 즐거움이 생기는데 이것이 탐욕의 즐거움이오.

12 또 사람들은 여러 가지 직업을 가지고 살아가면서 추위와 더위, 바람과 비, 벼룩·모기·뱀 들에 시달림을 받고 굶주림과 목마름의 고통을 받소. 그래서 낙담과 슬픔에 빠지게 되는 것이오.

13 아니 그처럼 애쓰고 고생한 끝에 부자가 됐다 합시다. 이제 그는 부를 지키기 위해 전에 없던 걱정 근심을 겪어야

합니다.

14 '어떻게 하면 왕에게 몰수당하지 않을까. 도둑에게 빼앗기지 않을까. 불에 타지 않을까. 물에 떠내려 보내지 않을까. 어떻게 하면 귀찮은 친척들에게 뜯기지 않을까.' 이와 같이 온갖 걱정을 하지만 마침내는 몰수당하고 빼앗기고 떠내려 보내고 뜯기기도 합니다.

15 그리하여 모두가 내 것이었는데 이제 하나도 내 것이 아니구나 하고 비탄에 빠지오. 이것이 탐욕의 재앙이오.

16 우리가 겪는 현재의 괴로움은 모두 탐욕에 기인한 것이오.

17 그리고 그 탐욕 때문에 왕은 왕과 다투고 브라만은 브라만과 다투며 부모는 자식과 다투고, 형제끼리 친구끼리 서로 다투게 되는 것이오. 다투고 싸우고 욕질하다가 마지막에 몽둥이를 들거나 칼을 휘둘러 서로 죽이기까지 하니 이것이 탐욕의 재앙이오.

18 또 탐욕 때문에 사람들은 몸을 망치고 함부로 빼앗으며 간음을 행합니다. 왕은 이들을 붙들어 온갖 형벌을 가합니다. 채찍으로 갈기고 몽둥이로 치며 팔과 다리를 끊고 귀와 코를 자르오. 또 목에서 발끝까지 가죽을 벗기고 팔과 무릎을 쇠기둥에 못 박아 불을 지르오. 끓는 기름을 몸에 부어 굶주린 개에게 주고, 몸을 말뚝에 매어 칼로 목을 베오.

19 이와 같은 고통이 모두 탐욕의 재앙인 것이오.

20 마하나마여, 사람들은 이 탐욕 때문에 몸과 말과 생각으

로 갖가지 악을 지어 죽은 후에는 지옥에 떨어져 온갖 고통을 받소. 이것이 다 탐욕의 재앙으로서 미래의 고통 또한 탐욕을 원인으로 하여 이루어지는 것이오."

21 마하나마는 부처님의 말씀을 듣고 기뻐하면서 돌아갔다.

### 2. 세속에서 떠나는 법

1 부처님께서 강가강을 건너 앙가국 아빠나라는 마을 밖 숲속에 머물러 계실 때였다.

2 하루는 거리에 들어가 밥을 빌고, 숲으로 돌아오니, 부유한 상인 뽀딸리야가 양산을 받고 신을 신은 채 숲속을 거닐고 있었다.

3 그는 부처님을 보자 가까이 와서 인사한 뒤 앉지도 않고 머뭇거렸다.

4 부처님께서 그를 돌아보고 말씀하셨다.

"장자님, 자리가 있으니 앉으시오."

5 뽀딸리야는 장자라고 불린 것이 못마땅해 잠자코 있었다.

6 부처님께서 거듭 권하자 입을 열었다.

"부처님, 나를 장자라고 부른 것은 마땅치 않습니다."

"그래도 당신은 장자의 차림을 하고 있지 않소?"

"나는 처자와 살림을 버리고 세속을 떠난 사람입니다."

7 "당신은 어떻게 처자와 살림을 버리고 세속을 떠났소?"

"나는 내 재산 전부를 아들에게 물려준 뒤 아무 간섭 없이 다만 옷과 먹을 것만 받으면서 숨어 살고 있습니다. 나는 이렇게 살림을 버리고 세속을 떠났습니다."

8 "당신이 말하는 세속을 떠났다는 것은 내가 말하는 세속을 떠났다는 것과는 다릅니다."

"부처님의 가르침에서 말하는, 세속을 떠났다는 뜻을 말씀해 주십시오."

9 "내 가르침에서는 여덟 가지 법으로 세속을 떠나오. 그 여덟 가지란, 산목숨을 죽이지 않고, 남이 주지 않는 것을 갖지 않으며, 거짓말을 하지 않고, 화합을 깨뜨리지 않으며, 탐욕을 버리고, 성내지 않으며, 시기하지 않고, 그리고 교만을 버리는 일 등이오. 그러나 이것으로도 세속을 완전히 떠나는 것은 아니오. 세속을 완전히 떠나는 법은 따로 있소."

"그 법도 말씀해 주십시오."

10 "장자님, 이를테면 굶주린 개에게 살이 조금도 붙어 있지 않은 뼈를 던져 준다면 개는 굶주림을 달래지 못할 뿐 아니라 그 뼈로 인해 피로와 고달픔이 더할 것이오. 내 제자는 이 뼈의 비유처럼 바른 지혜로 쾌락을 잘 살펴 그것은 고통과 불행의 씨라고 사실대로 알아 오욕에 집착하는 마음을 버리오.

11 독수리나 솔개 같은 날짐승이 고깃덩이 하나를 가지고 날아갈 때 다른 사나운 새가 쫓아와 그것을 덮치려 한다면, 새들이 그 고깃덩어리를 버리지 않는 한 서로 싸워 죽거나 커다란 상처를 입게 될 것이오.

12 또 타오르는 횃불을 들고 바람을 거슬러 올라갈 때 그 횃불을 버리지 않는 한 손을 데거나 타 죽게 될 것이오.

13 향락은 꿈과 같아 깨어 보면 아무것도 없소.

14 무서운 독사를 보고 손을 내밀어 물라고 할 사람은 없을 것이오. 남의 돈을 함부로 빌려 쓰면 마침내는 빚쟁이에 몰려 곤란을 당할 것이오.

15 나무 열매가 익은 것을 보고 올라가 따먹고 있을 때 누가 도끼로 나무 밑동을 찍는다고 합시다. 그때 나무에 오른 사람이 얼른 내려오지 않으면 손발을 다치거나, 나무에서 떨어져 죽게 될 것이오.

16 이것이 모두 탐욕과 쾌락에 대한 비유입니다. 내 가르침을 받는 제자들은 이런 비유와 같이 탐욕과 쾌락을 관찰하고, 그것은 고통과 불행의 씨라고 바른 지혜로써 사실 그대로를 알아 세상 욕심에 집착하는 마음을 버리고 있소.

17 내 제자들은 이렇게 해서 얻은 청정으로 이 세상에서 해탈을 얻소. 이것을 내 가르침에서는 세속을 완전히 떠나는 법이라 하오. 당신도 이와 같이 세속을 떠났습니까?"

18 "부처님, 어떻게 제가 그럴 수 있겠습니까. 저는 이전에 다른 가르침에 빠져, 모르는 것을 안다 하고 아는 것을 모른다고 해 왔습니다. 그러나 이제는 모르는 것을 모르는 줄 알고, 아는 것을 아는 줄 알았습니다. 부처님께서는 저에게 사문에 대한 사랑과 믿음과 존경을 가르쳐 주셨습니다. 저는 오늘부터 목숨이 다할 때까지 부처님의 가르침을 따르는 신도가 되겠습니다."

### 3. 백골로 돌아갈 육신

1 부처님께서 꾸루의 수도 깜마사담마에 계실 때 비구들에

게 말씀하셨다.

2 "중생의 마음을 깨끗이 하고 걱정과 두려움에서 건지며 고뇌와 슬픔을 없애고 바른 법을 얻게 하는 유일한 길이 있으니 곧 사념처이다.

3 과거 모든 여래도 이 법에 의해 최상의 열반을 얻었고, 현재와 미래의 여래도 이 법으로 열반을 얻을 것이다.

4 비구는 그 몸(과 느낌과 마음과 법, 이 네 가지에 대해 똑바르 관찰하고 끊임없이 정진하여 바른 생각과 지혜로써 세상의 허욕과 번뇌를 끊어 버려야 한다.

5 몸을 바로 관찰하는 법은 어떻게 하는가. 비구가 숲속이나 나무 밑 혹은 고요한 곳에서 몸을 바로 하고 앉아 오로지 한 생각으로 호흡을 조절하되, 길게 들이쉬고 내쉴 때에는 그 길다는 것을 꿰뚫어 알고, 짧게 들이쉬고 내쉴 때에는 그 짧다는 것을 꿰뚫어 알라.

6 온몸으로 들이쉬고 내쉬는 것을 꿰뚫어 알아 마음을 다른 데로 달아나지 못하게 하라. 이 몸을 관찰하되 몸이 어디 갈 때에는 가는 줄 꿰뚫어 알고, 머물 때에는 머무는 줄 꿰뚫어 알며, 앉고 누울 때에는 앉고 누웠다는 상태를 바로 보아 생각이 그 몸의 동작 밖으로 흐트러지지 않게 하라. 어떤 사물에도 집착하지 말고 다만 이 몸을 꿰뚫어 아는 데에 전념하라.

7 이와 같이 이 몸의 동작 상태를 있는 그대로 꿰뚫어 알아 한 생각도 흐트러지지 않게 되면, 몸에 대한 형상이 눈앞에 드러나 바른 지혜가 나타나며, 이 세상 어떤 환경에도

집착하지 않게 될 것이다.

8 또한 이 몸이 애초에 무엇으로 이루어졌는지 사실대로 꿰뚫어 알아야 한다. 이 몸은 지·수·화·풍 네 가지 요소가 한데 어울려 된 것임을 밝게 보아야 한다. 솜씨 있는 백정이 소를 잡아 사지를 떼어 펼쳐 놓듯이 비구도 이 몸을 네 요소로 갈라 눈앞에 드러내 놓아야 한다.

9 숲속에 버려진 시체가 하루 이틀 지나면 붓기 시작해 마침내 썩어 문드러지는 것을 보는 것과 같이 이 몸도 그렇게 되리라는 것을 꿰뚫어 알아야 한다. 그 형상이 눈앞에 역력하면 모든 허망한 경계에 집착하지 않게 될 것이다.

10 또 숲속에 버려진 시체의 백골, 한두 해 지나 무더기로 쌓인 백골, 다 삭아 가루가 된 해골을 보는 것과 같이 비구도 그 몸을 주시하되, 이 몸도 저 꼴을 면치 못하리라는 것을 꿰뚫어 알면 세상의 모든 집착을 버리게 될 것이다. 비구는 몸에 대해 이와 같이 꿰뚫어 안다.

11 다음으로 느낌은 어떻게 관찰하는가. 느낌에는 세 가지가 있다. 괴로움을 느끼는 작용, 즐거움을 느끼는 작용, 괴롭지도 즐겁지도 않음을 느끼는 작용이다.

12 즐거움을 누릴 때는 즐거운 줄 꿰뚫어 알고, 괴로움을 당할 때는 괴로운 줄 꿰뚫어 알며, 괴롭지도 즐겁지도 않을 때는 또한 그런 줄을 꿰뚫어 알아야 한다.

13 이와 같이 자기 몸과 마음에서 일어나는 느낌을 있는 그대로 꿰뚫어 알고 타인의 느낌도 객관적으로 꿰뚫어 알면 그 느낌이 눈앞에 나타난다.

14 느낌이 시시로 변해 고정된 괴로움이나 즐거움, 고정된 불고 불락이 없음을 알아 어떤 것에도 집착하지 않는다. 이것이 비구가 느낌을 꿰뚫어 아는 법이다.

15 마음을 관찰하는 법은 어떤 것인가. 마음에 탐심이 일어나면 '이것이 탐심이구나.'라고 꿰뚫어 알고, 탐심을 버리면 버린 줄 꿰뚫어 알아야 한다.

16 이와 같이 성내는 마음, 어리석은 마음, 뒤바뀐 마음, 넓은 마음, 좁은 마음, 고요한 마음, 산란한 마음, 해탈한 마음, 해탈하지 못한 마음을 스스로 낱낱이 안팎으로 살피고, 그 마음이 일어나는 것과 사라지는 것을 꿰뚫어 알아서 눈앞에 대하듯 하면 세상의 어떤 집착도 놓아 버리게 된다. 이것이 마음을 관찰하는 법이다.

17 끝으로, 법을 관찰하는 것은 어떻게 하는가. 안으로 탐욕이 있으면 있는 줄 꿰뚫어 알고 없으면 없는 줄 꿰뚫어 알며, 또 탐욕이 일지 않더라도 일어난 것으로 꿰뚫어 알고, 일어났을 때에는 없어진 것으로 꿰뚫어 알며, 이미 없어진 것은 앞으로도 일어나지 않을 것으로 꿰뚫어 아는 것이다.

18 이와 같이 성내는 마음, 졸음, 산란한 마음, 의혹 등도 안팎으로 꿰뚫어 알고 일어나고 사라지는 것을 꿰뚫어 알아서, 그것이 눈앞에 뚜렷하게 드러날 때에는 세상의 모든 집착을 버리게 될 것이다.

19 비구들이여, 누구든지 이 사념처를 단 한 달만이라도 법대로 닦으면 탐욕과 불선법을

떠나 성인의 길에 들게 될 것이다. 이 사념처는 중생의 마음을 깨끗이 하고 걱정과 두려움에서 건져 내며, 고뇌와 슬픔을 없애고 바른 법을 얻게 하는 유일한 길이다."

20 비구들은 이와 같은 부처님의 말씀을 듣고 모두 기뻐하며 받들어 행했다.

### 4. 최상의 법륜

1 부처님께서 바라나시의 녹야원에 머물면서 제자들에게 말씀하셨다.

2 "나는 이곳 녹야원에서 일찍이 어떤 사람도 또 어느 곳에서도 굴린 적 없는 최상의 법륜을 처음으로 굴렸다. 그것은 네 가지 진리인데, 곧 고·집·멸·도이다.

3 비구들이여, 사리뿟따와 목갈라나를 잘 섬기고 받들어라. 그들은 지혜로워 청정하게 수행하는 이의 보호자가 될 것이다.

4 사리뿟따는 너희들의 생모와 같고 목갈라나는 양모와 같으리라. 사리뿟따는 처음 발심하여 수행하는 이를 잘 길러 주고, 목갈라나는 그들을 이끌어 깨달음에 이르게 할 것이다. 이제 사리뿟따가 너희들에게 네 가지의 진리를 잘 가리어 말해 줄 것이다."

5 그렇게 말하시고 부처님께서는 그 자리를 뜨셨다.

6 사리뿟따는 모인 대중을 향해 이렇게 말했다.

"부처님께서는 이 녹야원에서 일찍이 어떤 사람도 또 어느 곳에서도 굴린 적 없는 최상의 법륜을 굴리셨으니, 그것은 곧 고·집·멸·도의 네 가지 진리입니다. 그럼 어떤 것이 고의 진리, 즉 괴로움에 관한 진리입니까.

7 나고 늙고 병들고 죽는 것이 괴로움이요, 원수를 만나게 되는 것이 괴로움, 사랑에는 이별이 있으니 그것이 괴로움, 구하는 것을 얻을 수 없으니 괴로움이요, 걱정 근심과 번민과 슬픔이 괴로움입니다. 한마디 말로 한다면 인생 자체가 고통, 즉 괴로움의 집합체인 것입니다.

8 나는 것을 고라 함은 무슨 뜻입니까. 중생들이 각기 그 종류를 따라 오온이 화합하여 목숨을 이룬 후 세상에 태어납니다. 한 생명이 이 세상에 나와 그 생명을 보존하고 키워 가려면 천만 가지 고통을 겪게 되므로 이것을 '태어남의 고'라 합니다.

9 늙은 것을 고라 함은 무슨 뜻입니까. 사람이 나이를 먹으면 머리털이 희어지고 이가 빠지며 얼굴이 쭈그러지고 등이 굽으며 기력이 쇠해집니다. 몸은 날로 무거워 앉으면 허리가 아프고 다닐 때는 지팡이에 의지하게 되니 이것을 '늙음의 고'라 합니다.

10 병드는 것을 고라 함은 무슨 뜻입니까. 온몸은 균형을 잃고 기혈이 순조롭지 못해 두통이나 치통·요통을 앓으며 눈이 어둡고 귀가 먹습니다. 혹은 열병·냉병·풍병·습병으로 사지가 뒤틀리고 온갖 고통이 엄습하니 이것을 '병고'라고 합니다.

11 죽음의 고라 함은 무슨 뜻입니까. 중생들이 그 몸의 기력이 다하고 목숨이 끝나려 할 때 아직 끊어지지 않은 잔명이 죽음의 막다른 길에 이르러 여러 가지 견디기 어려운 심한 고통을 받게 됩니다. 그

러므로 이것을 '죽음의 고'라 합니다.
12 또 '원수를 만나는 고'라 함은, 일찍이 서로 미워하며 원한을 품고 해치거나 죽이려 했던 자와 만나게 되는 고통을 말합니다.
13 '사랑에 이별이 있는 고'라 함은, 아무리 친하고 가까운 부모와 처자라도 언젠가는 서로 이별하게 되는 고통을 말합니다.
14 '구하는 것을 얻을 수 없는 고'라 함은, 모든 중생은 나지 않으려고 해도 업에 따라 나게 되며, 나거든 늙거나 병들어 죽지 말든지 죽거든 나지 말든지 해야 할 텐데 그것이 뜻대로 되지 않습니다.
15 그리고 사는 동안 부귀영화를 원하고 온갖 재난과 슬픔이 없기를 원하지만 뜻대로 되지 않으니 그것이 또한 '걱정 근심과 번민과 슬픔의 고'입니다.
16 이와 같이 이 세상에 일단 생명을 받아 태어난 것은 결국 모든 고통, 즉 괴로움의 집합체인 것입니다. 이것이 고의 진리입니다.
17 다음 어떤 것이 집의 진리입니까. 그와 같은 괴로움의 원인은 집착에 있습니다.
18 집착은 이다음 생의 업보를 부르게 되는 애욕과 번뇌를 말합니다.
19 어떤 것이 멸의 진리입니까. 애욕과 번뇌를 남김없이 없애 버리는 것을 말합니다.
20 어떤 것이 도의 진리입니까. 멸에 이르는 방법, 즉 여덟 가지의 바른 길입니다. 그것은 바른 견해, 바른 생각, 바른 말, 바른 행위, 바른 생활, 바른 노력, 바른 기억, 바른 선정입니다.

21 바른 견해란 네 가지 진리를 바로 보는 지혜요, 바른 생각이란 번뇌 망상을 멀리하고 성냄과 원한이 없는 생각이요, 바른 말이란 거짓말·악담·이간질·부질없는 잡담을 떠난 도리에 맞는 참된 말이요, 바른 행위란 살생·도둑질·음행을 하지 않고 올바른 계행을 지키는 일입니다.

22 바른 생활이란 출가자의 생활 방법으로 부정한 장사나 점술 따위의 수단을 떠나 정당한 방법으로 의식을 얻어 생활하는 것입니다.

23 바른 노력이란 아직 일어나지 않은 나쁜 생각을 일지 않게 하고, 이미 일어난 나쁜 생각을 없애 버리며, 아직 일어나지 않은 착한 생각을 일게 하고, 이미 일어난 착한 생각은 원만히 키워 나가도록 끊임없이 노력하는 것입니다.

24 바른 기억이란 생각을 한곳에 집중하여 몸과 마음과 진리를 바로 관찰하고 탐욕에서 일어나는 번뇌를 없애는 것입니다.

25 그리고 바른 선정이란 모든 욕심과 흔들리는 마음을 가라앉혀 선정에 들어감을 말합니다.

26 여러분, 이것이 부처님께서 말씀하신 네 가지 진리입니다."

### 5. 정견과 사견

1 부처님께서 기원정사에 계실 때 이와 같이 비구들에게 말씀하셨다.

"이 세상에 세 가지 그릇된 견해를 가진 외도가 있는데, 슬기로운 사람들은 그것을 밝게 가려내어 추종하지 말아야 한다. 만약 그러한 견해를 따른다면 이 세상의 모든 일은 부정하게 될 것이다.

2 그러면 세 가지 그릇된 견해란 어떤 것인가. 첫째, 어떤 사문이나 브라만은 '사람이 이 세상에 경험하는 것은 괴롭든 즐겁든 모두 전생의 업에 의한 것이다.'라고 말한다. 둘째, 또 어떤 사람들은 '모든 것은 자재천의 뜻에 의한 것이다.'라고 한다. 셋째, 혹은 '인도 없고 연도 없다.'고 말한다.

3 나는 언제나 무엇이나 전생의 업에 의한다고 주장하는 사람들을 찾아가, 그 의견이 틀림없다고 생각하느냐고 물었고 그들은 그렇다고 대답했다.

4 그래서 나는 '그러면 사람을 죽이거나 도둑질하거나 음행하고 거짓말하고 탐욕과 성냄과 삿된 소견을 갖는 것도 모두 전생에 지은 업에 불과할 것이다. 만약 그렇다면, 이 일을 해서는 안 된다거나 이 일은 해야겠다는 의지도 노력도 소용없게 될 것이다. 따라서 어떤 자제력도 없이 마음 내키는 대로 함부로 행동하는 사람을 정당한 사문 혹은 브라만이라고 하지 않겠는가.' 하고 비판했다.

5 또 모든 것은 자재천의 뜻에 의한 것이라고 주장하는 사람들을 찾아가 '만약 당신들의 주장대로라면 살생하는 것도 자재천의 뜻이고, 도둑질이나 음행이나 그릇된 소견을 갖는 것도 자재천의 뜻에 의한 것일 게다. 그렇다면 이 일을 해서는 안 된다거나 이 일은 해야겠다는 의지도 노력도 소용없게 될 것이다. 따라서 어떤 자제력도 필요 없이 마음 내키는 대로 함부로 행동하는 사람을 정당한 사문 혹은 브라만이라고 하지 않겠는가.'

하고 비판했다.

6 그리고 인도 없고 연도 없다고 주장하는 사람들을 찾아가 '당신들의 주장대로라면 살생하는 것에도 인과 연이 없고 그릇된 소견을 갖는 것에도 인과 연이 없을 것이다. 이처럼 모든 것에 인연이 없다고 한다면, 이 일을 해서는 안 된다거나 이 일을 해야겠다는 의지도 노력도 소용없게 될 것이다. 따라서 어떤 자제력도 필요 없이 마음 내키는 대로 함부로 행동하는 사람을 정당한 사문 혹은 브라만이라 하지 않겠는가.' 하고 비판했다.

7 비구들이여, 이것이 그와 같은 의견을 가지고 주장하는 사문이나 브라만들에 대한 나의 비판이다.

8 만약 그들이 주장하는 대로 행동한다면 이 세상의 모든 일은 부정되고 마침내는 커다란 혼란을 가져오게 될 것이다. 슬기로운 사람은 이와 같이 그릇된 의견을 잘 가려내어 버림받지 않도록 해야 할 것이다."

9 부처님께서는 이치로써 차근차근 설명하여 그들로 하여금 그릇된 소견을 버리고 바른 길로 돌아오게 하셨다.

10 사리뿟따는 비구들에게 말했다.

"어떤 것이 부처님 제자의 바른 견해이며, 진리에 대해 절대적인 신념을 가지고 통달할 수 있는 길이겠습니까. 불제자는 먼저 어떤 것이 불선법인지, 불선법의 근본이 무엇인지를 알아야 하고, 어떤 것이 선법인지, 선법의 근본이 무엇인지를 알아야 합니다. 이것이 부처님 제자의 바른 견해로 그 보는 바가 올바르고 절대적인 신념으로 진리에 통달할 수 있는 길입니다.
11 불선법이란 산목숨을 죽이는 일, 주지 않는 것을 가지는 일, 사음, 거짓말, 악담, 이간질, 꾸미는 말, 탐욕, 성냄, 그릇된 소견 등을 가리킵니다. 이러한 불선법의 근본은 또한 탐욕과 성냄과 어리석음에 있습니다.
12 선법이란 산목숨을 죽이지 않고, 주지 않는 것을 가지지 않으며, 사음을 하지 않고, 거짓말과 악담과 이간질과 꾸미는 말을 하지 않으며, 탐욕과 성냄과 어리석음을 없애 버린 것을 말하며, 이러한 선법의 근본은 탐하지 않고 성내지 않으며 어리석지 않음에 있습니다.
13 부처님 제자들이 이와 같은 불선법과 그 근본을 알고 또 선법과 그 근본을 알면, 그는 탐욕과 성냄의 번뇌를 없애며 '나'를 세우려는 아만을 버리고 무명을 끊고, 지혜의 등불을 밝혀 현실의 괴로움을 면하게 될 것입니다. 이것이 부처님 제자의 바른 견해로 절대적인 신념을 가지고 올바른 진리를 통달하게 되는 길입니다."
14 비구들은 사리뿟따의 말을 듣고 모두 기뻐했다.

### 6. 뗏목의 비유

1 부처님께서 기원정사에 계실 때였다. 독수리 잡기를 좋아하는 아릿타 비구는 나쁜 소견을 가지고 있었다. 그는 부처님께서 언젠가 말씀한 '장애'라는 법도 그걸 직접 실행해 보니 그렇게 장애가 되지 않더라고 말했다.
2 다른 비구들은 그릇된 그의 소견을 고쳐 주려고 토론도

하고 타이르기도 해 보았지만 아무 보람이 없었다.

3 이 말을 전해 들은 부처님께서 아릿타를 불러 꾸짖으신 후 비구들에게 말씀하셨다. "어떤 땅꾼이 큰 뱀을 보고 그 몸뚱이나 꼬리를 붙잡았다고 하자. 그때 뱀은 몸을 뒤틀어 붙잡은 손을 물 것이다. 그 때문에 그는 죽거나 죽을 만큼의 고통을 받을 것이다. 그것은 뱀 잡는 방법이 틀렸기 때문이다.

4 이와 같이 어리석은 사람은 여래의 교법을 배우면서도 가르침의 뜻을 잘 생각하지 않기 때문에 그 진리를 분명하게 알지 못한다. 그런 사람은 토론할 때 말의 권위를 세우려고 곧잘 여래의 교법을 인용하지만 그 뜻을 몰라 난처하게 된다.

5 그러나 지혜로운 사람은 여래의 가르침을 들으면 그 뜻을 생각하여 진리를 바르게 알기 때문에 항상 기쁨에 싸여 있다.

6 이를테면 어떤 땅꾼은 큰 뱀을 보면 곧 막대기로 뱀의 머리를 꼭 누른다. 그때 뱀은 자기를 누르는 손이나 팔을 감는다 할지라도 그 사람은 그 때문에 물려 죽거나 죽을 만큼의 고통을 받지는 않을 것이다. 왜냐하면 그는 뱀 잡는 방법을 잘 알고 있기 때문이다.

7 비구들이여, 나는 또 너희들에게 집착을 버리도록 하기 위하여 뗏목의 비유를 들겠다.

8 어떤 나그네가 긴 여행 끝에 바닷가에 이르렀다. 그는 생각하기를 '바다 건너 저쪽은 평화로운 땅이다. 그러나 배가 없으니 어떻게 갈까? 갈대나 나무로 뗏목을 엮어 건너

가야겠군.' 하고 뗏목을 만들어 무사히 바다를 건너갔다.

9 그는 다시 생각했다. '이 뗏목이 아니었다면 바다를 건너올 수 없었을 것이다. 이 뗏목은 내게 큰 은혜가 있으니 메고 가야겠다.'

10 너희들은 어떻게 생각하느냐. 그가 그렇게 함으로써 그 뗏목에 대해 자기 할 일을 다했다고 생각하느냐?"

11 비구들은 하나같이 그렇지 않다고 대답했다.

12 부처님께서는 다시 말씀하셨다.
"그러면 그가 어떻게 해야 자기 일을 다하는가. 그는 바다를 건너고 나서 이렇게 생각해야 할 것이다. '이 뗏목의 도움으로 나는 바다를 무사히 건너왔다. 다른 사람도 이 뗏목을 이용할 수 있도록 물에 띄워 놓고 이제 나는 내 갈 길을 가자.' 이와 같이 하는 것이 그 뗏목에 대해서 할 일을 다하는 것이다.

13 나는 이 뗏목의 비유로써, 교법을 배워 뜻을 안 후에는 버려야지 거기에 집착하면 안 된다는 것을 말했다. 너희들은 이 뗏목처럼 내가 말한 교법까지도 버리지 않으면 안 된다. 하물며 법 아닌 것이야 말할 것이 있겠느냐."

### 7. 네 것이 아닌 것은 버려라

1 뗏목의 비유를 말하고 난 부처님께서는 다시 이렇게 말씀하셨다.
"나와 내 것이라는 잘못된 소견이 일어날 수 있는 다섯 가지 경우가 있다. 그것은 물질과 감각과 생각과 의지작용과 의식이다.

2 무지해서 어진 사람을 가까이

하지 않고 가르침을 모르는 사람은 이 다섯 가지 경우에 대해서 '이것은 내 것이다', '이것은 나다', '이것은 나 자신이다'라고 생각하여 그것에 집착한다.

3 그러나 많이 배우고 어진 사람을 가까이 하며 가르침을 받은 사람은 그 다섯 가지에 대해서 그와 같이 생각하거나 집착하지 않는다. 따라서 그것이 없어졌다고 하여 바른 생각을 잃거나 두려움에 떨지 않는다."

4 이때 어떤 비구가 여쭈었다. "부처님, 어떤 바깥 사물로 인해 바른 생각을 잃고 두려움에 떠는 일이 있겠습니까?"
"어떤 사람이 이렇게 생각한다고 하자. '이것이 전에는 내 것이었는데 이제는 내 것이 아니다. 다시 내 소유로 만들 수는 없을까?' 그래서 그는 슬퍼하고 탄식하며 가슴을 치고 운다. 이것이 바깥 사물로 인해 바른 생각을 잃거나 두려움에 떠는 일이다.

5 그러나 슬퍼하거나 탄식하지 않고 가슴을 치고 울지 않는다면 그는 바깥 사물로 인해 바른 생각을 잃거나 두려움에 떨지 않는다."

6 "부처님, 그렇다면 마음속의 어떠한 것으로 인해 바른 생각을 잃고 두려움에 떠는 일이 있겠습니까?"

7 "이 세계와 나 자신은 영원히 변하지 않고 존재하는 것이라고 생각하던 사람이 '나는 없다'고 하는 여래의 가르침을 들으면 슬퍼하고 탄식하며 가슴을 치고 울 것이다. 이것이 마음속의 어떠한 것으로 인해 바른 생각을 잃고 두려움에 떠는 일이다.

제2편 초기 경전

8 너희들은 영원히 변치 않고 지속되는 것을 가지고 있거나 본 일이 있느냐?"

"그런 것은 없습니다."

"그렇다, 이 세상에 영원히 존재하는 것은 없다. 그러므로 실체도 없는 '나'에 집착하면 항상 근심과 고통이 생기는 법이다.

9 내가 있다면 내 것이 있을 것이고 내 것이 있다면 내가 있을 것이다. 그러나 나와 내 것을 어디서도 찾을 수 없다.

10 이 세계와 내가 영원히 변하지 않고 존재한다는 생각은 어리석은 소견이다.

11 이 가르침을 안 제자들은 이와 같이 보고 이와 같이 들어서 물질과 분별을 싫어하고 욕망을 버리고 해탈하는 것이다.

12 이러한 비구를 가리켜 장애를 벗어난 자, 장애를 부순 자, 번뇌의 기둥을 빼어 버린 자, 걸림이 없는 자, 무거운 짐을 내려놓은 자, 속박을 벗어난 성자라 부른다.

13 이와 같이 말한 내게 어떤 사문이나 브라만들은 '저 사문 고따마는 사람의 몸과 마음이 없어져 버린다고 가르치는 자다.'라고 비난할지 모른다.

14 그러나 나는 그와 같이 말하지 않았다. 나는 이전이나 지금이나 현재의 고뇌를 말하고 그 고뇌를 끊어 없애는 것을 가르치고 있다.

15 아무리 남들이 비난하고 욕하더라도 나는 조금도 마음을 쓰거나 원한을 품지 않는다. 또 누가 칭찬하고 공경할지라도 나는 조금도 기뻐하거나 우쭐거리지 않는다. 비난하거나 칭찬하거나 나는 '그들이 내게 이렇게 하는 것을

이전부터 알고 있다.'고 생각한다.

16 그러므로 너희들은 너희 것이 아닌 것은 모두 버려라. 그것을 버리면 영원한 평안을 누릴 것이다.

17 너희 것이 아니란 것은 무엇인가. 물질은 너희 것이 아니다. 그 물질을 버려라. 감각은 너희 것이 아니다. 그 감각을 버려라. 생각은 너희 것이 아니다. 그 생각을 버려라. 의지 작용은 너희 것이 아니다. 그 의지 작용을 버려라. 의식은 너희 것이 아니다. 그 의식을 버려라.

18 어떤 사람이 이 숲속에 와서 풀과 나뭇가지를 날라다 불사른다고 하자. 너희들은 이때 그가 우리 물건을 날라다 마음대로 불사른다고 생각하겠느냐?"

"그렇지 않습니다. 그것들은 나도 아니고 내 것도 아니기 때문입니다."

"그와 같이 너희 것이 아닌 것은 버려라. 그것을 버리면 너희는 영원한 기쁨을 누릴 것이다."

### 8. 욕심이 없는 사람이 얻는 도

부처님께서 베사깔라 숲에 계실 때 아니룻다는 빠찌나 숲에 머물고 있었다.

2 어느 날 오후 그는 선정에 들어 생각했다.

'아, 이 도는 욕심이 없는 데서 얻는 것이고 욕심이 있으면 얻을 수 없는 것이구나. 이 도는 만족할 줄 아는 데서 얻는 것이고 족할 줄 모르면 얻을 수 없다.

3 이 도는 군중을 멀리 떠남으로써 얻는 것이고 많은 사람들의 번거로움 가운데서는 얻을 수 없다. 이 도는 바른 생

각으로써 얻는 것이고 그릇된 생각으로는 얻을 수 없다.
4 이 도는 고요 속에서 얻는 것이고 시끄러움 속에서는 얻을 수 없다. 이 도는 지혜로운 사람이 얻는 것이고 어리석은 사람은 얻을 수 없는 것이다.'
5 부처님께서 이때 아니룻다의 생각을 아시고 그 앞에 나타나셨다.
"착하다, 아니룻다여. 너는 대인의 깨달음을 생각하고 있구나. 그다음 한 가지는 부질없는 궤변을 하지 않는 일이다. 너는 이 여덟 가지 대인의 깨달음을 생각해 수행하는 동안 욕심과 옳지 못한 것을 버리고 여기에서 일어나는 기쁨을 맛보아 초선을 거쳐 제2, 제3, 제4선의 경지에 들어갈 것이다.
6 네가 이 대인의 깨달음을 생각하고 제4선의 기쁨에 들어가면, 여인들이 여러 가지 옷을 옷장에 가득 채워 두고 즐거워하듯이 만족함을 느끼고 기쁨에 넘쳐 다시 흔들리지 않을 것이다.
7 열반의 길을 가는 너는 남루한 옷도 마음에 들 것이고, 빌어먹는 밥도 맛이 있을 것이며, 나무 밑 풀자리에 앉아도 마음은 늘 즐거울 것이고, 병들어 누워 있을 때 썩은 거름으로 만든 약이라도 만족하게 될 것이다."
8 부처님께서는 이와 같이 말씀하신 뒤 다시 베사깔라 숲으로 돌아오셨다. 그리고 비구들에게 위에서 말한 여덟 가지 대인의 깨달음을 가르치고 나서 다시 이렇게 말씀하셨다.
9 "비구들이여, 욕심을 적게 가졌다고 해서 나는 욕심을 적

게 가졌다고 말하지 마라. 만족함을 알았다고 해서 나는 만족할 줄 알았다고 말하지 마라. 멀리 떠나는 것을 즐거워한다고 해서 나는 멀리 떠나는 것을 즐거워한다고 말하지 마라. 궤변을 좋아하지 않는다고 해서 나는 궤변을 좋아하지 않는다고 말하지 마라. 이것이 욕심을 적게 가지는 법이다.

10 또 만족할 줄 안다는 것은 어떤 종류의 의식주나 약을 얻더라도 그것을 만족하게 여김이다.

11 멀리 떠나는 법이란 비구의 처소에 어떤 비구·비구니·우바새·우바이 혹은 왕이나 외도가 오더라도 비구는 멀리 떠나는 것을 즐기는 마음에서 진실한 법만을 알려 주는 것이다.

12 정진하는 법은 비구가 나쁜 법을 버리고 좋은 법을 얻기 위해 정진할 때에 확고하게 선법에 대한 책임을 버리지 않는 것이다.

13 바르게 생각하는 법이란 비구가 바른 생각을 가지고 이전에 해 온 온갖 바르지 못한 말과 행동을 돌이켜보고 새로운 책임을 느끼는 것이다.

14 지혜로운 사람의 법이란 법의 흥성하고 쇠함을 지혜로 살펴 네 가지 진리의 도리를 잘 아는 것이다.

15 궤변을 즐기지 않는 법이란 그 마음이 궤변 없는 경지로 나아가 부질없는 이론이 끊긴 경지에 이르러 마음이 해탈하는 것이다."

### 9. 검은 업과 흰 업

1 용모가 뛰어난 가마니는 이른 아침 부처님을 뵙고 여쭈었다. "부처님이시여, 브라만은 스

스로 잘난 체하면서 하늘을 섬깁니다. 어떤 중생이 목숨을 마치면 브라만은 마음대로 죽은 이를 천상에 나도록 한다는 것입니다. 원컨대 법의 주인이신 부처님께서도 중생들이 목숨을 마치거든 천상에서 태어나게 해 주십시오."

2 부처님께서 말씀하셨다.
"가마니여, 내가 너에게 물을 테니 아는 대로 대답하라. 어떤 사람이 게을러서 정진하지 않고, 게다가 산목숨을 죽이며, 주지 않는 것을 가지고, 사음을 행하며, 거짓말을 하고, 그릇된 소견을 가지는 등 온갖 나쁜 업을 지으면서 살았다고 하자.

3 그가 죽을 때 많은 사람이 와서 '당신은 게을러 정진하지 않고 그러면서 악업만을 행했습니다. 당신은 그 인연으로 목숨이 다한 뒤에는 반드시 천상에서 태어나십시오.'라고 했다 하자.

4 가마니여, 이렇게 여러 사람이 축원했다고 해서 그가 천상에 태어날 수 있겠느냐?"
"그럴 수는 없습니다."
"그렇다. 게으른 그가, 더구나 온갖 나쁜 업을 지은 그가 축원을 받았다고 해서 천상에 태어날 수는 없는 것이다.

5 비유를 들면, 저쪽에 깊은 못이 하나 있는데 어떤 사람이 거기에 크고 무거운 돌을 던져 넣었다. 마을 사람들이 못 가에 모여서 '돌아, 떠올라라.' 하고 축원을 했다. 그 크고 무거운 돌이 축원을 했다고 해서 그들의 소원대로 떠오를 수 있겠느냐?"

6 "그럴 수는 없습니다."

"그렇다. 그가 천상에 태어날 수 없는 것도 이와 마찬가지이다. 왜냐하면, 나쁜 업은 검은 것이어서 그 갚음으로 저절로 밑으로 내려가 반드시 나쁜 곳에 떨어질 것이기 때문이다.

7 또 어떤 사람은 부지런히 정진하면서 묘한 법을 실행하고 온갖 착한 업을 닦는다고 하자. 그가 목숨을 마칠 때 여러 사람이 모여서 '당신은 부지런히 정진하면서 묘한 법을 실행하여 온갖 착한 업을 이루었습니다. 당신은 그 인연으로 목숨이 다한 뒤에는 반드시 나쁜 곳에 가서 지옥에 떨어지십시오.'라고 저주했다면 어떻게 될까. 그가 과연 그들의 저주대로 지옥에 떨어지겠느냐?"

"그렇지 않습니다."

8 "그렇다. 그것은 당치도 않은 말이다. 왜냐하면, 착한 업은 흰 것이어서 그 갚음으로 저절로 위로 올라가 반드시 좋은 곳에 이를 것이기 때문이다. 이를테면, 기름병을 깨뜨려 못물에 던지면 부서진 병조각은 밑으로 가라앉지만, 기름은 물 위로 떠오르는 것과 같은 이치이다.

9 이와 같이 목숨이 다한 육신은 흩어져 까마귀와 새가 쪼아 먹고 짐승들이 뜯어먹거나 혹은 태우거나 묻히어 마침내는 흙이 되고 만다.

10 그러나 그 마음의 업식만은 항상 믿음에 싸이고 정진과 보시와 지혜에 싸여 저절로 위로 올라가 좋은 곳에 나는 것이다.

11 가마니여, 산목숨을 죽이지 않고, 주지 않는 것을 가지지 않으며, 사음과 거짓말을 하지 않고, 사특한 소견에서 벗어

나는 좋은 길이 있다. 이른바 팔정도가 위로 오르는 길이며 좋은 곳으로 가는 길이다."

12 부처님께서 이와 같이 말씀하시니 가마니와 여러 비구가 다들 기뻐하면서 받들어 행했다.

### 10. 설법과 침묵

1 부처님께서 어느 날 오후 아난다를 데리고 아지따와띠 강으로 가서 목욕을 하셨다.

2 목욕을 끝낸 후 부처님께서는 아난다의 청을 받아들여 브라만 람마까의 집으로 가셨다.

3 그때 마침 람마까의 집에서는 많은 비구가 모여 설법하고 있었다. 부처님께서는 문 밖에 서서 비구들의 설법이 끝나기를 기다리셨다.

4 이윽고 설법이 끝난 것을 안 부처님께서는 문을 두드렸다. 곧 비구들이 나와 문을 열고 부처님을 맞아들였다.

5 부처님께서 자리에 앉은 뒤 물으셨다.
"너희는 아까 무슨 이야기를 하였으며 무슨 일로 여기 이렇게들 모였느냐?"
"부처님, 조금 전에 저희들은 법을 설하였으며, 그 법을 설하기 위해 이렇게 모인 것입니다."

6 "착하다, 비구들이여. 너희는 모여 앉으면 마땅히 두 가지 일을 행해야 한다. 하나는 설법하는 일이고, 또 하나는 침묵을 지키는 일이다."

### 11. 독 묻은 화살

1 부처님께서 사왓티의 기원정사에 계실 때였다.

2 말룽꺄 존자는 홀로 조용한 곳에 앉아 이렇게 생각했다. '세계는 영원한가, 무상한가?

제2편 초기 경전

무한한 것인가, 유한한 것인가? 목숨이 곧 몸인가, 목숨과 몸은 다른가? 여래는 마침이 있는가, 없는가? 아니면 마침이 있지도 않고 없지도 않는가? 부처님께서는 이러한 말씀은 전혀 하시지 않았다.

3 그러나 나는 그러한 태도가 못마땅하고 이제는 더 참을 수가 없다. 부처님께서 나를 위해 세계는 영원하다고 말씀하신다면 수행을 계속하겠지만, 영원하지 않다고 말씀하신다면 부처님을 비난한 뒤에 떠나야겠다.'

4 말룽꺄는 해가 질 무렵 자리에서 일어나 부처님께로 갔다. 아까 혼자서 속으로 생각한 일들을 말씀드리고 이렇게 덧붙였다.
"부처님께서는 저의 이러한 생각에 대해서도 한결같이 진실한 것인지 허망한 것인지 기탄없이 바로 말씀해 주십시오."

5 부처님께서 물으셨다.
"말룽꺄여, 내가 이전에 너를 위해 세상을 영원하다고 말했기 때문에 너는 나를 따라 수행하고 있었느냐?"
"아닙니다."

6 "그 밖의 의문에 대해서도 내가 이전에 너를 위해 이것은 진실하고 다른 것은 다 허망하다고 말했기 때문에 나를 따라 도를 배웠느냐?"
"아닙니다."

7 "말룽꺄여, 너는 참 어리석구나. 그런 문제에 대해서는 내가 일찍이 너에게 말한 일이 없고 너도 또한 내게 말한 일이 없는데, 너는 어째서 부질없는 생각으로 나를 비방하려 하느냐?"

8 말룽꺄는 부처님의 꾸지람을

듣고 머리를 떨어뜨린 채 말이 없었으나 속으로는 의문이 가시지 않았다.

9 부처님께서 비구들을 향해 말씀하셨다.
"어떤 어리석은 사람이 '만약 부처님이 나를 위해 세계는 영원하다고 말하지 않는다면 나는 그를 따라 도를 배우지 않겠다.'라고 생각한다면, 그는 그 문제를 풀지도 못한 채 도중에서 목숨을 마치고 말 것이다.

10 이를테면, 어떤 사람이 독 묻은 화살을 맞아 견디기 어려운 고통을 받을 때 그 친족들은 의사를 부르려고 했다.

11 그런데 그는 '아직 화살을 뽑아서는 안 되오. 나는 먼저 화살을 쏜 사람이 누구인지를 알아야겠소. 성은 무엇이고 이름은 무엇이며 어떤 신분인지를 알아야겠소. 그리고 그 활이 뽕나무로 되었는지, 물푸레나무로 되었는지, 화살은 보통 나무로 되었는지, 대로 되었는지를 알아야겠소.

12 또 화살 깃이 매털로 되었는지, 독수리털로 되었는지, 아니면 닭털로 되었는지 먼저 알아야겠소.' 이와 같이 말한다면 그는 그것을 알기도 전에 온 몸에 독이 퍼져 죽고 말 것이다.

13 세계가 영원하다거나 무상하다는 이 소견 때문에 나를 따라 수행한다면 그것은 옳지 않다. 세계가 영원하다거나 무상하다고 말하는 사람에게도 생로병사와 근심 걱정은 있다.

14 또 나는 세상이 무한하다거나 유한하다고 단정적으로 말하지는 않는다. 왜냐하면 그것은 이치와 법에 맞지 않으며,

수행이 아니므로 지혜와 깨달음으로 나아가는 길이 아니고, 열반의 길도 아니기 때문이다.

15 그러면 내가 한결같이 말하는 법은 무엇인가. 그것은 곧 괴로움과 괴로움의 원인과 괴로움의 소멸과 괴로움을 소멸하는 길이다.

16 어째서 내가 이것을 한결같이 말하는가? 이치에 맞고 법에 맞으며 수행인 동시에 지혜와 깨달음의 길이며 열반의 길이기 때문이다. 너희들은 마땅히 이렇게 알고 배워야 한다."

17 부처님께서 이렇게 말씀하시니 말룽꺄를 비롯하여 여러 비구들은 기뻐하면서 받들어 행했다.

## 12. 길을 가리킬 뿐이다

1 부처님께서 사왓티의 녹자모 강당에 계실 때였다.

2 브라만 출신인 수학자 목갈라나가 부처님을 찾아와 말했다.
"부처님, 여쭐 말씀이 있는데 들어 주신다면 말씀드리겠습니다."
"목갈라나여, 마음대로 물어서 의문을 풀도록 하시오."

3 "부처님, 이 녹자모 강당의 층계는 일 층을 오른 뒤에야 이 삼사 층으로 오르게 됩니다. 이와 같이 층계를 따라 차츰차츰 위로 올라갈 수 있습니다. 코끼리를 다루는 사람도 순서를 따라 길들일 수 있습니다. 브라만들도 차례를 따라 웨다를 배웁니다. 우리들이 수를 배우고 수학으로써 살아가는 것도 또한 순서에 따라 차츰차츰 이루어집니다. 부처님, 부처님의 법과 율에는 어떠한 순서가 있어 차츰

차츰 성취하게 됩니까?"

4 "목갈라나여, 바른 주장이라면 그것은 순서대로 차츰차츰 성취하게 될 것이오. 나는 이 법과 계율을 순서대로 성취하였소. 만약 나이 어린 비구가 처음으로 와서 도를 배우고자 하여 법과 계율에 들어오면 나는 먼저 이렇게 가르치오. '너는 와서 목숨을 다해 몸을 지켜 청정하게 하고 말과 뜻을 지켜 청정하게 하라.'

5 그가 시키는 대로 하면 나는 다시 그 마음을 가르치오. '너는 홀로 멀리 떠나 나무 밑이나 숲속 혹은 무덤 사이 같은 한적한 곳에서 살아라. 그런 곳에 가서 단정히 앉아 원을 바로 세워 생각이 다른 데로 팔리지 않도록 하라. 남의 재물과 가구를 보더라도 탐심을 내지 말고 마음을 깨끗이 가져라. 성냄과 수면에도 그렇게 의심을 끊고 미혹을 막아 그 마음을 깨끗이 지켜라.'

6 목갈라나여, 그러나 장로 비구나 학덕이 높은 브라만에게는 더 깊은 것을 가르치오. 궁극적인 마지막에 가서는 모든 번뇌가 다하고 지혜를 얻는다고 가르치오."

7 "부처님, 그와 같이 가르치고 훈계하면 제자들은 다 궁극의 지혜를 얻어 반드시 열반을 얻게 됩니까?"
"누구나 한결같을 수는 없소. 얻는 사람도 있고 얻지 못하는 사람도 있소."

8 "열반은 있고 열반으로 가는 길도 있으며 더구나 부처님께서는 현재 그 길을 가리키시는 분인데, 어째서 그들은 궁극의 열반을 얻기도 하고 얻지 못하기도 합니까?"

"목갈라나여, 당신에게 묻겠소. 당신은 라자그리하를 알고 거기로 가는 길도 알고 있소?"
"예, 알고 있습니다."

9 "만약 어떤 사람이 당신에게 라자그리하와 그곳으로 가는 길을 묻는다면 당신은 아는 대로 가르쳐 줄 것이오. 그러면 그는 가르쳐 준 길대로 따라가면 거기에 도달할 것이오. 그러나 어떤 사람은 바른 길을 버리고 잘못 길을 들거나 게으름을 부린다면 끝내 그곳에 도달할 수 없을 것이오.

10 라자그리하가 있고 그곳으로 가는 길도 있으며 그리고 당신은 그 길잡이였는데, 어째서 어떤 사람은 가고 또 어떤 사람은 가지 못하오?"
"부처님, 저는 그 일에 책임이 없습니다. 제 가르침을 따른 사람은 도달할 것이고, 그렇게 하지 않은 사람은 도달하지 못할 것입니다."

11 "그렇소, 나도 또한 책임이 없소. 열반이 있고 열반으로 가는 길도 있어 나는 길잡이로서 비구들에게 가르치고 훈계하였지만, 열반을 얻은 이도 있고 얻지 못한 이도 있소. 그러니 그것은 저마다의 행동에 달린 것이오. 나는 다만 길을 가리킬 뿐이고 그의 행동에 달린 것이오. 나는 다만 길을 가리킬 뿐이고 그의 행동을 보고 '마침내 번뇌가 다했다'고 인정할 따름이오."

12 수학자 목갈라나는 모든 의심이 풀렸다.
"부처님, 저는 알았습니다. 이제야 알았습니다. 저는 지금부터 부처님과 부처님의 가르침과 부처님의 승단에 귀의합니다. 원컨대 저를 받아 신도

제2편 초기 경전

가 되게 해 주십시오. 저는 오늘부터 이 몸이 다하도록 삼보에 귀의하겠습니다."

13 부처님의 말씀을 듣고 수학자 목갈라나와 비구들은 모두 기뻐하면서 받들어 행했다.

### 제3장 지혜와 자비의 말씀 ③

#### 1. 괴로움을 없애려면

1 부처님께서 기원정사에 계실 때 비구들에게 말씀하셨다. "내가 아직 깨달음을 이루지 못했을 때, 혼자 고요한 곳에 앉아 선정을 닦다가 생각했다. '세상은 괴로움에 빠져있다. 생·노·병·사가 있기 때문이다. 그런데도 중생들은 생·노·병·사와 그것이 의지하는 바를 알지 못한다.'

2 나는 또 생각했다. '무엇이 있어 생이 있고 무엇을 인연하여 생이 있는가?' 그러다가 참다운 지혜로써 알게 되었다. 존재가 있기 때문에 생이 있고, 존재를 인연하여 생이 있다.

3 그러면 무엇 때문에 존재가 있고, 무엇을 인연하여 존재가 있는가? 취가 있기 때문에 존재가 있으며, 취를 인연하여 존재가 있다.

4 취는 사물에 맛들이고 집착하여 돌아보고 생각하여 마음이 거기에 묶이면, 애욕이 더 자라게 된다. 욕망이 있기 때문에 취가 있고, 욕망을 인연하므로 취가 있다. 취를 인연하여 존재가 있고 존재를 인연하여 생이 있으며, 생을 인연하여 노·병·사와 걱정 근심과 괴로움이 있다.

5 이렇게 해서 큰 괴로움의 무더기가 모인다. 등불은 기름과 심지를 인연하여 켜지고 기름과 심지를 더하면 오래간다. 마찬가지다. 사물을 취하

고 맛들이고 집착하며 돌아보고 생각하면 욕망의 무더기가 자란다.

6 나는 또 생각했다. '무엇이 없어야 노·병·사가 없어질까?' 생이 없으면 노·병·사도 없을 것이다. 존재가 없으면 생도 없다. 취가 없으면 존재도 없을 것이다. 마찬가지로, 욕망을 떠나 마음을 돌아보거나 생각하지 아니하고 마음이 묶이지 않으면 욕망도 곧 없어질 것이다.

7 욕망이 없어지면 취가 없어지고, 취가 없어지면 존재가 없어지고, 존재가 없어지면 생이 없어지고, 노·병·사와 걱정 근심과 괴로움도 없어진다. 이렇게 해서 큰 괴로움의 무더기가 없어지는 것이다.

8 등불은 기름과 심지로 켜야 하므로 기름을 더하거나 심지를 돋우지 않으면 오래지 않아 꺼질 것이다. 마찬가지다. 모든 것이 덧없이 생멸하는 것을 살펴, 욕망을 끊어 버리고 집착하지 않으면 괴로움의 무더기도 없어질 것이다."

## 2. 너무 조이거나 늦추지 마라

1 부처님께서 라자그리하의 죽림정사에 계실 때였다.

2 소나 비구는 영취산에서 쉬지 않고 선정을 닦다가 이렇게 생각했다.

'부처님의 제자로서 정진하는 성문 중에 나도 포함된다. 그런데 나는 아직 번뇌를 끊어 내지 못했다. 애를 써도 도를 이루지 못하면 집에 돌아가 보시를 행하면서 복을 짓는 것이 낫지 않을까?'

3 부처님께서 소나의 마음을 살펴 아시고 한 비구를 시켜 불러오도록 하여 말씀하셨다.

"소나여, 너는 세속에 있을 때 거문고를 잘 탔다지?"

"네, 그랬습니다."

4 "네가 거문고를 탈 때 그 줄을 너무 조이면 어떻더냐?"

"소리가 잘 나지 않았습니다."

"줄을 너무 늦추었을 때는 어떻더냐?"

"그때도 잘 나지 않습니다. 줄을 너무 늦추거나 조이지 않고 잘 고르면 맑고 미묘한 소리가 납니다."

5 부처님께서는 소나를 기특하게 여기면서 말씀하셨다.

"너의 공부도 그와 같다. 정진할 때 너무 조급히 하면 들뜨게 되고 너무 느리면 게으르게 된다. 알맞게 하여 집착하지도 말고 방일하지도 말아라."

6 소나는 이때부터 부처님께서 말씀하신 거문고 타는 비유를 생각하면서 정진했다.

7 그는 오래지 않아 번뇌가 다하고 마음의 해탈을 얻어 아라한이 되었다.

8 소나는 기쁜 마음으로 부처님을 찾아가 뵈었다.

9 "부처님, 저는 부처님의 법 안에서 아라한이 되었습니다. 모든 번뇌를 끊고 할 일을 이미 마쳤으며 무거운 짐을 벗어 버렸습니다.

10 또 바른 지혜로써 욕심을 떠난 해탈, 성냄을 떠난 해탈, 멀리 벗어난 해탈, 애욕이 다한 해탈, 모든 취로부터의 해탈, 늘 생각하여 잊지 않는 해탈 등 여섯 가지 해탈을 얻었습니다.

11 부처님, 만약 조그마한 신심으로 '욕심을 떠나 해탈했다.'고 한다면 그것은 옳지 못합

니다. 탐욕과 성냄과 어리석음이 완전히 없어진 것을 '참으로 욕심을 떠난 해탈'이라고 합니다.

12 만약 어떤 사람이 사소한 계율을 지키는 것으로써 '나는 성냄에서 해탈했다.'고 한다면 그것도 옳지 못합니다. 탐욕과 성냄과 어리석음이 완전히 없어진 것을 '참으로 성냄을 떠난 해탈'이라고 합니다.

13 그리고 이양에서 멀리 벗어나려고 닦아 익힌 것으로써 '멀리 벗어나서 해탈했다.'라고 한다면 그것도 옳지 못합니다. 탐욕과 성냄과 어리석음이 완전히 없어진 것을 '참으로 멀리 벗어난 해탈'이라고 합니다.

14 이와 같이 탐욕과 성냄과 어리석음이 완전히 없어진 것을 가리켜 '애욕이 다한 해탈', '모든 취로부터의 해탈', '늘 생각하여 잊지 않는 해탈'이라고 합니다."

15 존자 소나가 이 법을 말하였을 때 부처님은 기뻐하셨고 수행자들도 환희에 젖었다.

16 소나가 그곳을 떠나자 부처님께서는 비구들에게 말씀하셨다.

"마음이 해탈한 사람은 마땅히 그와 같이 말해야 한다. 소나는 지혜로써 말했다. 그는 스스로를 추켜세우지도 않고 남을 낮추지도 않고 그 이치를 바로 말했다."

### 3. 법을 보는 이는 여래를 본다

1 부처님께서 라자그리하 밖 죽림정사에 계실 때였다.

2 왁깔리라는 비구가 라자그리하에 있는 어떤 도공의 집에서 앓고 있었다. 병이 날

로 위독해 회복하기 어려웠다.
3 그는 곁에서 간호하고 있는 수행자를 불러서 말했다.
"수행자시여, 미안하지만 부처님께서 계시는 죽림정사에 가서 부처님께 제 말을 전해 주었으면 고맙겠습니다. 내 병은 날로 더해 회복할 수 없을 것 같습니다. 마지막 소원으로 부처님을 한 번 뵙고 예배를 드렸으면 싶은데, 이 몸으로 죽림정사까지 갈 수가 없습니다. 이런 제 뜻을 부처님께 아뢰어 주십시오."
4 간호하던 수행자는 부처님을 찾아가 왁깔리의 소원을 전해 올렸다.
5 부처님께서는 그 길로 성 안에 있는 도공의 집으로 오셨다.
6 왁깔리는 부처님께서 오시는 것을 보자 자리에서 일어나려고 앓는 몸을 뒤척였다.
7 부처님께서 왁깔리의 머리맡에 앉아 뼈만 앙상하게 남은 그의 손을 잡고 일어나지 못하게 한 다음 말씀하셨다.
"왁깔리여, 그대로 누워 있거라. 일어날 것 없다. 병은 좀 어떠냐, 음식은 무얼 먹느냐?"
8 왁깔리는 가느다란 소리로 말했다.
"부처님이시여, 고통은 심하고 음식은 통 먹을 수가 없습니다. 병은 더하기만 하여 소생할 가망이 없습니다."
9 "왁깔리여, 너는 어떤 후회되는 일이나 원통하게 생각되는 일은 없느냐?"
"부처님이시여, 저는 적지 않은 후회와 원통하게 생각되는 일이 있었습니다. 그것은 다름이 아니라 죽기 전에 마지막으로 부처님을 찾아가 뵙고 예배를 드리고 싶었는데 몸을 움직일 수 없는 것이 후회되고 원통합니다."

10 이 말을 들은 부처님께서 정색을 하고 말씀하셨다.
"왁깔리여, 이 썩어질 몸뚱이를 보고 예배를 해서 어쩌자는 것이냐! 법을 보는 사람은 나를 보는 사람이요, 나를 보는 사람은 법을 보아야 한다. 그러므로 나를 보려거든 법을 보아라."

11 부처님께서는 또 이렇게 말씀하셨다.
"너는 신체를 영원한 것이라고 생각하느냐, 덧없는 것이라고 생각하느냐?"
"신체는 덧없는 것입니다."

12 "느낌과 생각과 의지 작용과 의식에 대해서는 어떻게 생각하느냐?"
"그것도 덧없는 것입니다."

13 "왁깔리여, 덧없는 존재는 괴로움이다. 괴로운 것은 주체가 없다. 또 덧없는 것에는 나와 내 것이라고 할 것이 없음을 알아야 한다. 이와 같이 봄으로써 내 제자들은 신체와 느낌과 생각과 의지 작용과 의식을 싫어하고 욕심을 떠나 해탈하고 해탈의 지혜가 생기는 것이다."

14 이 말씀을 듣고 왁깔리는 지혜의 눈을 떴다.

### 4. 복 짓는 사람

1 부처님께서 기원정사에서 많은 대중을 위해 법을 설하고 계실 때였다.

2 그 자리에는 아니룻다도 있었는데 그는 설법 도중 꾸벅꾸벅 졸고 있었다.

3 부처님께서는 설법이 끝난 뒤 아니룻다를 따로 불러 말씀하셨다.
"아니룻다여, 너는 어째서 집을 나와 도를 배우느냐?"
"생로병사와 근심 걱정의 괴로움이 싫어 그것을 버리려고 집을 나왔습니다."
"그런데 너는 설법을 하고 있는 자리에서 졸고 있으니 어떻게 된 일이냐?"

4 아니룻다는 자기 허물을 크게 뉘우치면서 부처님께 말씀을 올렸다.
"이제부터는 이 몸이 부서지는 한이 있더라도 다시는 부처님 앞에서 졸지 않겠습니다."

5 이때부터 아니룻다는 밤에도 자지 않고 뜬눈으로 정진하다가 마침내 눈병이 나고 말았다.

6 부처님께서 타이르셨다.
"아니룻다여, 너무 애쓰면 조바심과 어울리고 너무 게으르면 번뇌와 어울리게 된다. 너는 그 중간을 취하도록 하라."

7 그러나 아니룻다는 부처님 앞에서 졸지 않겠다고 맹세한 일을 상기하면서 타이름을 들으려고 하지 않았다.

8 아니룻다의 눈병이 날로 심해지는 것을 보시고 부처님께서는 의사 지와까에게 아니룻다를 치료해 주도록 당부하셨다.

9 아니룻다의 증세를 살펴본 지와까는 부처님께 말씀드렸다.
"아니룻다님이 잠을 좀 자면서 눈을 쉰다면 치료할 수 있겠습니다만, 통 눈을 붙이려고 하지 않으니 큰일입니다."

10 부처님께서 다시 아니룻다를 불러 말씀하셨다.
"아니룻다여, 잠을 좀 자거라. 중생의 육신은 먹지 않으면 죽는 법이다. 눈은 잠으로 먹이를 삼고, 귀는 소리로 먹이를 삼으며, 코는 냄새로, 혀는 맛으로, 몸은 감촉으로, 생각은 현상으로 먹이를 삼는다. 그리고 여래는 열반으로 먹이를 삼는다."

11 아니룻다는 부처님께 여쭈었다.
"그러면 열반은 무엇으로 먹이를 삼습니까?"
"열반은 게으르지 않는 것으로 먹이를 삼는다."

12 아니룻다는 끝내 고집을 버리지 않았다.
"부처님께서는 눈은 잠으로 먹이를 삼는다고 말씀하지만 저는 차마 잘 수 없습니다."

13 아니룻다의 눈은 마침내 앞을 볼 수 없게 되었다. 그러나 애써 정진한 끝에 마음의 눈이 열리게 되었다. 육안을 잃어버린 아니룻다의 일상생활은 말할 수 없이 불편했다.

14 어느 날 해진 옷을 깁기 위해 바늘귀를 꿰러 하였으나 꿸 수가 없었다. 그는 혼잣말로 중얼거렸다. '세상에서 복을 지으려는 사람은 나를 위해 바늘귀를 좀 꿰어 주었으면 좋겠네.'

15 이때 누군가 그의 손에서 바늘과 실을 받아 해진 옷을 기워 준 사람이 있었다.

16 그 사람이 부처님인 것을 알고 아니룻다는 깜짝 놀랐다.

17 "아니, 부처님께서는 그 위에 또 무슨 복을 지을 일이 있으십니까?"
"아니룻다여, 이 세상에서 복

## 제2편 초기 경전

을 지으려는 사람 중에 나보다 더한 사람은 없을 것이다. 왜냐하면 나는 여섯 가지 법에 만족할 줄 모르기 때문이다. 여섯 가지 법이란, 보시와 교훈과 인욕과 설법과 중생 제도와 더없는 바른 도를 구함이다."

18 아니룻다는 말했다.

"여래의 몸은 진실한 법의 몸이신데 다시 더 무슨 법을 구하려 하십니까? 여래께서는 이미 생사의 바다를 건너셨는데 더 지어야 할 복이 어디 있습니까?"

"그렇다, 아니룻다여. 네 말과 같다. 중생이 악의 근본인 몸과 말과 생각의 실행을 참으로 안다면 결코 삼악도에 떨어지지 않을 것이다.

19 그러나 중생은 그것을 모르기 때문에 나쁜 길에 떨어진다. 나는 그들을 위해 복을 지어야 한다. 이 세상의 모든 힘 중에서도 복의 힘은 가장 으뜸이니, 그 복의 힘으로 불도를 성취한다. 아니룻다여, 너도 이 여섯 가지 법을 얻도록 하라. 비구는 너와 같이 공부해야 한다."

### 5. 바다의 진리

1 부처님께서 사왓티의 녹야원에서 오백 명의 비구와 같이 계실 때였다.

2 그때 부처님께서는 바다를 좋아한다는 젊은이를 만나 물으셨다.

"바닷속에는 무슨 신기한 것이 있기에 너희들은 바다를 그렇게 좋아하느냐?"

3 젊은이는 대답했다.

"바닷속에는 여덟 가지 처음 보는 법이 있으므로 저희들은 거기서 즐깁니다.

4 첫째, 큰 바다는 매우 깊고 넓

습니다. 둘째, 바다에는 신비로운 덕이 있는데 네 개의 큰 강이 각각 오백의 작은 강과 합쳐서 바다로 들어가면 그것들은 본래의 이름을 잃어버립니다. 셋째, 바다는 모두 똑같은 한맛입니다. 넷째, 드나드는 조수가 그 때를 어기지 않습니다.

5 다섯째, 여러 중생들이 그 속에서 삽니다. 여섯째, 바다는 어떠한 것을 받아들일지라도 비좁아지지 않습니다. 일곱째, 바다에는 진주와 같은 여러 가지 진귀한 보석이 있습니다. 여덟째, 바다에는 금모래가 있고 네 가지 보배로 된 수미산이 있습니다. 여래의 법에는 어떤 것이 있기에 비구가 그 안에서 즐깁니까?"

6 "내게도 여덟 가지 처음 보는 법이 있어 비구가 그 안에서 즐기고 있다. 첫째, 내 법 안에는 계율이 갖추어져 있어 방일한 행이 없다. 그것은 저 바다처럼 매우 깊고 넓다.

7 둘째, 세상에는 네 가지 계급이 있지만 내 법 안에는 마치 네 개의 강이 바다에 들어가면 한맛이 되듯이 도를 배우게 되면 그들은 이전의 이름이 없어지는 것과 같다.

8 셋째, 정해진 계율에 따라 차례를 어기지 않는다.

9 넷째, 내 법은 결국 똑같은 한맛이니 팔정도가 그것이다.

10 다섯째, 내 법은 갖가지 미묘한 법으로 가득 차 있다. 바다에 여러 중생들이 사는 것처럼 비구는 그것을 보고 그 안에서 즐긴다.

11 여섯째, 바다에 온갖 보배가 있듯이 내 법에도 온갖 보배가 있다.

12 일곱째, 내 법 안에는 온갖 중생이 집을 떠나 머리를 깎고 법복을 입고 도를 닦아 열반에 든다. 그러나 내 법에는 더하고 덜함이 없다. 바다에 여러 강이 들어와도 더하고 덜함이 없는 것과 같다.

13 여덟째, 큰 바다 밑에 금모래가 깔려 있듯이 내 법에는 헤아릴 수 없는 갖가지 삼매가 있다. 비구는 그것을 알고 즐기는 것이다."

14 젊은이는 감탄했다.
"거룩하십니다, 부처님. 여래의 법 가운데 처음 보는 법들은 바다의 그것보다 백배 천배 뛰어나서 견줄 수가 없습니다. 그것은 바로 성인의 여덟 가지 길입니다."

15 부처님께서 그를 위해 차례로 법을 말씀하셨다. 보시를 하고 계율을 지키면 천상세계에 태어날 수 있다고 가르치셨고, 탐욕은 더럽고 번뇌는 큰 재앙이므로 그것을 벗어나는 것이 가장 훌륭하다고 가르치셨다. 그리고 그의 마음이 열리고 의심이 풀린 것을 보시고 괴로움과 그 원인과 없앰과 없애는 길 등의 네 가지 진리를 말씀하셨다.

## 6. 법다운 보시

1 라자그리하에 바드리까라는 부호가 있었다. 그는 재산이 주체할 수 없이 많으면서도 인색하고 욕심이 많아 남에게 조금도 베풀려고 하지 않았다.

2 과거에 지은 공덕을 까먹기만 하고 새로운 공덕을 쌓을 줄 몰랐다. 그는 어찌나 인색했던지 일곱 개의 문을 겹겹이 닫아 얻으러 오는 사람을 막았고, 그물을 쳐 새들이 뜰에 내려와 모이를 쪼아 먹는 것까

지 막았다.
3 어느 날 목갈라나, 까샤빠, 아니룻다 등이 모여 바드리까를 교화하기로 의논하고 그의 집으로 갔다.
4 이때 바드리까는 자기 방에서 혼자 맛있는 떡을 먹고 있었다.
5 그런데 뜻밖에 발우를 들고 나타난 아니룻다를 보고 놀랐다. 마음으로는 아주 못마땅했지만 아니룻다에게 남은 떡을 조금 주었다.
6 아니룻다가 돌아간 후에 그는 문지기를 불러 왜 사문을 들여놓았느냐고 꾸짖었다.
7 그러나 문지기는 문이 굳게 잠긴 것을 보고 그럴 리가 없다고 대답했다.
8 바드리까가 이번에는 구운 떡을 먹고 있을 때였다. 그때 불쑥 까샤빠가 그 앞에 나타났다.
9 그는 또 하는 수 없이 먹던 떡을 조금 떼어 주었다.
10 까샤빠가 돌아간 후 다시 문지기를 불러 꾸짖었지만 대답은 한결같았다. 어디로 들어왔는지 몰라 잔뜩 화가 난 그는 사문들이 요술을 부려 사람을 놀리는 것이라고 욕지거리를 했다.
11 그의 아내가 칫타 비구의 누이동생인데, 남편의 욕설을 듣고 말했다.
"그렇게 욕설하지 마세요. 당신은 두 수행자가 누구인지 아십니까? 먼저 분은 까뻴라의 드로노다나왕의 아들 아니룻다 수행자입니다. 그분은 깨달음을 얻어 부처님 제자 중에서도 천안통이 으뜸이라고 합니다.
12 또 한 수행자는 까뻴라 부호

의 외아들 까샤빠입니다. 그분은 뛰어난 미인을 아내로 맞았다가 함께 출가하여 검소한 생활을 함으로써 부처님께 두타제일이라고 칭찬받는 수행자입니다. 그와 같은 두 수행자가 우리 집에 오신 것은 다시없는 영광입니다."

13 "그 말을 들으니 언젠가 그 이름을 들은 것 같군."

하고 바드리까는 말했다. 이때 목갈라나는 쇠그물을 뚫고 공중에 뜬 채 가부좌를 하고 있었다.

14 바드리까는 놀랍고 두려워 이렇게 소리쳤다.

"너는 천신이냐, 귀신이냐, 중음신이냐, 야차냐?"

"천신도 아니요, 귀신도 건달바도 야차도 아니오. 나는 부처님의 제자 목갈라나이며 법을 설하기 위해 당신 앞에 나타난 것이오."

15 바드리까는 그가 사문이라는 말을 듣고 보시를 청하는 거지로 생각했다. 그리고 어떤 요구가 있더라도 거절하리라고 마음먹었다.

16 목갈라나는 법을 설했다.

"부처님께서는 법과 재물 두 가지 보시를 말씀하십니다. 정신 차려 잘 들으시오. 내 이제 법의 보시를 말하리라.

17 부처님께서는 다섯 가지로 이 법보시를 말씀하십니다. 첫째는 산목숨을 죽이지 않는 것, 둘째는 주지 않는 남의 물건을 갖지 않는 것, 셋째는 남의 아내를 범하지 않는 것, 넷째는 거짓을 말하지 않는 것, 다섯째는 술을 마시지 않는 것, 이 다섯 가지가 법의 보시입니다. 당신은 한평생 이 큰 보시를 지켜야 합니다."

18 바드리까는 다섯 가지 법보시가 자기에게 손해될 것 없음에 마음이 놓였다. 살생하지 않는 것은 쉬운 일이고, 자기는 부자이니 남의 것을 가질 필요가 없으며, 남의 아내를 범하지 않고 거짓말을 않는 것은 좋은 일이며, 더구나 술 마시지 말라니 그것은 돈을 모으는 요긴한 방법이라 더욱 좋은 일이라고 생각되었다.

19 부처님의 가르침이 이런 것이라면 즐겨 따르겠다고 맹세했다. 그래서 목갈라나를 청해 처음으로 공양을 내었다.

20 공양을 마친 뒤 다시 옷을 공양하기 위해 창고에 들어가 가장 허름한 천을 고르려고 했다. 그러나 이상하게도 손이 저절로 좋은 천으로만 옮겨져 집었다가 놓기를 수없이 되풀이했다.

21 이때 문득 목갈라나의 말소리가 들려왔다.
"남에게 베풀면서 마음과 싸우는 것은 어질고 착한 이로서는 차마 못할 일, 보시란 원래 싸움이 아니니 당신의 마음 내키는 대로 하시오."

22 바드리까는 이 소리를 듣자 자기 마음이 환히 드러나 보인 것을 부끄러워하며 좋은 천을 가져다 목갈라나에게 공양했다.

23 목갈라나는 옷감을 받고 그를 위해 다시 보시의 공덕에 대한 법을 설했다.

24 설법을 들은 바드리까는 비로소 마음의 눈이 활짝 열려 기뻤다. 그는 한평생 부처님의 신도가 되기를 맹세했다.

### 7. 피할 수 없는 죽음

1 부처님께서 사왓티의 기원정사에 계실 때였다.

2 어느 날 빠세나디왕은 나라

일로 성 밖에 나가 있었다. 그 때 왕의 어머니는 백 살에 가까운 나이로 오래전부터 병석에 누워 있었는데, 불행히도 왕이 나가고 없는 사이에 돌아가셨다.

3 지혜로운 신하 불사밀은 효성스런 왕이 이 불행한 소식을 들으면 얼마나 슬퍼할까 염려한 끝에 어떤 방편을 써서라도 왕의 슬픔을 덜어 주어야겠다고 생각했다.

4 그는 오백 마리의 코끼리와 말과 수레를 화려하게 장식하고 수많은 보물과 기녀들을 실은 뒤 만장을 앞세워 풍악을 울리면서 상여를 둘러싸고 성 밖으로 나갔다. 왕의 일행이 돌아오는 도중에 만날 수 있도록 하기 위해서였다.

5 왕은 호화로운 상여를 보고 마중 나온 불사밀에게 물었다.
"저것은 어떤 사람의 장례 행렬인가?"
"성안에 사는 어떤 부잣집 어머니가 돌아가셨답니다."

6 왕은 다시 물었다.
"저 코끼리와 말과 수레는 어디에 쓰려는 것인가?"
"그것들을 염라왕에게 바치고 죽은 어머니의 목숨을 대신하려고 한답니다."

7 왕은 웃으면서 말했다.
"어리석은 짓이다. 목숨이란 멈추게 할 수도 없지만 대신할 수도 없는 것. 한 번 악어의 입에 들어가면 구해 낼 수 없듯이, 염라왕의 손아귀에 들면 죽음은 면할 수 없다."

8 "그러면 여기 오백 명의 기녀들로 죽은 목숨을 대신하겠다는 요량입니다."
"기녀도 보물도 다 쓸데없는

짓이다."

"그러면 브라만의 주술과 덕이 높은 사문의 설법으로 구원하겠다고 합니다."

9 왕은 껄껄 웃으면서 말했다.
"다 어리석은 생각이다. 한 번 악어 입에 들어가면 나올 수 없는 것, 생이 있는데 어찌 죽음이 없겠는가. 부처님께서도 한 번 태어난 자는 반드시 죽는다고 말씀하셨거늘."

10 이때 불사밀은 왕 앞에 엎드려 말했다.
"대왕님, 말씀하신 바와 같이 모든 생명 있는 것은 반드시 다 죽는 법입니다. 너무 상심하지 마십시오. 태후께서 돌아가셨습니다."

11 왕은 이 말을 듣고 놀라며 깊은 한숨을 쉬었다. 왕은 한참을 말없이 있다가 입을 열었다.
"착하구나, 불사밀이여. 그대는 미묘한 방편으로 내 마음을 위로해 주는구나. 그대는 참으로 좋은 방편을 알고 있다."

12 빠세나디왕은 성으로 들어가 여러 가지 향과 꽃으로 돌아가신 어머니께 공양하고 나서 부처님이 계신 기원정사로 수레를 몰았다.

13 전에 없이 한낮에 찾아온 왕을 보고 부처님께서 물으셨다.
"이 대낮에 웬일이시오?"
"부처님, 저의 어머님이 돌아가셨습니다. 백 살에 가까운 어머님은 매우 노쇠했지만 저는 한결같이 공경해 왔습니다. 만약 이 왕의 자리로 어머님의 죽음과 바꿀 수 있다면, 저는 왕위뿐 아니라 거기에다 말과 수레와 보물과 이 나라까지도 내놓겠습니다."

14 부처님께서는 말씀하셨다.
"너무 슬퍼하지 마시오. 살아 있는 모든 목숨은 반드시 죽는 법입니다. 모든 것은 바뀌고 변하는 것, 아무리 변하지 않게 하려 해도 그렇게 될 수는 없소. 마치 질그릇은 그대로 구운 것이건 약을 발라 구운 것이건, 언젠가 한번은 부서지고 마는 것과 같소.

15 네 가지 두려움이 몸에 닥치면 그것은 막을 수 없는 것이오. 그 네 가지란, 늙음과 질병과 죽음과 무상이오. 이것은 그 어떤 힘으로도 막아낼 수 없소.

16 마치 큰 산이 무너져 사방에서 덮쳐누르면 아무리 발버둥쳐도 빠져나올 수 없는 것과 같소. 견고하지 못한 것은 아예 믿을 것이 못되오.

17 그러므로 법으로 다스려 교화하고 법 아닌 것을 쓰지 마시오. 법으로 다스려 교화하면 그 몸이 무너지고 목숨이 끝난 뒤에 천상에 태어나지만, 법 아닌 것으로 다스리면 죽은 뒤에는 지옥에 떨어질 것이오."

18 왕은 부처님께 말씀드렸다.
"참으로 그렇습니다. 부처님 말씀을 듣고 나니 여러 가지 슬픔과 근심이 사라집니다. 나라 일이 많으니 이만 물러가겠습니다."

19 빠세나디왕은 자리에서 일어나 부처님께 절하고 가벼운 마음으로 물러갔다.

### 7. 강물에 떠내려가는 통나무처럼

1 부처님께서 마가다 왕국에 머물고 계실 때, 많은 비구와 함께 강변으로 나가셨다.

2 때마침 강 한가운데 큰 통나무가 떠내려가는 것을 보고

말씀하셨다.

"저기 강물에 떠내려가는 통나무를 보아라. 만일 저 나무가 이쪽 기슭이나 저쪽 기슭에도 닿지 않고 중간에 가라앉지도 않고, 섬에 얹히지도 않으며, 사람에게 건져지거나 사람 아닌 것에 잡히지도 않으며, 물을 따라 돌아오거나 물 가운데서 썩지 않는다면, 저 나무는 결국 바다로 들어가 머물게 될 것이다. 왜냐하면 모든 강물은 바다로 들어가기 때문이다.

3  비구들이여, 너희들도 그와 같아서 만일 도의 강물 위에서 이쪽 기슭이나 저쪽 기슭에 닿지 않고, 중간에 가라앉거나 사람이나 사람 아닌 것에 잡히지 않고, 물을 따라 돌아오거나 썩지 않는다면, 열반의 바다에 들어가 머물게 될 것이다. 왜냐하면 바른 견해, 바른 생각, 바른 말, 바른 행위, 바른 생활, 바른 노력, 바른 기억, 바른 선정은 반드시 열반으로 이끌기 때문이다."

4  그때 난다라는 소 치는 사람이 멀리서 이 말씀을 듣고 부처님께 와서 여쭈었다.

"부처님, 저도 지금부터 그렇게 노력한다면 열반에 이르게 됩니까?"

"그렇다. 누구든지 그와 같이 하면 열반에 이르게 될 것이다."

"그러면 저도 사문이 되어 도 안에 있도록 허락해 주십시오."

5  "네가 맡아 있는 그 소를 주인에게 돌려준 뒤에라야 사문이 될 수 있다."

"이 소는 집에 있는 송아지를

생각하기 때문에 혼자서도 돌아갈 수 있을 것입니다. 그러니 부처님께서는 제가 사문이 되는 것을 허락해 주십시오."
"그 소는 혼자 갈 수도 있겠지만, 그래도 네가 끌고 가서 주인에게 돌려주어야 한다."

6 그러자 난다는 소를 돌려주고 와서 사문이 되었다. 사문이 된 난다는 부처님께 또 물었다.
"부처님, 양쪽 언덕은 무엇이며, 중간에 잠기고 섬에 얹히며 사람이나 사람 아닌 것에 잡힌다는 것은 무엇이며, 물을 따라 돌아오고 썩는다는 것은 무엇을 뜻합니까?"

7 부처님께서는 대답하셨다.
"이쪽 기슭이란 육신을 말하고, 저쪽 기슭이란 육신이 없어짐을 말한다. 중간에 가라앉음은 욕락에 빠지는 일이고, 섬에 얹힌다는 것은 교만을 가리킨다.

8 사람에게 잡힌다는 것은 비구가 재가신도와 사귀어 세속의 정을 같이함으로써 도를 닦는 마음을 타락하게 함이고, 사람 아닌 것에 잡힌다는 것은 비구가 천상에 나기 위해 수행하되 '이 계행과 이 고행에 의해 천상에 나리라'고 생각하는 것이다.

9 물을 따라 돌아옴이란 그릇된 의심이고, 썩는다는 것은 비구들이 성질이 악하고 계를 지키지 않으며, 착한 일에 용감하지 못하고 자기 허물을 덮어 놓으며, 청정한 수행자가 아니면서도 청정한 수행자인 체하는 것을 말한다."

### 제4장 성인의 길
#### 1. 비를 뿌리려거든
1 소 치는 다니야가 말했다.

제2편 초기 경전

"나도 이미 밥도 지었고 우유도 짜 놓았습니다. 마히 강변에서 처자와 살고 있습니다. 내 움막 지붕에는 이엉을 덮어 놓았고 집 안에는 불을 지펴 놓았습니다. 그러니 신이여, 비를 뿌리려거든 비를 뿌리소서."

2 부처님께서 말씀하셨다.
"나는 성내지 않고 마음의 두터운 미혹도 벗어 버렸다. 마히 강변에서 하룻밤을 쉬리라. 내 움막에는 아무것도 걸쳐 놓지 않았고 탐욕의 불은 남김없이 꺼 버렸다. 그러니 신이여, 비를 뿌리려거든 비를 뿌리소서."

3 소 치는 다니야가 말했다.
"모기나 쇠파리도 없고 소들은 늪에서 우거진 풀을 뜯어 먹으며 비가 와도 견뎌낼 것입니다. 그러니 신이여, 비를 뿌리려거든 비를 뿌리소서."

4 부처님께서 말씀하셨다.
"내 뗏목은 이미 잘 만들어졌다. 욕망의 거센 흐름에도 끄떡없이 건너 벌써 피안에 이르렀으니, 이제는 뗏목이 소용없다. 그러니 신이여, 비를 뿌리려거든 비를 뿌리소서."

5 소 치는 다니야가 말했다.
"내 아내는 착하고 허영심이 없습니다. 오래 함께 살아도 항상 내 마음에 듭니다. 그녀에게 어떤 나쁜 점도 없습니다. 그러니 신이여, 비를 뿌리려거든 비를 뿌리소서."

6 부처님께서 말씀하셨다.
"내 마음은 내게 순종하고 해탈해 있다. 오랜 수행으로 잘 다스려졌다. 내게는 그 어떤 나쁜 점도 없다. 그러니 신이여, 비를 뿌리려거든 비를 뿌

165

리소서."
7 소 치는 다니야가 말했다.
"나는 놀지 않고 내 힘으로 살아가고 있습니다. 내 아이들은 모두 다 건강합니다. 그들에게는 어떤 나쁜 점도 없습니다. 그러니 신이여, 비를 뿌리려거든 비를 뿌리소서."
8 부처님께서 말씀하셨다.
"나는 누구에게도 속하지 않는다. 스스로 도를 터득해서 온 누리를 거닌다. 남에게 속할 이유가 없다. 그러니 신이여, 비를 뿌리려거든 비를 뿌리소서."
9 소 치는 다니야가 말했다.
"소를 매놓은 말뚝은 땅에 박혀 흔들리지 않습니다. 새로 엮은 밧줄은 튼튼해서 소도 그것을 끊을 수 없을 것입니다. 그러니 신이여, 비를 뿌리려거든 비를 뿌리소서."
10 부처님께서 말씀하셨다.
"황소처럼 고삐를 끊고 코끼리처럼 냄새나는 넝쿨을 짓밟았으니, 나는 다시 인간의 모태에 들지 않을 것이다. 그러니 신이여, 비를 뿌리려거든 비를 뿌리소서."
11 이때 갑자기 검은 구름이 일어 폭우가 내리더니 골짜기와 언덕에 물이 넘쳤다.
12 쏟아지는 빗소리를 듣고 다니야는 이렇게 말했다.
"우리는 거룩한 스승을 만나 얻은 바가 참으로 큽니다. 눈이 있는 이여, 우리는 당신께 귀의하오니 스승이 되어 주소서. 위대한 성자시여, 아내도 저를 따라 행복한 분 곁에서 청정한 행을 닦겠습니다. 그러면 더 이상 생사의 윤회가 없는 피안에 이르러 이 고통에서 벗어나게 될 것입니다."

13 이때 악마 빠삐만이 말했다.
"자녀가 있는 이는 자녀 때문에 기뻐하고, 소를 가진 이는 소 때문에 기뻐한다. 사람은 소유에서 기쁨을 가진다. 소유하지 않는 사람은 기뻐할 일도 없다."

14 부처님께서 말씀하셨다.
"자녀가 있는 이는 자녀 때문에 괴롭고, 소를 가진 이는 소 때문에 괴롭다. 사람은 소유에서 괴로움을 가진다. 소유가 없는 사람은 괴로움도 없다."

### 2. 무소의 뿔처럼

1 "모든 살아 있는 것들에게 폭력을 쓰지 말고, 괴롭히지 말며, 자녀를 가지려 하지도 마라. 하물며 친구이랴. 무소의 뿔처럼 혼자서 가라.

2 가까이 사귄 사람끼리는 사랑과 그리움이 생긴다. 사랑과 그리움에는 괴로움이 따르게 마련이다. 좋아하는 마음에서 근심 걱정이 생기는 줄 알고, 무소의 뿔처럼 혼자서 가라.

3 친구를 좋아한 나머지 마음이 얽매이면 본래의 뜻을 잃는다. 가까이 사귀면 이런 우려가 있다는 것을 알고, 무소의 뿔처럼 혼자서 가라.

4 자식이나 아내에 대한 애착은 가지가 무성한 대나무가 서로 엉켜 있는 것과 같다. 죽순이 다른 것과 엉키지 않듯이, 무소의 뿔처럼 혼자서 가라.

5 숲속의 사슴이 먹이를 찾아 여기저기 다니듯, 지혜로운 사람은 홀로 있는 자유를 찾아, 무소의 뿔처럼 혼자서 가라.

6 동행이 있으면 머물거나 가거나 섰거나 먼 나그네 길까지도 항상 간섭을 받는다. 남들이 원치 않는 홀로 있는 자유를 찾아, 무소의 뿔처럼 혼자서 가라.

7 벗들과 어울리면 유희와 환락이 따른다. 또 그들에 대한 애정은 깊어만 간다. 사랑하는 사람과 헤어지는 게 싫다면, 무소의 뿔처럼 혼자서 가라.

8 사방으로 돌아다니지 말고, 남을 해치려 말고, 무엇이든 얻은 것으로 만족하고, 온갖 고난을 이겨 두려움 없이, 무소의 뿔처럼 혼자서 가라.

9 지혜롭고 성실하고 예의바르고 현명한 동반자를 얻었다면 어떠한 난관도 극복하리니, 기쁜 마음으로 생각을 가다듬고 그와 함께 가라. 그러나 그러한 동반자를 얻지 못했다면, 정복한 나라를 버리고 가는 왕과 같이, 무소의 뿔처럼 혼자서 가라.

10 우리는 참된 벗 얻기를 바란다. 자기보다 뛰어나거나 대등한 친구는 가까이 친해야 한다. 그러나 이런 친구를 만나지 못할 때는 허물을 짓지 말고, 무소의 뿔처럼 혼자서 가라.

11 애욕은 빛이 곱고 감미로우며 우리를 즐겁게 한다. 또 여러 가지 모양으로 우리의 마음을 어지럽힌다. 애욕의 대상에는 이러한 근심 걱정이 있는 줄 알고, 무소의 뿔처럼 혼자서 가라.

12 이것이 내게는 재앙이고 종기이고 재난이며, 질병이고 화살이며 공포다. 모든 애욕의 대상에는 이러한 두려움이 있는 줄 알고, 무소의 뿔처럼 혼자서 가라.

13 탐내지 말고 속이지 말며, 갈망하거나 남의 덕을 가리지도 마라. 혼탁과 미혹을 버리고 세상의 온갖 집착에서 벗어나, 무소의 뿔처럼 혼자서 가라.

14 의롭지 못한 것을 보고 그릇되고 굽은 것에 사로잡힌 나쁜 벗을 멀리하라. 탐욕에 빠져 게으른 사람을 가까이하지 말고, 무소의 뿔처럼 혼자서 가라.

15 널리 배워 진리를 아는, 생각이 깊고 현명한 이를 벗으로 사귀라. 그것이 이익 됨을 알고 의혹을 떠나, 무소의 뿔처럼 혼자서 가라.

16 세상의 놀이와 환락을 즐기지 말고 사치하지 마라. 허식을 버리고 진실을 말하면서, 무소의 뿔처럼 혼자서 가라.

17 홀로 앉아 선정에 들고, 모든 일을 하는 데 있어 이치와 법도에 맞도록 행동하라. 살아가는 데 무엇이 근심인지 똑똑히 알고, 무소의 뿔처럼 혼자서 가라.

18 소리에 놀라지 않는 사자와 같이, 그물에 걸리지 않는 바람과 같이, 무소의 뿔처럼 혼자서 가라."

### 3. 나도 갈고 뿌린 후에 먹는다

1 어느 때 부처님께서 마가다 왕국 남산에 있는 한 브라만촌에 머물고 계셨다.

2 브라만 바라드와자는 씨를 뿌리려고 밭을 가는 데에 오백 개의 쟁기를 소에 메었다.

3 부처님께서 발우를 들고 그의 집으로 가셨을 때 그는 마침 음식을 나누어 주고 있었다.

4 음식을 받기 위해 한쪽에 서 있는 부처님을 보고 바라드와자가 말했다.

"사문, 나는 밭을 갈고 씨를 뿌립니다. 밭을 갈고 씨를 뿌린 후에 먹습니다. 당신도 밭을 갈고 씨를 뿌리십시오."

5 부처님께서 말씀하셨다.
"브라만, 나도 밭을 갈고 씨를 뿌리오. 갈고 뿌린 다음에 먹소."

"그러나 우리는 지금까지 당신의 멍에나 호미 그리고 작대기나 소를 본 일이 없습니다. 그런데 당신은 어째서 나도 밭을 갈고 씨를 뿌린 다음에 먹는다고 하십니까? 당신이 밭을 간다는 것을 우리들이 알아듣도록 말씀해 주십시오."

6 "믿음은 종자요 고행은 비며, 지혜는 내 멍에와 호미요 부끄러움은 쟁기자루며, 의지는 잡아매는 줄이고 생각은 내 호미날과 작대기라오.

7 몸을 근신하고 말을 조심하며 음식을 절제하여 과식하지 않고 나는 진실로써 김을 매며, 온화한 성질은 내 멍에를 벗겨 주오.

8 노력은 내 황소, 나를 절대자유의 경지로 실어다 주오. 물러남 없이 앞으로 나아가 그곳에 이르면 근심 걱정이 사라지오.

9 내 밭갈이는 이렇게 이루어지고 감로의 열매를 가져옵니다. 이런 농사를 지으면 온갖 고뇌에서 풀려나게 되오."

10 이때 밭을 가는 브라만 바라드와자는 커다란 청동 발우에 우유죽을 하나 가득 담아 부처님께 올렸다.
"고따마께서는 우유죽을 드십시오. 당신이야말로 정말 밭을 가는 분입니다. 당신 고따마께서는 감로의 열매를 가져다주는 농사를 지으십니다."
11 그러나 부처님께서는 이를 사양하셨다.
"시를 읊어 얻은 것을 나는 먹을 수 없소. 이것은 바르게 보는 사람의 행동이 아니오. 눈뜬 사람들은 시를 읊어 생긴 것을 받지 않았소. 오로지 진리에 따르는 것이 눈뜬 사람들의 생활 방법이오. 번뇌의 때를 다 없애고 나쁜 행위를 소멸해 버린 사람에게는 다른 음식을 드리시오. 그것은 공덕을 바라는 이의 복밭이 될 것이오."
12 "그러면 고따마여, 이 우유죽은 누구에게 드려야 합니까?"
"신·인간·사문·브라만을 포함한 여러 중생 가운데서 완전한 사람과 그의 제자를 제외하고 이 우유죽을 먹고 소화시킬 사람은 아무도 없소. 그러니 이 우유죽일랑은 생물이 없는 물속에 버리시오."
13 바라드와자는 그 우유죽을 생물이 없는 물속에 쏟아 버렸다. 그런데 이 우유죽은 물속에 버려지자마자 부글부글 소리를 냈고 많은 거품이 끓어올랐다.
14 바라드와자는 모골이 송연하여 두려워 떨면서 부처님 곁에 다가섰다. 그리고 부처님 발밑에 꿇어앉아 말했다.
"놀라운 일입니다, 고따마여. 마치 넘어진 사람을 일으켜 주듯이, 덮인 것을 벗겨 주듯이, 길 잃은 이에게 길을 가르쳐 주듯이, 혹은 '눈이 있는 자 빛을 보라.' 하여 어둠 속에서 등불을 비춰 주듯이, 고따마께서는 여러 가지 방편으로 진리를 밝혀 주셨습니다.

15 "저는 고따마 당신께 귀의하고 고따마의 가르침과 승단에 귀의합니다. 저는 당신 곁에 출가하여 완전한 계율을 받겠습니다."

16 밭을 가는 바라드와자는 이렇게 해서 부처님 곁에 출가하여 완전한 계율을 받았다. 그 후 얼마 되지 않아 사람들을 멀리하고 홀로 부지런히 정진하여 마침내 더없이 청정한 수행의 궁극을 스스로 깨달았다. 그리하여 그는 성인의 한 사람이 되었다.

### 4. 천한 사람

1 불을 섬기는 한 브라만의 집에 성화가 켜지고 제물이 올려져 있었다.

2 부처님께서는 사왓티 거리에서 탁발하면서 그의 집 앞을 지나가셨다.

3 브라만은 부처님을 보자 소리쳤다.
"비렁뱅이 까까중아, 거기 섰거라. 천한 놈아, 거기 섰거라."

4 부처님께서 걸음을 멈추고 브라만에게 말씀하셨다.
"브라만이여, 당신은 어떤 사람이 천한지 아시오? 그리고 천한 사람을 만드는 조건이 무엇인지 알고 있소?"
"당신이 말해 보시오."

5 부처님께서 말씀하셨다.
"화를 잘 내고 원한을 품으며, 간사하고 악독해서 남의 미덕을 덮어 버리고 그릇된 소견으로 모함하는 사람, 그가 천한 사람이오. 생명을 해치고 동정심이 없는 사람, 그가 천한 사람이오.

6 시골과 도시를 파괴하여 독재자로서 널리 알려진 사람, 그

가 천한 사람이오. 마을에 살거나 숲에서 살거나 주지도 않는데 남의 것을 가지는 사람, 그가 천한 사람이오.

7 빚이 있어 돌려 달라고 독촉을 받으면 언제 빚을 졌느냐고 잡아떼는 사람, 그가 천한 사람이오. 얼마 안 되는 물건을 탐내어 행인을 살해하고 그 물건을 약탈하는 사람, 그가 천한 사람이오.

8 증인으로 불려 나갔을 때 자신이나 남을 위해 또는 재물 때문에 거짓으로 증언하는 사람, 그가 천한 사람이오. 폭력을 써서 혹은 서로 눈이 맞아 친척이나 친구의 아내와 놀아나는 사람, 그가 천한 사람이오.

9 가지고 있는 재물이 풍족하면서도 늙고 병든 부모를 섬기지 않는 사람, 그가 천한 사람이오. 부모나 형제자매 혹은 계모를 때리거나 욕하는 사람, 그가 천한 사람이오.

10 상대가 이익 되는 일을 물었을 때 불리하게 가르쳐 주거나 숨기는 일을 알리는 사람, 그가 천한 사람이오. 나쁜 일을 하면서 자기가 저지른 일을 숨기는 사람, 그가 천한 사람이오.

11 남의 집에 갔을 때는 융숭한 대접을 받았으면서 그쪽에서 손님으로 왔을 때는 예의로써 대하지 않는 사람, 그가 천한 사람이오. 브라만이나 사문 혹은 걸식하는 사람을 거짓말로 속이는 사람, 그가 천한 사람이오.

12 식사 때가 되었는데도 브라만이나 사문에게 욕하며 먹을 것을 주지 않는 사람, 그가 천한 사람이오. 세속적인 어리석음에 덮여 변변치 않은 물건을

탐하고 사실 아닌 것을 말하는 사람, 그가 천한 사람이오.

13 자기를 칭찬하고 남을 경멸하며 스스로의 교만 때문에 비겁해진 사람, 그가 천한 사람이오. 남을 괴롭히고 욕심이 많으며 나쁜 야심을 지녀 인색하고 덕도 없으면서 존경받으려 하며 부끄러움을 모르는 사람, 그가 천한 사람이오.

14 깨달은 사람을 비방하고 출가나 재가의 제자들을 헐뜯는 사람, 그가 천한 사람이오. 사실은 존경받지 못할 사람이 존경받을 사람이라 자부한다면 그는 이 세상의 도적이오. 그런 사람이야말로 가장 천한 사람이오.

15 내가 당신에게 말한 이와 같은 사람들은 참으로 천한 사람이오. 날 때부터 천한 사람이 되는 것도 아니고, 태어나면서부터 브라만이 되는 것도 아니오. 오로지 그 행동에 따라 천한 사람도 되고 브라만도 되는 것이오.

16 내가 다음에 실례를 들겠으니 내 말을 알아들으시오. 찬달라 출신의 백정으로 널리 알려진 사람이 있었소. 그는 얻기 어려운 최상의 명예를 얻었소. 많은 왕족과 브라만들이 그를 섬기려고 모여들었소.

17 그는 신들의 길, 더러운 티끌을 떨어 버린 성스러운 길에 들어 탐욕을 버리고 범천의 세계에 가게 되었소. 미천한 태생인 그가 범천의 세계에 태어나는 것을 아무도 막을 수 없었소.

18 웨다 독송자의 집에 태어나 웨다의 글귀에 친숙한 브라만들도 때로는 나쁜 행실에 빠지곤 하오. 이와 같이 되면 현세에서 비난받고 내세에는 나쁜 곳에 태어날 것이오.

19 신분이 높은 태생도 내세에 나쁜 곳에 태어나거나 현세에 비난받는 것을 막을 수는 없소.

20 날 때부터 천한 사람이 되는 것은 아니고, 날 때부터 브라만이 되는 것도 아니오. 오로지 그 행동에 의해 천한 사람도 되고 브라만도 되는 것이오."

21 이와 같이 말씀하셨을 때 불을 섬기는 브라만이 부처님께 말했다.

"훌륭하신 말씀입니다. 참으로 훌륭하신 말씀입니다. 마치 넘어진 사람을 일으켜 주듯이, 덮인 것을 벗겨 주듯이, 길 잃은 사람에게 길을 가르쳐 주듯이, 혹은 '눈 있는 자 빛을 보리라.' 하고 어둔 밤에 등불을 비춰 주듯이, 고따마께서는 여러 가지 방편으로 법을 밝혀 주셨습니다.

22 저는 고따마께 귀의합니다. 그리고 고따마의 가르침과 승단에 귀의합니다. 고따마께서는 저희들을 재가 수행자로서 받아 주십시오. 오늘부터 목숨이 다할 때까지 귀의하겠습니다."

### 5. 평안한 사람

1 "무엇을 보고 어떤 계율을 지키는 사람을 '평안하다'고 할 수 있습니까? 고따마여, 가장 훌륭한 사람을 제게 말씀해 주십시오."

2 부처님께서 대답하셨다.

"죽기 전에 집착을 떠나 과거에 얽매이지 않고, 현재에 대해서도 이것저것 생각하지 않는다면, 그는 미래에 대해서도 별로 걱정할 것이 없다.

3 그런 성인은 화내거나 두려워하지 않고, 우쭐거리지 않으며, 후회하지 않고, 주문을 외

거나 허둥거리지 않으며, 말을 삼간다.
4 미래를 원하지도 않고 과거를 추억하며 울적해 하지도 않는다. 감각에 닿는 모든 대상에서 멀리 떨어질 것을 생각하며, 어떤 견해에도 이끌리는 일이 없다.
5 탐욕에서 멀리 떠나 거짓이 없고 욕심내지 않으며, 인색하거나 거만하지 않고, 미움받지 않는다.
6 또한 그는 한 입으로 두 말 하지 않는다. 쾌락에 빠지지 않고 거만하지 않으며, 부드럽고 상냥하게 말하며, 잘못 믿는 일도 없고 버릴 욕심도 없다.
7 이익을 바라고 배우지 않는다. 이익이 없을지라도 성내지 않는다.
8 집착 때문에 남을 미워하지 않으며, 맛있는 음식을 탐내지도 않는다.
9 항상 평온해 바른 생각을 가지고 있으며, 남을 자기와 같다고도, 또 자기가 뛰어나다거나 못하다고 생각하지도 않는다.
10 그에게는 더 이상 번뇌의 불이 타오르지 않는다. 걸림이 없는 사람은 진리를 알아 걸림이 없는 것이다. 그에게는 삶에 대한 애착도, 생사를 끊어 없애려는 집착도 없다.
11 모든 욕망을 돌아보지 않는 사람이야말로 '평안한 사람'이라고 나는 말한다.
12 그는 더 이상 그 무엇에도 얽매이지 않고 이미 모든 집착을 뛰어넘었다. 그에게는 자식도 가축도 논밭도 주택도 없다. 이미 얻은 것도, 아직 얻지 못한 것도 그에게는 찾아볼 수 없다.

13 범부와 사문과 브라만들은 그를 비난하여 탐욕스럽다고 할지 모르지만, 그는 탐욕을 생각해 본 적이 없기 때문에 힐난을 많이 받아도 동요하지 않는다.

14 그 성인은 탐욕을 떠나 인색하지 않으며, '나는 뛰어나다'든가 '나는 동등하다'든가 '나는 뒤떨어진다'고 말하지 않는다. 그는 이런 식으로 분별하지 않기 때문에 그릇된 생각에 빠지지도 않는다.

15 그는 세상에서 가진 것이 없다. 그럼에도 무소유를 걱정하지 않는다. 그는 어떤 사물에도 이끌리지 않는다. 이와 같은 사람이야말로 참으로 '평안한 사람'이라 할 만하다."

### 6. 성인의 길

1 친한 데서 두려움이 생기고, 가정생활에서 더러운 때가 낀다. 친함도 멀리하고 가정생활도 하지 않는다면 그것이 바로 성인의 길이다.

2 이미 돋아난 번뇌의 싹을 잘라 버리고, 새로 심지 않으며, 지금 생긴 번뇌를 기르지 않는다면, 이 사람을 홀로 가는 성인이라 부른다.

3 그 위대한 선인은 절대평화의 경지에 도달한 것이다. 번뇌가 일어나는 근본을 헤아려 알고, 그것에 집착하는 마음을 기르지 않는다면, 그는 참으로 삶과 죽음을 뛰어넘은 절대평화의 세계를 바라보는 성인이다. 그는 망상 분별을 벗어나서 윤회하는 무리 속에 끼지 않는다.

4 성인은 모든 집착이 일어나는 곳을 알아 아무것도 바라지 않고, 탐욕을 떠나 욕심이 없다. 무엇을 따로 구하려 하지

도 않는다. 그는 이미 절대평화의 세계에 다다랐기 때문이다.
5 모든 것을 극복하고 온갖 것을 알며, 지극히 지혜롭고, 여러 가지 사물에 더럽혀지지 않으며, 모든 것을 버리고 집착을 끊어 해탈한 사람, 그분이야말로 성인임을 현자들은 안다.
6 지혜로운 힘이 있고 계율을 지키며, 마음을 집중하여 선정을 즐기고, 깊은 생각은 집착에서 벗어나 거칠지 않으며, 번뇌의 때가 묻지 않는 사람, 그분이야말로 성인임을 현자들은 안다.
7 성인은 홀로 걸어가고, 게으르지 않으며, 칭찬과 비난에도 흔들리지 않는다. 소리를 듣고도 무서워하지 않는 사자처럼, 그물에 걸리지 않는 바람처럼, 진흙에 더럽혀지지 않는 연꽃처럼 남에게 이끌리지 않고 남을 이끄는 사람, 그분이야말로 성인임을 현자들은 안다.
8 남들이 입에 침이 마르도록 칭찬하거나 욕을 하더라도 목욕하는 강가의 기둥처럼 태연하고 탐욕을 떠나 모든 감각을 잘 가라앉힌 사람, 그분이야말로 성인임을 현자들은 안다.
9 성행위를 하지 않고, 젊어서도 여자에게 집착하지 않으며, 교만하거나 게으르지 않고 속박에서 벗어난 사람, 그분이야말로 성인임을 현자들은 안다.
10 세상일에 달관하고 최고의 진리를 알며 거센 흐름을 헤치고 바다를 건넌 사람, 속박을 끊고 속박에 의존하지 않으며 욕정의 흐름을 아주 끊어 버린 사람, 그분이야말로 성인임을 현자들은 안다.
11 출가자와 재가자는 사는 곳과

생활양식이 사뭇 다르다. 재가자는 처를 부양하지만, 출가자는 계율을 잘 지켜 '내 것'이라는 집착이 없다. 재가자는 용서 없이 남의 목숨을 해칠 때가 있지만, 성인은 자제하여 산목숨을 보호한다.
12 이를테면, 하늘을 나는 공작새가 아무리 애를 써도 백조의 흰빛을 따를 수 없듯이, 재가자는 세속을 떠나 숲속에서 명상하는 수행승의 덕에는 미치지 못한다.

### 7. 인간의 육체

1 걷고 서며 앉고 누우며 혹은 구부리고 편다. 이것은 육체의 동작이다.
2 육체는 뼈와 힘줄로 이어져 있고 살갗으로 덮여 있어, 있는 그대로를 볼 수 없다.
3 육체의 내부는 내장으로 가득 차 있고 위장·간장·심장·폐장·신장·비장이 있다. 콧물·점액·피·담즙·지방이 있다.
4 또 아홉 구멍에서는 항상 더러운 것이 흘러나온다. 눈에서는 눈곱, 귀에서는 귀지, 코에서는 콧물, 입에서는 침과 가래, 온몸에서는 땀과 때가 나온다. 또 머리의 빈 곳은 뇌수로 가득 차 있다.
5 어리석은 사람들은 무명에 이끌려 이런 육신을 깨끗한 것으로 착각한다. 죽어서 쓰러지면 몸은 띵띵 부어 검푸르게 되고 무덤에 버려져 친척도 돌보지 않는다. 개·여우·늑대·벌레들이 파먹고 까마귀나 독수리가 쪼아 먹는다.
6 지혜로운 수행자는 깨달은 사람의 말씀을 듣고 그것을 완전히 이해한다. 그는 있는 그대로를 보기 때문이다.

7 '저 죽은 시체도 살아 있는 이 몸뚱이와 같은 것이고, 살아 있는 이 몸뚱이도 언젠가는 죽은 저 시체처럼 될 것이다.' 이와 같이 꿰뚫어 알고 안팎으로 몸에 대한 집착에서 벗어나야 한다.

8 이 세상에서 육체의 욕망을 떠난 지혜로운 수행자는 죽음을 거치지 않고 평안하고 멸하지 않는 열반의 경지에 도달한다.

9 인간의 육체는 깨끗하지 않고 악취를 풍기며, 온갖 오물이 가득 차 여기저기서 흘러나온다.

10 육체를 가지고 있으면서 스스로 잘난 체하고 남을 업신여긴다면 그는 눈먼 소경이 아니고 무엇이겠는가.

11 동굴 속에 머물러 집착하고 온갖 번뇌에 덮여 미망에 빠져 있는 사람은 집착에서 벗어날 수 없다. 이 세상 욕망을 버리기란 참으로 어렵기 때문이다.

12 욕망에 따라 쾌락에 붙잡힌 사람은 해탈하기 어렵다. 남이 해탈시켜 줄 수 없기 때문이다.

13 그들은 미래와 과거를 생각하면서 현재의 욕망에 집착한다. 그들은 욕망을 탐하고 깨끗하지 못한 것을 가까이하다가 죽을 때에는 '여기서 죽으면 나는 어떻게 될까' 하고 후회한다.

14 무엇인가를 내 것이노라고 집착하면서 마음 흔들리고 있는 사람들을 보라. 그들의 모습은 메마른 개울에서 허덕이는 물고기와 같다.

15 지혜로운 수행자는 양극단에 대한 욕망을 억제하고 감각기관과 대상의 접촉을 잘 알아 탐하지 않는다. 자기 스스로 비난할 나쁜 짓은 하지 않으며, 보고 듣는 일에 한눈팔지 않는다.

16 생각을 정리해 강을 건너라. 지혜로운 수행자는 집착에 물들지 않으며, 번뇌의 화살을 뽑고 부지런히 정진하여 이 세상도 저 세상도 바라지 않는다.

### 8. 출가는 안온한 길

1 눈이 있는 사람은 어째서 출가를 했는지, 그분은 무엇을 생각한 끝에 출가를 기뻐했는지, 그분의 출가에 대해서 나는 이야기하리라.

2 '집에서 사는 것은 비좁고 번거로우며 먼지가 쌓이는 생활이다. 그러나 출가는 넓은 들판이며 번거로움이 없다.'고 생각해 출가한 것이다.

3 출가한 다음에는 악한 행위를 하지 않고 입으로 저지르는 나쁜 짓도 버리고 아주 깨끗한 생활을 했다.

4 눈뜬 사람은 마가다의 수도, 산으로 둘러싸인 라자그리하로 갔다. 뛰어난 모습을 지닌 그는 탁발하기 위해 그곳으로 간 것이다.

5 마가다의 빔비사라왕은 높은 누각 위에서 그를 보았다.

6 뛰어난 모습을 가진 그를 보고 신하들에게 말했다.
"그대들은 저 사람을 보아라. 아름답고 건강하고 깨끗할 뿐 아니라, 행동도 의젓하게 앞만을 본다. 그는 눈을 아래로 뜨고 정신을 한군데로 모으고 있다. 저 사람은 천한 집 출신이 아닌 것 같다. 누가 뛰어가 그를 따라가 보아라. 저 수행자는 어디로 가는가."

7 왕의 신하들은 그의 뒤를 따라가면서 '저 수행자는 어디로 가는 것일까, 그는 어디에 사는 것일까?' 하고 생각했

다.
8 그는 모든 감각기관을 억제하여 잘 지키고 생각하면서 집집마다 음식을 빌어 잠깐 동안에 발우를 채웠다.
9 거룩한 분은 탁발을 끝내고 성 밖으로 나와 빤다와산으로 향했다. 아마 그는 거기에 살고 있는 모양이었다.
10 고따마가 자기 처소에 가까이 이른 것을 보자 신하들은 그에게로 가까이 다가갔고 한 신하는 왕궁으로 돌아가 왕에게 아뢰었다.
"대왕님, 그 수행자는 빤다와산 앞쪽에 있는 굴속에 호랑이나 황소처럼, 혹은 사자처럼 의젓하게 앉아 있습니다."
11 신하의 말을 듣고 빔비사라왕은 화려한 수레를 타고 빤다와산으로 길을 재촉했다.
12 왕은 수레로 갈 수 있는 데까지 달려간 뒤 수레에서 내려 걸어서 산을 올라가 고따마의 곁에 이르렀다.
13 왕은 기쁜 마음으로 인사를 드린 뒤 이렇게 말했다.
"당신은 젊음이 넘치는 인생의 봄입니다. 용모도 빼어나고, 앉고 걷는 모습 또한 존귀하니 분명 왕족 태생인 것 같습니다. 나는 코끼리 떼를 앞세운 날쌘 군대를 정비해서 당신께 선물로 드리고 싶습니다. 그리고 당신의 태생을 알고 싶습니다. 말씀해 주십시오."
14 "왕이시여, 저쪽 히말라야 중턱에 한 종족이 있습니다. 예부터 꼬살라의 주민으로 부와 용기를 갖추고 있습니다. 성은 '태양의 후예'라 하고, 종족은 샤꺄족이라 합니

다.

15 왕이여, 나는 그런 집안에서 출가했습니다. 욕망을 채우기 위해서가 아닙니다. 모든 욕망에는 근심이 있으나, 출가는 평화롭다는 것을 알아 힘써 정진합니다. 내 마음은 이것을 즐기고 있습니다."

### 9. 번뇌의 화살

1 사람의 목숨은 얼마를 살지 알 수 없다. 삶은 비참하고, 짧고, 고뇌로 엉켜 있다. 태어나면 죽음을 피할 길이 없으며 늙으면 죽음이 온다. 생이 있는 자의 운명은 이런 것이다. 익은 과일은 빨리 떨어질 위험이 있듯이 태어난 자는 죽지 않으면 안 된다.

2 그들에게는 항상 죽음의 두려움이 따른다. 옹기장이가 만든 질그릇이 마침내는 모두 깨어지고 말듯이, 사람의 목숨도 그와 같다.

3 젊은이도 장년도, 어리석은 이도 지혜로운 이도, 죽음 앞에는 모두 굴복하고 만다. 모든 사람은 반드시 죽는다.

4 그들은 죽음에 붙잡혀 저세상으로 가지만, 아비도 그 자식을 구하지 못하고 친척도 그 친척을 저세상에서 구해 낼 수 없다.

5 보라, 친척들이 애타는 마음으로 지켜보고 있지만 사람은 도살장으로 끌려가는 소처럼 사라져 간다. 세상 사람들은 늙고 죽어, 이렇게 고통을 받는다.

6 그러나 슬기로운 이는 세상의 참모습을 알고 슬퍼하지 않는다.

7 그대는 온 사람의 길을 모르고, 간 사람의 길도 모른다. 그대는 생과 사의 두 끝을 보

8 어리석음에 붙들려 자기 몸을 해치는 사람이 울고불고 해서 이로움이 생긴다면 현자들도 그렇게 할 것이다. 울고 슬퍼하는 것으로는 마음의 평안을 얻을 수 없다. 괴로움만 깊어지고 몸만 여윌 뿐이다.

9 괴로워할수록 몸은 여위고 추하게 된다. 그렇다고 해서 죽은 사람이 살아나는 것도 아니지 않은가. 울며 슬퍼하는 것은 아무 이득도 없다.

10 슬픔을 버리지 않는 사람은 점점 더 괴롭다. 죽은 사람 때문에 울면 슬픔에 더욱 사로잡힌다. 자신이 지은 업으로 인해 죽어 가는 사람을 보라. 모든 살아 있는 자는 죽음에 붙잡혀 떨고 있지 않은가.

11 사람들이 어떤 것을 희망한다 해도 결과는 다르게 나타난다. 기대에 어긋나는 것도 이와 같다.

12 보라, 세상의 저 모습을! 사람이 백 년을 살거나 그 이상을 산다 할지라도 마침내는 친족들을 떠나 이 세상의 목숨을 버리게 된다.

13 그러므로 존경하는 사람의 말씀을 듣고, 죽은 사람을 보았을 때에는 '그는 이미 내 힘이 미치지 못하게 되었구나.'라고 깨달아, 슬퍼하거나 탄식하지 마라.

14 집에 불이 난 것을 물로 끄는 것처럼, 지혜로운 사람은 걱정이 생기면 이내 지워 버린다.

15 마치 바람이 솜을 날려 버리듯, 진정한 즐거움을 구하는 사람은 슬픔과 욕심과 걱정을 날려 버려라.

16 자기 번뇌의 화살을 뽑아라. 번뇌의 화살을 뽑아 버리고 마음의 평안을 얻는다면, 모든 걱정을 초월하고 근심 없는 자, 절대평화의 세계에 들어간 자가 될 것이다.

### 10. 흔들리는 평안

1 마음으로부터 화를 내고 남을 비방하는 사람이 있다. 또한 마음이 진실한 사람이라도 남을 비방하곤 한다.

2 그러나 성인은 자기를 비방하는 말에 흔들리지 않고 어떤 일에도 마음이 거칠어지지 않는다. 욕심에 끌리고 소망에 붙들린 사람이 어떻게 자기의 생각을 뛰어넘을 수 있을까.

3 그는 자신이 옳다고 생각하는 대로 행동하고 또 아는 대로 떠들어 댈 것이다. 누가 묻지도 않는데 남에게 자기의 계율과 도덕을 자랑하는 사람, 스스로 자기 일을 떠들고 다니는 사람, 진리에 도달한 사람들은 그를 가리켜 거룩한 진리를 갖지 못한 사람이라고 말한다.

4 마음이 평안하고 안정된 수행자가 계율에 대해서, 나는 이렇게 하고 있노라 하면서 뽐내지 않고, 이 세상 어디에 있더라도 번뇌에 불타지 않는다면, 그는 거룩한 진리를 지닌 사람이라고 진리에 도달한 사람들은 말한다.

5 때 묻은 교법을 미리 만들어 놓고 거기에 치우쳐서, 자기 안에서만 훌륭한 열매를 보는 사람은 '흔들리는 평안'에 기대고 있는 것이다.

6 모든 사물의 본질을 확실히 알고 자기의 생각에 집착하지 않는 것은 쉬운 일이 아니다. 그

제2편 초기 경전

래서 사람들은 자기만의 좁은 소견의 울타리 안에 갇혀 집착하면서 진리를 등지게 된다.

7 사악함을 물리친 사람은 이 세상 어디를 가든 모든 살아 있는 것에 대해 편견이 없다.

8 그가 허위와 교만을 버렸거늘 어찌 윤회에 떨어질 것인가. 그에게는 이미 의지할 것도, 가까이할 것도 없다.

9 모든 일에 기대고 의지하는 사람은 비난을 받는다. 그러나 기대고 의지함이 없는 사람을 어떻게 비난할 수 있겠는가.

10 그는 집착하지도 않고 버리지도 않는다. 그는 이 세상에서 모든 편견을 없애 버린 것이다.

### 11. 무엇이 최고인가

1 세상 사람들이 훌륭하다고 보는 것들은 '으뜸가는 것'이라 생각하고, 그 밖에 다른 것들은 모두 '뒤떨어졌다'고 생각하는 사람이 있다. 이런 사람은 여러 가지 논쟁을 뛰어넘을 수 없다.

2 그는 본 것, 배운 것, 계율이나 도덕, 사색한 것에 대해 스스로 결론을 내리고 그것에만 집착한다. 그 밖의 것은 뒤떨어진 것으로 안다.

3 사람이 어떤 한 가지만 중요하다고 여긴 나머지 그 밖의 다른 것은 하잘것없다고 본다면, 그것은 커다란 장애라고 진리에 도달한 사람들은 말한다.

4 그렇기 때문에 수행자는 본 것, 배운 것, 사색한 것, 또는 계율이나 도덕에 구애를 받아서는 안 된다. 지혜에 대해서나 계율이나 도덕에 대해서도 편견을 가져서는 안 된다. 자기를 남과 동등하다거나 남보다 못하다거나 또는 뛰어나다고 생각해서도 안 된다.

5 진리에 도달한 사람은 이미 가지고 있던 견해를 버리고 집착하지 않으며 지혜에도 특별히 의존하지 않는다.

6 그는 여러 가지 다른 견해로 분열된 사람들 사이에 있으면서도 어느 한쪽을 따르는 일이 없고, 어떤 견해일지라도 그대로 믿는 일이 없다. 그는 양극단에 대해서, 여러 생존에 대해서, 이 세상에 대해서나 저 세상에 대해서도 원하는 바가 없다.

7 모든 사물에 대해 단정하는 편견이 그에게는 조금도 없다. 그는 이 세상에서 본 것, 배운 것 또는 사색한 것에 대해서 티끌만 한 편견도 갖지 않는다. 어떠한 견해에도 집착하지 않는 사람이 어찌 이 세상에서 그릇된 생각을 하겠는가.

8 그는 그릇된 생각을 하지 않고, 어느 한 견해만을 특별히 존중하지도 않는다. 그는 모든 가르침을 원하지도 않고 계율이나 도덕에 매이지도 않는다. 이러한 사람은 피안에 이르러 다시는 이 세상에 돌아오지 않는다.

## 12. 연꽃처럼

1 아, 짧도다. 인간의 생명이여, 백 살도 못 되어 죽어 버리고 마는가.
아무리 오래 산다 해도 결국은 늙어서 죽는 것을.

2 사람들은 '내 것'이라고 집착하는 물건 때문에 근심한다. 자기가 소유한 것은 영원하지 않기 때문이다.

3 이 세상 모든 것은 변하고 없어진다는 것을 알아, 집22에 머물지 마라.

4 '이것은 내 것'이라고 생각하

는 물건이 있다면, 그것은 그 사람이 죽으면 저절로 잃게 된다. 이를테면, 눈을 뜬 사람이 꿈속에서 만난 사람을 다시 볼 수 없듯이, 사랑하는 사람이 죽어 이 세상을 떠나면 다시는 만날 수 없다.

5 나를 따르는 사람은 현명하게 이 이치를 깨닫고, 내 것이라는 관념에 사로잡히지 마라. 권세가 있던 사람도 한 번 죽은 후에는 그 이름만 남을 뿐이다.

6 내 것이라고 집착하여 욕심 부리는 사람은 걱정과 슬픔과 인색함을 버리지 못한다. 그러므로 평안을 얻은 성인들은 무소유의 삶을 살기 위해 떠난 것이다.

7 세속에서 물러난 청정 수행자는 멀리 떨어진 곳을 즐겨 찾는다. 그가 생사의 굴레 속에 자기를 집어넣지 않는다면, 그것은 그에게 어울리는 일이다.

8 성인은 아무것에도 매이지 않고, 사랑하거나 미워하지 않는다. 또 슬픔도 인색함도 그를 더럽히지 못한다.

9 연꽃잎에 물방울이 묻지 않듯이, 성인은 보고 배우고 사색한 어떤 것에도 더럽혀지지 않는다.

10 사악함을 털어 버린 사람은 보고 배우고 생각한 어떤 것에도 집착하지 않는다. 그는 다른 것에 기대어 깨끗해지려고 하지 않는다. 그는 탐내지 않고 탐욕에서 떠나려 하지도 않는다.

### 13. 수행자

1 "태양의 후예이신 위대한 선인께 묻겠습니다. 수행자는 어떻게 하면 세상에 집착하지 않고 평안에 들 수 있습니까?"

2 스승께서 대답하셨다. "'나는 존재한다.'는 의식을 모두 잘라 버리고, 내 안에 도사리고 있는 온갖 집착까지도 눌러 버리도록 항상 열심히 배우라. 안으로든 밖으로든, 진리를 알기 위해 노력하라.
3 그렇다고 마음이 교만해져서는 안 된다. 진리에 도달한 사람은 그것을 평안이라고 하지 않는다.
4 이로 말미암아 '나는 뛰어나다.'든가 '나는 뒤떨어진다.'든가 혹은 '나는 대등하다.'고 생각해서는 안 된다. 여러 가지 질문을 받더라도 자기가 잘났다고 망령되이 생각하지 마라.
5 수행자는 마음이 평안해야 한다. 밖에서 고요함을 찾지 마라. 안으로 평안하게 된 사람은 고집할 것이 없다. 하물며 버릴 것이 있으랴. 깊은 바닷속이 파도가 일지 않아 잔잔한 것처럼, 고요히 멎어 움직이지 마라. 수행자는 어떤 욕심도 내서는 안 된다."
6 "눈을 뜨신 분께서는 몸소 체험하신 위험과 재난을 극복하는 방법에 대해서 말씀해 주십시오. 바른 길을 일러 주십시오. 계율이나 정신을 안정시키는 방법도 함께 말씀해 주십시오."
7 "눈에 보이는 것을 탐내지 마라. 저속한 이야기에 귀 기울이지 마라. 맛에 탐닉하지 마라. 세상에 어떤 것도 내 것이라고 고집하지 마라.
8 고통을 겪을 때도 수행자는 결코 비탄에 빠져서는 안 된다. 생존에 집착해서는 안 된다. 무서운 것을 만났을 때도 두려워해서는 안 된다.
9 음식이나 옷을 얻더라도 너무

많아서는 안 된다. 또 그런 것을 얻을 수 없다 해서 걱정해서도 안 된다.

10 마음을 안정시켜라. 흔들려서는 안 된다. 후회하지 마라. 게으르지 마라.

11 그리고 수행자는 한가하고 고요한 앉을 자리와 누울 곳에서 살아야 한다.

12 잠을 많이 자서는 안 된다. 부지런하고 늘 깨어 있어야 한다.

13 게으름과 거짓으로 수다와 이성 간의 교제와 겉치레를 버려라. 내 제자들은 아타르와 웨다의 주문이나 해몽·관상·점을 쳐서는 안 된다.

14 수행자는 비난을 받더라도 두려워 말고, 칭찬을 받더라도 우쭐거려서는 안 된다. 탐욕과 인색과 성냄과 욕설을 멀리해야 한다.

15 수행자는 장사를 해서는 안 된다. 결코 남을 비방해서도 안 되고 세상 사람들과 가까이 사귀어서도 안 된다. 이익 때문에 사람들을 만나서는 안 된다.

16 또 수행자는 거만해서는 안 된다. 자기의 이익을 위해 말을 꾸며서도 안 된다. 오만불손하거나 불화를 가져올 말을 해서도 안 된다. 거짓말을 피하라. 남을 속이지 않도록 하라.

17 그리고 생활에 대해서나 지혜에 대해서, 혹은 계율이나 도덕에 대해서 자기가 남보다 뛰어나다고 생각해서는 안 된다.

18 출가 수행자는 말 많은 세속인들한테서 욕을 먹거나 불쾌한 말을 듣더라도 거친 말로 대꾸해서는 안 된다. 진정한 수행자는 적대적인 대답을 하

지 않는다.
19 수행자는 이 이치를 알아, 깊이 생각하고 늘 조심해서 배우라. 모든 번뇌가 소멸된 상태가 '평안'임을 알고, 여래의 가르침에 게으르지 말고 항상 예배하고 따라 배우라."

### 제5장 진리의 여울
#### 1. 잠 못 드는 사람에게
1 원망으로 원망을 갚으면
 원망은 끝내 사라지지 않는다.
 오직 참아야만 원망은 사라지나니
 이 법은 영원히 변치 않으리.
2 마음에 모진 생각 버리지 못하고
 욕심에 따라 치달리면서
 스스로 자기를 다스리지 못하면
 그에게는 법의가 알맞지 않다.
3 진실을 거짓으로 생각하고
 거짓을 진실로 생각하면
 이것은 끝내 그릇된 소견
 그에게는 부질없는 망상만 따른다.
4 그러나 진실을 진실인 줄 알고
 거짓을 보고 거짓인 줄 알면
 이것은 떳떳하고 올바른 이해
 그는 반드시 진리에 도달하리.
5 지붕을 성글게 이어 놓으면
 비가 내릴 때 빗물이 새듯이
 마음을 조심해 간직하지 않으면
 탐욕은 곧 이것을 뚫고 만다.
6 경전을 아무리 많이 외워도
 실행하지 못하는 게으른 사람은

남의 소를 세는 목동과 같아
사문의 보람을 얻기 어렵다.
7 마음은 고요히 머물지 않고
끊임없이 변화하여 그침이 없
다.
어진 이는 이것을 바로 깨달
아
악을 돌이켜 복을 만든다.
8 아아, 이 몸은 오래지 않아
다시 흙으로 돌아가리라.
정신이 한번 몸을 떠나면
해골만 땅 위에 버려지리라.
9 원수가 하는 일이 어떻다 해
도
적들이 하는 일이 어떻다 해
도
거짓으로 향하는 나의 마음이
내게 짓는 해독보다는 못하
리.
10 부모 형제가 어떻다 해도
친척들 하는 일이 어떻다 해
도
정직으로 향하는 나의 마음
이
내게 짓는 행복보다는 못하
리.
11 아름다운 꽃을 따서 모으기
에만
정신이 팔려 있는 그 사람을
죽음은 삽시간에 잡아가리라.
홍수가 잠든 마을 휩쓸어 가
듯.
12 보기에는 예쁘고 사랑스런 꽃
이
빛깔만 곱고 향기가 없듯
아무리 훌륭하고 아름다운
말도
행하지 않으면 보람이 없네.
13 여러 가지 고운 꽃을 한데 모
아서
보기 좋은 꽃다발을 만들어
내듯
사람도 착한 일을 모아 쌓으
면

다음 세상 좋은 복을 받는다.
14 계율을 빈틈없이 갖추어 이루고
행실이 방일하지 않은 곳에서
바르게 알고 해탈한 사람에게
악마는 그 틈을 타지 못한다.
15 잠 못 드는 사람에게 밤은 길고
피곤한 나그네에게 길이 멀듯이
진리를 모르는 어리석은 이에게
생사의 밤길은 길고도 멀어라.
16 나보다 나을 것 없고
내게 알맞은 길동무 없거든
차라리 혼자서 갈지언정
어리석은 사람과 길동무 되지 마라.
17 내 아들이다 내 재산이다 하여
어리석은 사람은 괴로워 허덕인다.
나의 '나'가 이미 없거니
누구의 아들이며 누구의 재산인가.
18 어리석은 사람이 어리석다고
스스로 생각하면 벌써 어진 것이다.
어리석은 사람이 어질다 생각하면
그야말로 어리석은 바보일 뿐.
19 어리석은 사람은 한평생 다하도록
어진 사람을 가까이 섬기어도
참다운 진리를 알지 못한다.
숟가락이 국맛을 모르듯이.
20 지혜로운 사람은 잠깐만이라도
어진 사람을 가까이 섬기면
곧 참된 진리를 바로 안다.
마치 혀가 국맛을 알듯이.

## 2. 무엇을 웃고 무엇을 기뻐하리

1  그릇된 죄가 채 익기 전에는
어리석은 사람에게 꿀맛과 같다.
그러나 그 죄가 무르익으면
그는 비로소 괴로움에 신음한다.

2  금세 짜낸 소젖이 상하지 않듯
재에 덮인 불씨가 그대로 있듯
지은 업이 당장에는 아니 보이나
그늘에 숨어서 그를 따른다.

3  활 만드는 사람은 화살을 다루고
물 대는 사람은 물을 끌어들이며
목수는 언제나 나무를 깎고 다듬나니
이처럼 지혜로운 이는 자기를 다룬다.

4  아무리 비바람이 때린다 할지라도
반석은 흔들리지 않는 것처럼
어진 사람은 뜻이 굳세어
비방과 칭찬에도 움직이지 않는다.

5  깊은 못은 맑고 고요해
물결에 흐리지 않는 것처럼
지혜로운 사람은 진리를 듣고
그 마음 즐겁고 편안하여라.

6  전쟁에서 수천의 적과
단신으로 싸워 이기기보다
하나의 자기를 이기는 사람
그는 참으로 으뜸가는 용사다.

7  한 달에 천 번씩 제사를 지내
목숨이 다하도록 쉬지 않을지라도
오로지 한마음으로 진리를 생각하는
잠깐 동안의 공덕에 이르지 못한다.

## 제2편 초기 경전

8 비록 사람이 백 년을 산다 해도
  간교한 지식이 어지러이 날뛰면
  지혜를 갖추고 조용히 생각하며
  하루를 사는 것만 같지 못하다.

9 악의 열매가 익기 전에는
  악한 사람도 복을 만난다.
  악의 열매가 익은 뒤에는
  악한 사람은 죄를 받는다.

10 선의 열매가 익기 전에는
  착한 사람도 화를 만난다.
  선의 열매가 익은 뒤에는
  착한 사람은 복을 받는다.

11 허공도 아니요 바다도 아니다.
  깊은 산 바위틈에 숨어들어도
  일찍 내가 지은 악업의 재앙은
  이 세상 어디서도 피할 곳 없네.

12 모든 생명은 채찍을 두려워하고
  모든 생명은 죽음을 무서워한다.
  자기 생명에 이 일을 견주어
  남을 때리거나 죽이지 마라.

13 남 듣기 싫은 성낸 말 하지 마라.
  남도 그렇게 네게 답할 것이다.
  악이 가면 화는 돌아오나니
  욕설이 가고 오고 주먹이 오고 가고.

14 소 치는 사람이 채찍으로써
  소를 몰아 목장으로 돌아가듯
  늙음과 죽음도 또한 그러해
  사람의 목숨을 쉼 없이 몰고 가네.

15 무엇을 웃고 무엇을 기뻐하랴.

세상은 쉼 없이 타고 있는데
그대들 어둠 속에 덮여 있구
나.
어찌하여 등불을 찾지 않는
가.
16 보라, 이 부서지기 쉬운 병투
성이
이 몸을 의지해 편타 하는가.
욕망도 많고 병들기 쉬워
거기엔 변치 않는 실체가 없
네.
17 목숨이 다해 정신이 떠나면
가을철에 버려진 표주박처럼
살은 썩고 앙상한 백골만 뒹
굴 것을
무엇을 사랑하고 즐길 것인
가.
18 사람이 만일 바른 법을 모르
면
그 늙음은 소의 늙음과 같다.
한갓 자라나 살만 더할 뿐
하나의 지혜도 더한 것 없나
니.
19 깨끗한 행실을 닦지 못하고
젊어서 재산도 쌓지 못하면
고기 없는 빈 못을 부질없이
지키는
늙은 따오기처럼 쓸쓸히 죽
는다.
20 깨끗한 행실도 닦지 못하고
젊어서 재산도 쌓지 못하면
못 쓰는 화살처럼 쓰러져 누워
옛일을 생각한들 어이 미치
랴.

### 3. 음욕보다 더한 불길은 없다

1 사람이 만일 자신을 사랑하거
든
모름지기 삼가 자기를 지켜라.
지혜로운 사람은 하루 세 때
가운데
적어도 한 번쯤은 자기를 살
피나니.
2 원래 자기가 지은 업이라

뒤에 가서 언젠가는 스스로 받는다.
자기가 지은 죄는 자기를 부수나니
금강석이 보석을 부수는 것처럼.

3 악한 일은 나를 괴롭게 한다.
그러나 그것은 행하기 쉽다.
착한 일은 나를 편안케 한다.
그러나 그것은 행하기 어렵다.

4 물거품 같다고 세상을 보라.
아지랑이 같다고 세상을 보라.
이렇게 세상을 관찰하는 사람은
염라왕을 만나지 않는다.

5 사람이 먼저는 잘못이 있더라도
뒤에는 삼가 다시 짓지 않으면
그는 능히 이 세상을 비추리.
달이 구름에서 나오듯이.

6 부디 나쁜 일 하지 말고
모든 선을 받들어 행해
스스로 그 뜻을 깨끗이 하는 것
이것이 부처님의 가르침이네.

7 승리는 원한을 가져오고
패한 사람은 괴로워 누워 있다.
이기고 지는 마음 모두 떠나서
다툼이 없으면 스스로 편안하리.

8 음욕보다 더한 불길이 없고
성냄보다 더한 독이 없으며
내 몸보다 더한 고통이 없고
고요보다 더한 즐거움이 없네.

9 병이 없는 것 가장 큰 은혜요
만족을 아는 것 가장 큰 재산이다.

친구의 제일은 믿음이요
즐거움의 제일은 열반이니라.
10 성인을 만나는 일 즐겁고
성인을 섬기는 일 또한 즐겁다.
어리석은 사람을 떠날 수 있어
착한 일 행해 혼자서 즐겁다.
11 도를 어기면 자기를 따르게 되고
도를 따르면 자기를 버리게 된다.
이 뜻을 모르고 마음대로 행하면
그는 애욕의 구렁에 떨어지리라.
12 사랑하는 사람을 가지지 마라.
미운 사람도 가지지 마라.
사랑하는 사람은 못 만나 괴롭고
미운 사람은 만나서 괴롭다.
13 그러므로 사랑을 일부러 만들지 마라.
사랑은 미움의 근본이 된다.
사랑도 미움도 없는 사람은
모든 구속과 걱정이 없다.
14 욕된 것을 참아 분심을 이기고
착함으로써 악을 이겨라.
남에게 베풀어 인색을 이기고
지극한 정성으로 거짓을 이겨라.
15 악은 사람의 마음에서 일어나
다시 사람의 몸을 망친다.
마치 녹이 쇠에서 나서
바로 그 쇠를 먹어 가듯이.
16 음욕보다 뜨거운 불길이 없고
성냄보다 빠른 바람이 없으며
무명보다 촘촘한 그물이 없다.

애정의 흐름은 물보다 빠르다.
17 진리를 가까이하면 히말라야의 눈처럼
멀리 있어도 그 이름 드러나고
진리를 멀리하면 밤에 쏜 화살처럼
가까이 있어도 나타나지 않는다.

### 제6장 전생에 쌓은 수행
#### 1. 니그로다 사슴

1 옛날 바라나시에서 브라흐마닷따왕이 나라를 다스리고 있을 때였다.
2 보살은 사슴으로 태어났는데 날 때부터 몸이 온통 황금빛이었다. 그는 오백 마리 사슴에게 둘러싸여 숲에서 살고 있었다. 그를 불러 니그로다 사슴이라 했다.
3 그때 브라흐마닷따왕은 사슴 사냥에 미쳐 사슴고기 없이는 밥을 먹지 않았다. 일도 못하게 백성들을 불러다가 날마다 사슴 사냥을 나가는 것이었다.
4 백성들은 의논 끝에 궁전 뜰에 사슴의 먹이와 물을 마련해 두고 숲에서 사슴 떼를 몰아다 넣은 뒤 문을 닫아 버렸다.
5 왕은 뜰에 갇혀 있는 사슴 떼를 바라보며 흐뭇해했다. 그 속에서 황금빛 사슴을 보고, 그 사슴만은 다치지 않도록 시종들에게 명했다.
6 이때부터 왕은 끼니때가 되면 혼자 나가 사슴 한 마리씩을 활로 쏘아 잡아 왔다. 사슴들은 활을 볼 때마다 두려워 떨면서 이리 뛰고 저리 뛰다가 화살에 맞아 죽어 갔다.
7 니그로다 사슴은 많은 사슴들이 화살에 맞아 피를 흘리며 신음하는 것을 보고, 이제부터는 차례를 정해 이편에서

스스로 처형대에 오르기로 했다. 다른 사슴들에게 상처를 입히지 않게 하기 위해서였다.

8 이날부터 왕은 몸소 활을 쏘지 않아도 되었고, 자기 차례가 된 사슴은 제 발로 걸어가 처형대에 목을 대고 가로누웠다. 그러면 요리사가 와서 그 사슴을 잡아갔다.

9 그런데 하루는 새끼를 밴 암사슴의 차례가 되었다. 이런 사정을 안 니그로다 사슴은 '당신은 새끼를 낳은 다음에 오시오. 내가 대신 가겠소.' 하고 처형대로 나갔다.

10 황금빛 사슴이 누워 있는 것을 본 요리사는 왕에게 달려가 그 사실을 알렸다.

11 왕은 뜰에 나와 니그로다 사슴을 보고 말했다.
"나는 너를 죽일 생각은 없는데 어째서 여기 누워 있느냐?"
"왕이시여, 새끼 밴 사슴의 차례가 되었기에 내가 대신 죽으려고 합니다."

12 브라흐마닷따왕은 속으로 크게 뉘우쳤다.
"니그로다여, 자비심이 많구나! 사람들 속에서도 너처럼 자비심 가진 이를 아직 보지 못했노라. 이제 너로 인해 내 눈이 뜨이는 것 같구나. 일어나라, 너와 암사슴의 목숨을 살려 주리라."

13 "왕이시여, 둘만의 목숨은 건질 수 있다 하더라도 다른 사슴들은 어찌 되겠습니까?"
"좋다, 그들도 구해 주리라."

14 "사슴들은 죽음을 면했지만 다른 네 발 가진 짐승들은 어찌 되겠습니까?"
"좋다, 그들의 목숨도 보호하리라."

15 "네 발 가진 짐승은 안전하게 되더라도 두 발 가진 새들은 어찌 되겠습니까?"
"좋다, 그들도 보호하리라."

16 "왕이시여, 새들은 안전하지만 물속에 있는 고기는 어찌 되겠습니까?"
"착하다, 니그로다. 그들도 안전하게 해 주리라."

17 이와 같이 보살은 왕에게 생명 있는 모든 것들의 안전을 간청하여 눈을 뜨게 한 후 다른 사슴들과 함께 숲으로 돌아갔다.

### 2. 가난한 여인의 등불

1 사왓티에 한 가난한 여인이 살고 있었다. 여인은 너무나 가난했기 때문에 이 집 저 집 다니면서 밥을 빌어 겨우 목숨을 이어 갔다.

2 어느 날 온 성안이 떠들썩한 것을 보고 지나가는 사람에게 무슨 일이냐고 물었다.
"빠세나디왕은 석 달 동안 부처님과 스님들에게 옷과 음식과 침구와 약을 공양하고 오늘 밤에는 또 수만 개의 등불을 켜 연등회를 연다고 합니다. 그래서 온 성안이 이렇게 북적거립니다."

3 이 말을 들은 여인은 생각했다. '빠세나디왕은 많은 복을 짓는구나. 그런데 나는 아무것도 가진 게 없으니 어떻게 할까? 나도 등불을 하나 켜서 부처님께 공양해야겠는데.'

4 여인은 지나가는 사람에게 겨우 동전 두 닢을 빌어 기름집으로 갔다.

5 기름집 주인은 가난한 여인을 보고 기름을 구해 어디 쓰려느냐고 물었다.

6 "이 세상에서 부처님을 만나 뵙기란 참으로 어려운 일입니

제2편 초기 경전

다. 이제 그 부처님을 뵙게 되니 얼마나 다행한 일입니까? 나는 가난해 아무것도 공양할 것이 없으니 등불이라도 하나 켜 부처님께 공양할까 합니다."

7 주인은 여인의 말에 감동하여 기름을 곱절이나 주었다.

8 여인은 그 기름으로 불을 켜서 부처님께서 다니시는 길목을 밝히면서 속으로 빌기를 '보잘것없는 등불이지만 이 공덕으로 내생에는 나도 부처님이 되어지이다.'라고 했다.

9 밤이 깊어 다른 등불은 다 꺼졌으나 그 등불만은 밝게 빛나고 있었다. 등불이 다 꺼지기 전에는 부처님께서 주무시지 않을 것이므로 아난다는 손으로 불을 끄려 했다.

10 그러나 꺼지지 않았다. 가사 자락으로, 또는 부채로 끄려 했으나 그래도 불은 꺼지지 않았다.

11 부처님께서는 그것을 보고 아난다에게 말씀하셨다.
"아난다야, 부질없이 애쓰지 마라. 그것은 가난하지만 마음 착한 여인의 넓고 큰 서원과 정성으로 켜진 등불이다. 그러니 결코 꺼지지 않을 것이다. 그 등불의 공덕으로 그 여인은 오는 세상에 반드시 성불할 것이다."

12 이 말을 전해 들은 빠세나디 왕은 부처님께 나아가 여쭈었다.
"부처님, 저는 석 달 동안이나 부처님과 스님들께 큰 보시를 하고 수천 개의 등불을 켰습니다. 저에게도 미래의 수기를 주십시오."

13 부처님께서는 다음과 같이 말씀하셨다.

"불도란 그 뜻이 매우 깊어 헤아리기 어려우니 깨치기도 어렵소. 그것은 하나의 보시로써 얻을 수도 있지만 백 천의 보시로도 얻지 못하는 경우가 있소.

14 그러므로 불도를 얻기 위해서는 먼저 여러 가지로 보시하여 복을 짓고, 좋은 벗을 사귀어 많이 배우며 스스로 겸손하여 남을 존경해야 합니다. 자기가 쌓은 공덕을 내세우거나 자랑해서는 안 됩니다. 이와 같이 하면 뒷날에 반드시 불도를 이루게 될 것이오."

15 왕은 속으로 부끄러워하면서 물러갔다.

### 3. 시 한 편과 바꾼 목숨

1 한 수행자가 히말라야에서 홀로 고생하면서 오랜 세월을 보내고 있었다.

2 그때는 아직 부처님께서 세상에 나오시기 전이었으므로 부처님께서 세상에 출현했다는 말도, 대승경전이 있다는 말도 듣지 못했다.

3 그때 제석천은 그가 과연 부처를 이룰 수 있는 자질과 능력이 있는가를 시험하기 위해 나찰의 몸으로 변해 히말라야로 내려왔다.

4 수행자가 사는 근처에 서서 과거 부처님께서 말씀하신 시의 앞 구절을 외웠다.

"이 세상 모든 일은 덧없으니 그것은 곧 나고 죽는 법이네."

5 수행자는 이 시를 듣고 마음속으로 무한한 기쁨을 느꼈다.

6 자리에서 일어나 사방을 둘러보았으나 험상궂게 생긴 나찰 이외에는 아무도 보이지 않았다.

7 그는 생각했다. '저렇게 추악하고 무서운 얼굴을 가진 나

찰이 어떻게 이렇게 아름답고 오묘한 시를 읊을 수 있을까? 마치 불 속에서 연꽃이 피고 햇볕 속에서 찬물이 흘러나오는 것 같네. 그러나 알 수 없는 일이지. 혹시 저 나찰이 과거에 부처님을 뵙고 그분의 시를 들었을는지도……'

8 그는 나찰에게 물었다.

"당신은 과거 부처님께서 말씀하신 시의 앞 구절을 어디서 들었습니까? 당신은 그 여의주의 반쪽을 어디서 얻었습니까? 당신이 읊은 시 구절을 듣고 내 마음은 마치 망울진 연꽃이 피는 것처럼 열렸습니다."

"나는 그런 것은 모르오. 여러 날 굶어 허기가 져서 헛소리를 했을 뿐이오."

9 "그런 말씀 마십시오. 당신이 만일 그 시 전부를 내게 일러주신다면 나는 일생토록 당신의 제자가 되겠습니다. 물질의 보시는 없어지게 마련이지만 법의 보시는 없어질 수 없습니다."

"수행자여, 당신은 지혜는 있어도 자비심은 없는 듯하오. 자기 욕심만 채우려 하고 남의 사정은 모르고 있질 않소. 나는 지금 배가 고파 죽을 지경이오."

10 "당신은 대체 어떤 음식을 먹습니까?"

"놀라지 마시오. 내가 먹는 것은 사람의 부드러운 살덩이이고 마시는 것은 사람의 따뜻한 피요. 그러나 그것을 구하지 못해 이렇게 괴로워하고 있소."

11 "그러면 당신은 내게 그 시의 나머지 반을 들려주십시오. 나는 그것을 다 듣고 내 몸을 당신에게 드리겠습니다. 나는 이 무상한 몸을 버려 영원한

몸과 바꾸려 합니다."

"허튼소리 마시오. 누가 당신 말을 믿겠소? 겨우 시의 반쪽을 듣기 위해 소중한 몸을 버리겠다니!"

12 "당신은 참으로 어리석습니다. 마치 어떤 사람이 질그릇을 주고 칠보로 된 그릇을 얻듯이, 나도 이 무상한 몸을 버려 금강석처럼 굳센 몸을 얻으려는 것입니다. 그리고 내게는 많은 증인이 있습니다. 시방삼세의 모든 부처님께서 증명해 주실 것입니다."

13 "그러면 똑똑히 들으시오. 나머지 반을 읊으리다."

그리고 나찰은 시의 후반을 외웠다.

"나고 죽음이 다 없어진 뒤 열반 그것은 즐거움이어라."

14 수행자는 이 시를 듣고 더욱 환희심이 솟았다. 시의 뜻을 깊이 생각하고 음미한 뒤에 벼랑과 나무와 돌에 새겼다. 그리고 높은 나무 위에 올라가 떨어지려 했다.

15 그때 나무의 신이 그에게 물었다.

"수행자여, 이 시에는 어떤 공덕이 있습니까?"

"이 시는 과거 모든 부처님께서 말씀하신 것입니다. 내가 목숨을 버려서라도 이 시를 들으려는 이유는 나 하나를 위해서가 아니라 모든 중생을 이롭게 하기 위해서입니다."

16 수행자는 최후로 이런 생각을 했다. '세상의 모든 인색한 사람들에게 내 몸을 버리는 이 광경을 보여 주고 싶다. 조그만 보시로 마음이 교만해진 사람들에게 내가 한 구절의 시를 얻기 위해 기꺼이 목숨을 버리는 것을 보여 주고 싶

다.'
17 마침내 수행자는 몸을 날려 나무에서 떨어졌다. 그런데 몸이 땅에 닿기도 전에 나찰은 곧 제석천의 모습으로 되돌아와 공중에서 그를 받아 땅에 내려놓았다.
18 모든 천신들이 수행자의 발에 예배하고 그 지극한 구도의 정신과 서원을 찬탄했다.

### 4. 죽은 소에게 풀을 먹이다

1 그 옛날 보살은 땅이 많은 한 지주의 집에 태어나 '수자따 동자'라고 불렸다.
2 그가 성년이 되었을 때 할아버지가 돌아가셨다. 그의 아버지는 부친이 돌아가시자 슬픔에 잠겨 화장터에서 뼈를 가져다 정원에 흙탑을 세우고 그 안에 모셔 두었다.
3 밖에 나갈 때면 그 탑에 꽃을 올려놓고 부친 생각을 하면서 통곡했다. 그는 목욕도 하지 않고 향유도 바르지 않으며 음식도 먹으려 하지 않았다.
4 이것을 본 수자따 동자는 아버지의 슬픔을 달래 드리기 위해 어떤 좋은 방법이 없을까 곰곰이 생각했다.
5 어느 날 그는 들길에서 죽은 소 한 마리를 보자 문득 좋은 생각이 떠올랐다. 죽은 소 앞에 풀과 물을 갖다 놓고 '먹어, 어서 먹어.' 하고 말했다.
6 지나가던 사람들이 이 광경을 보고 수군거렸다.
"수자따는 정신이 돌았나 봐. 죽은 소에게 풀과 물을 주다니."
7 그는 아무 대꾸도 하지 않은 채 여전히 죽은 소에게 풀과 물을 먹으라고만 했다.
8 동네 사람들은 이 사실을 수

자따의 아버지에게 전했다.
"당신 아들은 미쳤나 봅니다. 죽은 소에게 풀과 물을 갖다 놓고 자꾸 먹으라고 합니다."

9 이 말을 전해 들은 지주는 돌아가신 아버지에 대한 슬픔이 싹 가셨다. 그 대신 아들에 대한 걱정이 앞섰다.

10 그는 아들에게 정신없이 달려갔다.
"수자따야, 이게 어떻게 된 노릇이냐? 목숨이 끊어진 소에게 풀을 먹으라고 하다니. 아무리 먹을 것과 마실 것을 주어도 한 번 죽은 소는 다시 일어날 수 없지 않느냐. 이 어리석은 아들아."

11 수자따가 말했다.
"소의 머리는 그대로 있고 발과 꼬리도 그대로 있으니 소는 틀림없이 일어날 것입니다. 그러나 아버지, 돌아가신 할아버지는 머리도 없고 손발도 없습니다. 흙탑 앞에서 울어대는 아버지야말로 어리석지 않습니까?"

12 이 말을 듣자 지주는 정신이 번쩍 들었다. '내 아들은 지혜롭구나. 이 세상 일도 저 세상 일도 환히 알고 있지 않은가! 죽은 소에게 풀과 물을 주어 슬픔과 시름에 빠진 아비를 오히려 깨우쳐 주는구나!' 이런 일이 있은 뒤부터, 지주는 아버지의 죽음을 더 이상 슬퍼하지 않았다.

### 5. 왕위를 보시하다

1 옛날 어떤 나라에 왕이 자비로 나라를 다스리고 백성을 잘 보살폈다.

2 달마다 나라 안을 두루 다닐 때에는 수레에 갖가지 보물과 의복·약품 등을 싣고 나가, 가난한 사람과 병자에게는 보

제2편 초기 경전

207

물과 약을 나눠 주고, 죽은 사람이 있을 때에는 장례를 치러 주었다.

3 특히 가난한 사람을 볼 때에는 그것을 자신의 허물이라 하여 '내가 덕이 있었다면 백성들도 풍족할 텐데 내 덕이 모자란 탓으로 백성들이 가난하다. 지금 이 백성들의 가난은 곧 나의 가난이다.' 하고 자책했다.

4 이때 제석천은 왕의 덕행을 시험하기 위해 늙은 브라만으로 변하여 왕에게 가서 돈 천 냥을 달라고 했다. 왕은 곧 천 냥을 주었다.

5 그러자 브라만은 받았던 돈을 내놓으면서 이렇게 말했다.
"나는 늙었습니다. 이 돈을 남에게 빼앗길까 걱정이니 대왕님이 이것을 맡아 주십시오."

6 왕은 그 돈을 맡아 주었다.

7 제석천은 또 다른 브라만으로 변하여 왕에게 가서 왕의 덕을 찬양하고 말했다.
"나는 전생에 복을 지어 본래 귀족의 몸이었던 것이 지금은 이렇게 천민이 되었습니다. 그러므로 대왕의 그 영화를 사모하여 왕위를 얻으려고 왔습니다. 나에게 나라를 맡겨 줄 수 없겠습니까?"

8 왕은 선뜻 왕위를 내준 다음 처자와 함께 허름한 수레를 타고 궁전을 떠났다.

9 제석천은 또 다른 브라만으로 변하여 왕의 앞에 나타나 수레를 청했다. 왕은 기꺼이 수레마저 내어 주고 처자와 함께 정처 없이 길을 떠났다.

10 제석천은 다시 맨 처음의 브라만으로 변하여 왕의 앞에 나타나 맡겨 두었던 돈 천 냥

을 돌려달라고 했다.
"나는 나라 전체를 다른 사람에게 내어 주느라고 당신이 맡긴 돈을 깜빡 잊었습니다."

11 브라만이 말했다.
"그러면 사흘 안으로 그것을 돌려주시오."
왕은 아내와 아들을 어느 집에 잡히고 돈 천 냥을 얻어 그 브라만에게 돌려주었다.

12 왕의 아내와 아들은 그 집에서 도둑의 누명을 쓰고 옥에 갇혔다가 마침내 사형을 당하여 거리에 버려졌다.

13 왕은 남의 집 고용살이로 돈 천 냥을 벌어 아내와 아들을 구하려고 찾아가다가 거리에서 참혹하게 죽은 그들의 시체를 보았다.

14 그래서 왕은 '나는 전생의 악업으로 인해 지금 이런 과보를 받는구나.'라고 생각하고, 시방세계의 모든 부처님께 전생의 자기 죄를 참회했다.

15 그런 후 왕은 마음을 안정시키고 선정에 들어 신통의 지혜로 이제까지의 모든 일들이 다 제석천의 시험임을 알았다. 그 뒤 왕은 백성들의 간청으로 다시 왕위에 나아가 나라를 잘 다스렸다.

### 6. 말 많은 왕

1 보살은 재상의 집에 태어나 장성한 뒤에는 왕의 스승이 되었다.

2 왕은 말하기를 몹시 좋아했다. 그래서 왕이 말하고 있을 때에는 다른 사람은 전혀 말을 붙일 수가 없었다.

3 보살은 어떻게 하면 왕의 버릇을 고쳐 줄까 하고 궁리를 했다.

4 마침 그때 히말라야산 밑에 있는 어떤 호수에 거북 한 마

리가 살고 있었다. 거기에 백조 두 마리가 먹이를 찾아와 거북과 친해졌다.

5 하루는 백조가 거북에게 말했다.
"우리가 살던 히말라야 중턱에는 눈부신 황금 굴이 있는데 우리와 함께 가보지 않겠소?"
"내가 거기까지 어떻게 갈 수 있겠소."
"우리가 당신을 데려다 드리지요. 당신이 만약 입을 다물고 아무하고도 말을 하지 않는다면."
"입을 다물겠소. 어떻게든지 나를 그곳에 데려다 주시오."

6 백조는 나뭇가지 하나를 거북의 입에 물린 후 자기들은 그 양쪽 끝을 물고 하늘을 날았다.

7 백조가 거북을 데리고 가는 모양을 보고 동네 아이들은 "야, 거북이 백조에게 물려 간다." 하고 떠들어 댔다.

8 거북은 아이들에게 욕을 해 주고 싶어졌다.
"친구가 나를 데리고 가는데 너희가 무슨 상관이냐. 이 고얀 놈들!"

9 거북은 말을 하고 싶어 물었던 나뭇가지를 생각 없이 놓아 버리자 그만 땅에 떨어져 두 조각이 나고 말았다.

10 이때 백조는 빠른 속력으로 궁전 상공을 지나가던 참이었다.

11 왕은 궁전 뜰에 떨어져 조각난 거북을 보고 보살에게 물었다.
"스승님, 어떻게 해서 거북이 하늘에서 떨어져 죽었습니까?"
"거북과 백조는 서로 믿고 의지하는 사이였을 것입니다.

백조가 거북에게 히말라야로 데려다 주겠다고 나뭇가지를 물리고 하늘을 날았을 것입니다. 그러다가 거북이 입을 다물고 있을 수 없어 무엇을 지껄이려 하다가 나뭇가지를 놓아 버린 것입니다.

12 너무 지나치게 말이 많은 사람은 언젠가는 이와 같이 불행을 당하는 법입니다."

13 그 후부터 왕은 말을 삼가게 되었다.

### 7. 배은망덕

1 부처님께서 비구들에게 말씀하셨다.
"옛날 바라나시에 '대제석군'이라는 왕과 '월광'이라는 부인이 있었는데 부인의 꿈은 항상 잘 맞았다. 그 나라에는 언제부터인지 금빛 사슴왕이 한 마리 살고 있었다.

2 어느 원수진 두 사람이 강가에서 맞부딪쳤다. 그중 힘센 사람이 다른 한 사람을 붙잡아 강물 속에 던져 버렸다.

3 그는 물에 떠내려가면서 구원을 청했다. 금빛 사슴왕은 강가에 나와 물을 마시다가 사람이 외치는 소리를 듣고 물속에 들어가 그를 업고 헤엄쳐 나왔다.

4 구원을 받은 사내는 꿇어앉아 합장하고 사슴왕에게 말했다.
'나는 당신 덕분에 다시 살아났습니다. 나는 당신의 종이 되어 당신 은혜를 갚겠습니다.'
'내게는 종이 필요 없습니다. 다만 한 가지 부탁은 나를 보았다고 아무에게도 말하지 말아 주십시오. 그렇게 하는 것이 내 은혜를 갚는 길입니다.'

5 그래서 그는 사슴왕의 거처를

아무에게도 말하지 않기로 맹세하고 떠났다.

6 어느 날 밤 월광 부인은 꿈에 금빛 사슴을 보았다. 그리하여 왕에게 그것을 구해 달라고 간청했다.

7 왕도 그 꿈이 맞는 줄 알기 때문에 온 나라에 영을 내려 누구든 금빛 사슴이 있는 곳을 알리는 사람에게는 상으로 오백의 촌락을 주리라 했다.

8 그때 물에 빠졌던 사람은 생각했다. '나는 지금 가난하다. 왕에게 사슴 있는 곳을 알려 상을 탈까, 아니면 은혜를 갚기 위해 잠자코 있어야 할까?'"

9 부처님께서 비구들에게 말씀하셨다.
"세상 사람들은 오욕락에 얽혀 있으므로 한 번 그 욕심에 빠지게 되면 기어코 나쁜 일을 저지르고 만다. 그러므로 물에 빠졌던 사람도 상금과 은혜를 갚는 일 사이에서 망설이고 있는 것이다.

10 그는 끝내 욕심에 끌려 은혜를 저버리고 왕에게 가서 금빛 사슴이 있는 곳을 알렸다.

11 왕은 곧 군사를 데리고 나가 금빛 사슴이 있는 곳을 둘러쌌다. 거기에는 천여 마리의 다른 사슴도 살고 있었다. 그 사슴들은 모두 놀라 흩어져 달아났다.

12 금빛 사슴왕은 생각했다. '지금 내가 달아나면 군사들은 나를 찾기 위해 저 많은 사슴들을 다 잡을 것이다. 차라리 내가 죽고 그들을 살리자.'

13 금빛 사슴왕은 왕에게로 갔다. 물에 빠졌던 사람은 손을 들어 금빛 사슴이 저기 있다고 왕에게 알렸다."

14 부처님께서 비구들에게 말씀하셨다.
"중생이 극단의 악업을 지을 때에는 그 과보가 미래를 기다리지 않고 현재에 즉각 나타나는 법이다. 그는 은혜를 저버리고 악업을 지었기 때문에 금빛 사슴왕을 가리키는 순간 두 팔이 땅에 떨어지고 말았다.

15 왕이 그것을 보고 까닭을 물었을 때 두 팔이 땅에 떨어진 사내는 다음과 같이 시로 대답했다.

16 '담벽을 넘어 남의 물건을 훔치는 그 사람을 일러 도둑이라 하네. 그러나 은혜 입고 갚지 않는 자 그야말로 큰 도둑이라 하리.'

17 그리고 그는 그동안의 사정을 자세히 왕에게 이야기했다. 왕은 이 말을 듣고 다음 게송으로 그를 꾸짖었다.

18 '은혜도 모르는 이 무정한 사람아,
대지는 갈라져 왜 너를 빨아들이지 않는가.
너의 혀는 왜 백 조각으로 끊어지지 않는가.
금강신은 왜 철퇴로 너를 치지 않는가.
모든 귀신은 왜 너를 당장 잡아가지 않는가.
그처럼 큰 죄에 과보는 왜 이처럼 작은가.'

19 왕은 그 사슴이 큰 보살임을 알고 온 나라에 영을 내려 사슴을 잡지 못하게 했다."

### 8. 원망을 원망으로 갚지 마라

1 옛날 장수왕이 있었는데 그에게는 장생이라는 아들이 있었다.

2 왕은 자비와 정의로 나라를 다스렸으므로 비바람이 순조롭고 오곡이 풍성하여 백성들은 태평성대를 노래했다.

3 그 이웃 나라의 포악한 어떤

왕은 장수왕의 번영을 시샘해 마침내 군사를 일으켜 쳐들어왔다.

4 신하들은 이 사실을 왕에게 알리고 마주 나가 싸우기를 청했다.

5 그러나 왕은 이렇게 말했다.
"만일 우리가 이기면 그들이 죽을 것이고 그들이 이기면 우리가 죽을 것이다. 저쪽 군사나 이쪽 군사나 다 소중한 목숨들이 아니냐. 누구나 제 몸을 소중히 여기고 목숨을 아까워하는데 내가 살기 위해 남을 죽이는 것은 어진 사람의 도리가 아니다."

6 왕은 이와 같이 그들을 말린 뒤 태자 장생에게 말했다.
"저 이웃 나라 왕은 우리나라를 가지고 싶어 한다. 내 신하들은 나 한 사람을 위해 선량한 백성들의 목숨을 희생시킬 것이다. 나는 차라리 이 나라를 저 왕에게 내주어 백성들의 생명과 재산을 보호하리라."

7 왕과 태자는 성을 빠져나와 산중으로 들어가 버렸다. 이웃 나라 왕은 이 나라를 차지하고 다시 장수왕을 잡으려고 황금 천 냥의 상금을 걸었다.

8 그때 장수왕은 마을 근처에 있는 나무 밑에 앉아 덧없는 인생과 허무한 세상일을 생각하고 있었다.

9 그때 한 늙은 브라만이 곁에 와서 보시를 청하자 왕은 이와 같이 말했다.
"나는 지금 아무것도 가진 것이 없습니다. 그러나 지금 새 왕은 나를 잡기 위해 막대한 상금을 걸었다고 합니다. 당신은 내 목을 베어 가십시오."

10 그러나 브라만은 차마 그럴 수 없었다.
11 왕은 거듭 말했다.
"이 몸은 머지않아 썩을 것인데 어떻게 오래 보존할 수 있겠습니까. 한 번 나면 반드시 죽는 법이니 누구도 영원히 살 수는 없습니다. 만일 당신이 지금 내 목을 베어 가지 않는다 할지라도 내 몸은 언젠가 한 줌 흙이 되고 말 것입니다."
12 "당신은 자비를 베푸는 거룩한 분입니다. 어떻게 그 고귀한 생명을 버려 더러운 이 몸을 구원하려 하십니까."
그러면서 브라만은 그곳을 떠나갔다.
13 왕은 그를 따라가다가 성문의 수위에게 붙잡혀 사형장으로 끌려가게 되었다.
14 그때 태자 장생이 나무꾼으로 변장하고 부왕 가까이 가자 왕은 그를 알아보고 말했다.
"너는 내 마지막 교훈을 명심하라. 원한을 품어 그 재앙을 후세에 길이 남기는 것은 효자의 도리가 아니니 원한을 원한으로써 갚지 마라."
15 장생은 차마 아버지의 죽음을 볼 수 없어 깊은 산에 들어가 숨어 버렸다.
16 그 뒤 장생은 원수를 갚으려고 포악한 새 왕의 사랑받는 시종이 되었다. 그러나 왕은 그가 장생인 줄을 알지 못했다.
17 어느 날 그는 왕과 함께 사냥을 나갔다가 숲속에서 길을 잃고 사흘 동안을 헤매었다.
18 왕은 배고픔과 피로에 지쳐 허리에 찼던 칼을 풀어 장생에게 맡기고 그의 무릎을 베고 깊은 잠에 빠졌다. 장생은 좋은 기회라 생각하고 칼을

### 제2편 초기 경전

빼어 왕의 목을 치려 했다.
19 그때 '원한을 원한으로 갚지 마라. 내 유훈을 어기면 효자가 아니다.'라고 하던 임종 때의 아버지 말씀이 문득 머릿속을 스쳐 갔다.
20 그는 들었던 칼을 자루에 꽂았다. 이렇게 하기를 세 번 되풀이하는데 왕이 깨어났다.
21 장생은 엎드려 왕에게 말했다.
"저는 아버지 장수왕의 원수를 찾아 헤매던 태자 장생입니다. 아버지는 돌아가시면서 원한을 원한으로 갚지 말라고 하셨습니다. 그런데 저는 어리석게도 악을 악으로 갚으려고 하여 세 번 칼을 들었다가 그때마다 아버지의 유훈을 생각하고 칼을 버렸습니다. 길을 잃은 것도 사실은 제가 일부러 한 짓입니다. 대왕님, 저를 죽여 주십시오. 그러면 내 혼이 자리를 옮겨 다시는 이런 나쁜 생각을 내지 않을 것입니다."
22 이 말을 들은 왕은 속으로 깊이 뉘우쳤다.
"내가 포악하여 선악을 구별하지 못했구나. 그대의 아버지는 훌륭한 성인이었도다. 비록 나라를 잃었지만 그 덕은 잃지 않았구나. 그대는 아버지의 유훈을 잘 이어받은 뛰어난 효자로다. 내 목숨은 그대 것이었으나 그대는 나를 용서하여 죽이지 않았으니, 내 지은 잘못을 뉘우치고 또 뉘우치노라."
23 그들은 손을 맞잡고 숲속에서 나와 왕궁으로 돌아갔다. 왕은 장생에게 나라를 돌려주고 자기 나라로 돌아갔다.

### 9. 비둘기 대신 자기 몸을 주다

1 옛날 자비심이 지극한 시비

왕이 있었다. 그는 항상 백성 대하기를 어머니가 자식을 사랑하듯이 했으며 정진력 또한 굳세었다. 그래서 언젠가는 기어코 부처님이 되리라는 큰 서원을 세우고 있었다.

2 어느 날 비둘기 한 마리가 비명을 지르면서 황급히 그 품속에 날아들어 온몸을 바들바들 떨었다.

3 그때에 뒤쫓던 매가 나뭇가지에 앉아 왕에게 말했다.
"그 비둘기를 나에게 돌려주시오. 그것은 나의 저녁거리입니다."
"네게 돌려줄 수 없다. 나는 부처가 되려고 서원을 세울 때 모든 중생을 다 구하겠다고 결심했다."

4 "모든 중생 속에 나는 들지 않습니까? 나에게는 자비를 베풀지 않고, 더구나 내 먹이를 빼앗겠단 말입니까?"
"이것은 돌려줄 수 없다. 너는 뭐가 먹고 싶으냐?"
"갓 죽인 날고기를 먹고 싶습니다."

5 왕은 속으로 생각했다.
'날고기라면 산목숨을 죽이지 않고는 얻을 수 없다. 그렇다고 하나를 구하기 위해 다른 목숨을 죽게 할 수 있겠는가. 내 몸은 더러운 것, 오래지 않아 죽고 말 것이니 차라리 내 몸을 주자.'

6 왕은 선뜻 다리의 살을 베어 매에게 주었다. 그런데 매는 비둘기와 똑같은 무게의 살덩이를 요구했다.

7 왕은 저울을 가져다 베어 낸 살덩이와 비둘기를 달아보았다. 비둘기가 훨씬 무거웠다. 왕은 한쪽 다리의 살을 베

어, 두 덩이를 합쳐 달게 했다.
8 그러나 그것도 가벼웠다. 그리하여 두 발꿈치, 두 엉덩이, 두 젖가슴의 살을 베어 달았으나 이상하게도 베어 낸 살이 비둘기의 무게보다 가볍기만 했다.
9 마침내 왕은 자기의 온몸을 저울 위에 올려놓으려고 하다가 힘이 다하여 쓰러지고 말았다.
10 그러나 왕은 매를 원망하거나 자기가 한 일에 후회하는 빛이 조금도 없이 오히려 중생의 고통을 생각했다.
'모든 중생은 다 고해에 빠져 있다. 나는 그들을 건져 내야 한다. 이 고통도 중생들이 받는 지옥의 고통에 비하면 그 십육분의 일에도 미치지 못할 것이다.'
11 왕은 다시 저울로 올라가려 하였으나 또 쓰러지고 말았다.
12 그때 왕은 다시 맹세하여 말했다.
"나는 살을 베고 피를 흘려도 괴로워하거나 뉘우치지 않고 일심으로 불도를 구했다. 내 이 말이 진실이라면 내 몸은 본래대로 회복되리라."
13 이렇게 말했을 때 왕의 몸은 본래대로 회복되었다.

### 제7장 어리석음의 비유

#### 1. 화 잘 내는 사람

1 여러 사람이 방 안에 모여 어떤 사람의 덕망과 행동에 대해 이야기하고 있었다.
"그 사람의 행동은 모두 훌륭한데 두 가지 단점이 있다. 곧 잘 성내거나 경솔한 게 그의 흠이다."
이렇게 누가 말했다.

2 이때 그 사람이 문 밖을 지나다가 그 말을 들었다. 그는 화를 내며 방으로 뛰어 들어와 그렇게 말한 사람의 멱살을 잡고 주먹질을 해 댔다.
3 곁에 있던 사람들이 그에게 그 까닭을 물었다.
"내가 언제 성을 내고 매사에 경솔하단 말이오. 이 사람이 그렇게 터무니없는 말을 하니까 때린 것 아니오!"
4 한 사람이 그의 말을 받아 반문했다.
"지금 당신이 한 짓이 바로 성을 잘 내고 경솔하다는 증거가 아니겠소?"
5 남이 자기 허물을 말할 때 원망하거나 성을 내는 것은 어리석은 일이다.
6 비유하면 이렇다. 술 잘 마시는 사람이 술에 취해 성격이 거칠어지고 정신이 흐려져 있다가도 남에게 비난을 듣게 되면 도리어 그를 원망하고 미워한다. 그리고 스스로 깨끗하다는 것을 내세우려고 구차한 변명을 늘어놓는다.
7 이런 어리석은 사람은 항상 자기 허물 듣기를 꺼리며, 남에게 비난을 들으면 화를 낸다.

## 2. 옹기장이 대신 나귀를 사오다

1 옛날 한 브라만이 큰 잔치를 베풀려고 했다. 그는 제자에게 잔치에 쓸 질그릇을 마련해야겠으니 옹기장이를 한 사람 데려오라고 했다.
2 제자는 옹기장이 집을 찾아 나섰다. 도중에 그는 질그릇을 나귀 등에 싣고 팔러 가는 옹기장이를 만났다. 그런데 잘못하여 나귀가 질그릇을 떨어뜨리는 바람에 그릇이 모두 깨어지고 말았다.
3 옹기장이는 울면서 어쩔 바를

몰랐다. 이런 광경을 지켜보던 브라만의 제자는 그에게 물었다.

"왜 그렇게 슬퍼하십니까?"

"오랜 고생 끝에 그릇을 만들어 장에 내다 팔려고 가는 길인데 이 못된 나귀 때문에 모두 깨어졌으니 이를 어떻게 합니까?"

4 제자는 그 말을 듣고 이렇게 말했다.

"이 나귀야말로 참으로 훌륭합니다. 오랜 시간이 걸려 만든 그릇을 잠깐 사이에 모두 깨뜨려 버리니 그 솜씨가 대단하지 않습니까. 내가 그 나귀를 사겠습니다."

5 옹기장이는 기뻐하며 나귀를 팔았다. 제자는 그 나귀를 타고 돌아왔다.

6 그를 본 스승은 제자에게 물었다.

"옹기장이는 데려오지 않고 웬 나귀를 끌고 오느냐?"

"옹기장이보다 나귀가 더 필요합니다. 옹기장이가 오랜 시간을 들여 만든 질그릇을 나귀는 잠깐 동안에 모두 깨뜨려 버립니다."

7 그때 스승은 이렇게 말했다.

"너는 미련하고 지혜란 조금도 없구나. 이 나귀는 깨뜨리는 일은 잘할지 모르나 백 년이 걸려도 그릇 하나 만들지 못한다."

8 세상에 은혜를 모르는 무지한 사람들도 그와 같다. 오랫동안 남의 은혜를 입고서도 그것을 갚을 줄은 모른다. 뿐만 아니라 손해만 끼치고 조금도 이익을 주지 못한다. 은혜를 배반하는 사람이 이 비유와 무엇이 다르랴.

### 3. 물이 보기 싫거든 물가를 떠나라

1 옛날 어떤 사람이 길을 가다

가 몹시 목이 말랐다. 때마침 그는 맑은 물이 흐르고 있는 나무 홈통을 발견하고 정신없이 물을 마셨다.

2 실컷 마시고 난 그는 나무 홈통을 향해 말했다.
"물아, 이제는 더 흐르지 마라."

3 그러나 물은 여전히 흘러 나왔다. 그는 다시 화를 냈다.
"싫도록 마셨으니 더 흐르지 말라는데 왜 멈추지 않느냐?"

4 어떤 사람이 그 광경을 보고 말했다.
"당신은 참 어리석구려. 당신이 이곳을 떠나면 될 텐데 흐르는 물을 보고 성화를 내야 무슨 소용이 있겠소."

5 그러고는 그를 다른 곳으로 데려갔다.

6 어리석은 사람도 이와 같다. 세상 온갖 것에 집착하고 갈망하여 오욕락의 단물을 마시다가 그 쾌락에 싫증이 나면 물을 실컷 마시고 난 사람처럼 이렇게 말하는 것이다.
"너희 빛과 소리와 냄새와 맛나는 것은 다시 내 눈에 띄지도 마라."

7 그러나 그 다섯 가지 욕락은 끊임없이 앞에 나타난다.

8 그는 다시 화를 낸다.
"빨리 사라져 내 눈에 띄지 말라 했는데 왜 다시 나타나느냐?"

9 이때 지혜로운 사람은 그것을 보고 이렇게 말한다.
"당신이 그것들로부터 떠나고 싶으면 당신의 여섯 감각기관을 거두고 그 마음을 닫아 망상을 내지 마십시오. 그렇게 하면 곧 해탈을 얻을 것입니다. 그런데 그것을 보지 않는 것을 가지고 그들이 생기지 않는 것으로 여긴다면 잘못된 생각입니다."

10 그것은 물을 마신 어리석은 사람과 조금도 다를 것이 없다.

### 4. 연주의 대가를 못 받은 악사

1 어느 악사가 왕 앞에서 음악을 연주하게 되었다. 왕은 그에게 연주의 대가로 돈 천 냥을 주겠다고 약속했다. 연주를 마치자 악사는 왕 앞에 나아가 그 대가를 요구했다.

2 그러자 왕은 돈을 주기는커녕 도리어 이렇게 말하는 것이었다.
"네가 연주한 음악은 내 귀를 즐겁게 했다. 그런데 그것은 네 귀도 즐겁게 해 주었을 것이다. 그러니 너도 돈을 내놓아라."

3 인간의 세계에서나 천상에서 조그마한 즐거움은 받을 수 있다. 그러나 그것은 실체가 없어 덧없이 소멸하는 것이다.

4 또한 그것들은 오래 지속되지 못하니 마치 음악 소리가 허무한 것과 같다.

### 5. 누각의 삼층만 지으려는 부자

1 옛날에 미련하여 아는 것이라곤 아무것도 없는 어리석은 부자가 있었다.

2 어느 날 그는 이웃 부잣집에 갔다가 삼층 누각을 구경하게 되었다. 그것은 웅장하고 화려할 뿐 아니라, 넓고 높아 시원스럽게 보였다.

3 어리석은 부자는 무척 부러워하며 이렇게 생각했. '내 재산도 저 사람 것만 못하지 않다. 아직까지 나는 왜 이런 누각을 짓지 않았을까?'

4 그는 곧 목수를 불렀다.
"저 누각처럼 거대하고 웅장한 누각을 지을 수 있겠소?"
"저 집은 내가 지은 것입니다."
"그러면 곧 저런 누각을 지어 주시오."
5 목수는 곧 땅을 고르고 벽돌을 쌓아 누각을 짓기 시작했다. 벽돌을 쌓아 짓는 것을 지켜보던 부자는 의심이 나서 목수에게 물었다.
"어떤 집을 지으려는 것이오?"
"삼층 누각을 짓는 중입니다."
6 그때 이 부자는 이렇게 말했다.
"나는 아래 두 층은 필요 없으니 맨 위층만 지어 주시오."
"어떻게 그럴 수가 있습니까. 아래층을 짓지 않고 어떻게 이층을 지으며 이층을 짓지 않고 어떻게 삼층을 지을 수 있단 말입니까. 나는 그런 집은 짓지 못합니다."
7 목수는 그만 떠나 버렸다. 사람들은 이 말을 듣고 모두 그 부자의 어리석음을 비웃었다.
8 이는 마치 삼보를 공경하지 않고 게으름을 피우며 놀기만 하다가 도의 결과를 구하는 것과 같다.
9 이러한 사람이 세상의 비웃음을 받는 것은 누각의 삼층만을 지으려는 어리석은 부자의 경우와 다를 것이 없다.

### 6. 가난한 아이의 욕심

1 어떤 가난한 아이가 있었다. 그는 어느 날 큰 부자를 보자 그 부자처럼 많은 재산을 갖고 싶었다. 그러나 뜻대로 되지 않자 아이는 홧김에 자신이 지녔던 조그만 재물마저

물속에 던져 버리려 했다.
2 그것을 본 한 사람이 아이에게 타일렀다.
"너는 아직 나이도 어려 앞길이 창창한데 왜 그것을 물속에 버리려 하느냐? 그 재물이 비록 적긴 하지만 네가 노력한다면 늘릴 수도 있지 않겠느냐."
3 어리석은 사람도 그와 같다. 집을 갓 떠나 진리를 조금 터득했을 때, 그들은 깊은 진리를 얻어 덕이 높은 사람들을 보고 부러워한다.
4 나이가 많고 덕이 있으며 또 아는 것이 많은 사람이 여러 사람들로부터 공양 받는 것을 보고 그와 같이 되기를 바란다.
5 그러나 쉽사리 그렇게 되지 않을 때 마음속으로 괴로워하고 끝내는 수행을 포기하려고까지 생각한다.
6 그것은 마치 어리석은 아이가 노력도 없이 하루아침에 부자가 되기를 바라다가 자신의 재물마저 버리려는 것과 같다.

### 7. 귀한 목재로 숯을 굽다

1 옛날 한 부자의 아들이 있었다. 그는 바닷가에 놀러 나갔다가 오랫동안 물속에 잠겨 있던 목재를 하나 건져 수레에 싣고 집으로 돌아왔다.
2 그는 목재를 내다 팔 양으로 그것을 다시 장으로 가지고 갔다. 그러나 아주 귀한 목재여서 값이 비싸기 때문에 사려는 사람이 아무도 없었다.
3 여러 날이 지나도록 팔리지 않게 되자 그는 걱정이 되었다. 마침 옆에는 숯을 파는 사람이 있었는데 숯은 잘 팔렸다.
4 이것을 본 부자의 아들은 목재로 숯을 구워 어서 제 값을

받는 것이 낫겠다고 생각했다.
5 그는 목재를 태워 숯을 만들어 내다 놓았다. 그러나 그는 나무의 절반 값도 받지 못했다.
6 어리석은 사람도 그와 같다. 여러 가지 방편으로 부지런히 정진하여 깨달음을 얻으려다 그것이 얻기 어려워지면 물러난다.
7 '차라리 소승의 결과를 얻는 것이 낫겠다'고 생각하는 것이다.

### 8. 나귀의 젖을 짜려는 사람들

1 옛날 어떤 시골에 나귀를 구경조차 한 일이 없는 사람들이 살았다. 그러나 나귀의 젖이 매우 맛이 좋다는 말은 어디서 듣고 그것을 몹시 먹고 싶어 했다.
2 어느 날 그들은 숫나귀 한 마리를 얻게 되었다. 그들은 젖을 짜려고 서로 다투어 나귀를 붙잡았다. 어떤 사람은 머리를 붙잡고, 어떤 사람은 귀를 붙잡으며, 더러는 꼬리나 다리를 붙잡기도 했다.
3 서로 먼저 젖을 짜 마시려고 법석을 떨고 있을 때 별안간 한 사람이 나귀의 생식기를 움켜잡고 '이것이 젖이다.'라고 소리를 질렀다.
4 그러자 모두들 생식기에 달라붙어 젖을 짜려 했으나 헛수고였다. 그래서 그들은 세상 사람들로부터 비웃음을 샀다.
5 외도의 범부들도 그와 같다. 진리라는 말을 듣기는 했어도 그것을 얻을 수 있는 곳에 가서 찾지 않고 허망하고 잡된 생각을 내거나 잘못된 견해를 내어 일부러 발가벗거나 굶주리거나 혹은 높은 벼랑에서 몸을 던지기도 한다. 결국 잘못된 생각 때문에 나쁜 길에

떨어지고 만다.
6 그것은 어리석은 사람들이 엉뚱한 곳에서 젖을 얻으려는 것과 같다.

### 9. 과일을 따려고 나무를 베다
1 어떤 나라의 궁전 뜰에 과일나무 한 그루가 있었다. 나무는 키가 크고 잎이 무성하여 얼마 안 있으면 향기롭고 맛있는 열매가 많이 맺힐 것 같았다.
2 왕은 그 나무 아래서 한 신하를 만나 물었다.
"앞으로 이 나무에 맛있는 열매가 많이 열릴 텐데 그대는 그것을 먹지 않겠는가?"
"이 나무는 너무 높고 커서 먹고 싶어도 열매를 딸 수 없을 것 같습니다."
신하는 왕에게 대답했다.
3 왕이 안으로 들어간 뒤 신하는 열매를 따기 쉽도록 나무를 베어 버렸다. 열매가 맺히기는 고사하고 나무가 말라죽게 되자 그는 다시 나무를 세워 놓았지만 헛수고였다.
4 수행하는 사람들도 그와 같다. 법의 왕이신 부처님께는 계율의 나무가 있어 훌륭한 열매를 맺는다.
5 그 열매를 먹으려면 반드시 계율을 지키고 온갖 공덕을 쌓아야 한다. 그러나 그 방법을 몰라 도리어 계율을 비방한다.
6 그것은 마치 나무를 베어 버린 다음 다시 살리려고 하는 것과 같다.

### 10. 재산은 놓아두고 문만 지키다
1 어떤 사람이 먼 곳으로 여행을 떠나려 했다. 그는 하인에게 문단속 잘하고 나귀와 밧줄을 잘 살필 것을 당부한 다

음 집을 나섰다.

2 주인이 떠난 후 이웃집에서 한 친구가 광대놀이를 구경 가자고 그를 부르러 왔다. 그는 밧줄로 나귀를 묶어 문에 매어 두고는 친구와 함께 밖으로 나갔다.

3 그가 나간 후 곧 그 집에 도둑이 들어와 값진 물건들을 모두 훔쳐 달아났다.

4 주인이 돌아와 하인에게 물었다.

"집안의 값진 물건들을 모두 어떻게 했느냐?"

"주인께서는 제게 문과 나귀와 밧줄만을 부탁했을 뿐입니다. 그 밖에 다른 것은 제 알 바가 아닙니다."

하인은 태연하게 주인을 쳐다 보았다.

5 주인은 어리석은 하인을 꾸짖고 나서 말했다.

"너에게 문단속을 잘하라고 한 것은 바로 값진 물건들 때문이었다. 이제 그것들을 모두 잃어 문은 아무 쓸모가 없게 되었으니, 너도 이 집에서 쓸모가 없게 되었구나."

6 태어나면 반드시 죽게 마련인 인간이 애욕의 노예가 되는 것도 이와 같다. 부처님께서는 항상 '감각기관을 잘 단속하여 대상에 집착하지 말고 무명의 나귀와 애욕의 밧줄을 잘 지키라'고 훈계했다.

7 그런데 어떤 비구들은 부처님의 교훈을 받들지 않고 이익만을 구하고 거짓 청빈을 꾸미어 고요한 곳에 앉아 있지만 마음은 산란하여 오욕락에 빠져 있다.

8 즉 형체와 소리와 냄새와 맛과 촉감에 현혹되고 마음은 무명에 덮여 있는 것이다. 그래서 바른 생각과 깨달음의

재물을 모두 잃고 만다.

### 11. 참깨를 볶아 심다

1 한 어리석은 사람이 있었다. 그는 날 깨만을 먹다가 우연히 볶은 깨를 먹게 되었다. 퍽 고소하고 맛이 좋았다.

2 그래서 그는 '깨를 아예 볶아서 심으면 뒷날 맛있는 깨를 거둘 수 있겠구나.' 하고 깨를 볶아 밭에 뿌렸다. 그러나 볶은 깨에서 움이 틀 리가 없었다.

3 수행하는 사람들도 그러하다. 오랜 세월 부처의 경지에 이르려고 괴로운 수행을 하다가 그것이 고통스러우면 '차라리 소승의 길을 닦는 것이 더 쉽겠다'고 생각한다.

4 그리하여 처음의 큰 바람은 그 결실을 원만하게 이루지 못하고 만다.

5 그것은 마치 볶은 깨에서 움이 트지 않는 것과 같다.

### 12. 머리를 끌고 가는 꼬리

1 뱀 한 마리가 살고 있었다. 어느 날 뱀의 꼬리가 머리에게 말했다.
"이제부터 내가 앞서가야겠다."
"언제나 내가 앞서갔는데 이제 와서 갑자기 무슨 소리냐?"
그러면서 머리는 여전히 앞서 갔다.

2 그러자 꼬리는 심술이 나서 그만 나무를 칭칭 감아 버렸다.

3 머리는 더 이상 앞으로 나갈 수 없게 되었다. 머리는 하는 수 없이 꼬리를 앞세워 가게 되었다.

4 그러나 꼬리는 길을 잘못 들어 불구덩이에 떨어져 뱀은

타 죽고 말았다.

5 스승과 제자도 이와 같다. 제자는 '스승들은 연로하다는 이유로 항상 앞에 서 있다. 그러나 우리는 젊다. 우리가 길잡이가 되어야 한다.'고 말한다.

6 계율에 익숙지 못한 젊은이들은 항상 계율을 범하다가 서로를 이끌고 지옥에 떨어지기 쉽다.

### 13. 떡 한 개로 입을 봉한 부부

1 고집들이 센 한 부부가 있었다. 하루는 그들에게 떡 세 개가 생겼다. 부부는 떡 한 개씩을 나누어 먹고 나서 한 개를 서로 더 먹겠다고 입씨름을 벌였다.

2 그러다 끝까지 말을 하지 않는 사람이 떡을 먹기로 했다. 떡 한 개 때문에 종일 아무도 입을 열지 않았다.

3 밤이 되자 그 집에 도둑이 들었다. 도둑은 방 안으로 들어와 물건을 훔쳐 쌌다. 그러나 부부는 입을 봉한 채 도둑이 하는 거동만 빤히 쳐다보고 있었다.

4 도둑은 그들 부부를 이상하게 여기면서도 아무 말도 없는데 용기를 얻어 그 부인을 범하려 했다. 그래도 남편은 말이 없었다.

5 "도둑이야!"
참다못한 아내가 고함을 치며 남편에게 대들었다.
"미련한 사내, 그래 떡 한 개 때문에 자기 아내를 범하려는 것을 보고도 가만히 있단 말이오?"

6 그러자 남편은 비로소 입을 열었다. "떡은 내 것이야!" 사람들은 이 말을 듣고 모두 비웃었다.

## 제2편 초기 경전

7 범부들도 그와 같다. 조그만 명성이나 이익을 위해 큰 손해를 보면서도 잠자코 있다.

8 온갖 번뇌와 악한 도둑의 침범으로 좋은 법이 악도에 떨어진다 해도, 그것을 두려워하기는커녕 출세의 길만 구한다.

9 그리고 오욕락에 빠져 큰 고통을 당하더라도 재난이라 생각하지 않는다.

10 그것은 저 어리석은 부부와 다름이 없다.

### 14. 입을 걷어차다

1 옛날에 부자가 한 사람 있었다. 곁의 사람들은 그의 환심을 사려고 그에게 온갖 아첨을 다 떨었다. 심지어 그 부자가 가래침을 뱉으면 그의 시종은 달려가 그것을 밟아 문지르는 일까지도 서슴지 않았다.

2 어떤 미련한 시종 한 사람이 자기도 그렇게 하여 그의 눈에 들고자 했으나 차례가 돌아오지 않자 이렇게 생각했다. '그가 침을 뱉을 때마다 나보다 날쌘 사람들이 먼저 달려가 그것을 밟아 버릴 테니, 나는 그가 침을 뱉으려 할 때 얼른 밟아 버려야겠다.'

3 그때 마침 부자가 가래침을 뱉으려 했다. 미련한 그 시종은 얼른 발을 들어 부자의 입을 걷어차 버렸다. 부자의 입술이 터지고 이가 부러졌다.

4 부자는 화를 벌컥 내며 그를 꾸짖었다.
"너 이놈, 감히 내 입을 차느냐?"

5 어리석은 시종은 대답했다.
"만일 주인어른의 침이 입에서 나와 땅에 떨어지면, 곁에 사람들이 얼른 밟아 버리기 때문에 제게는 차례가 오지 않습니다. 그래서 침이 입에서 나오려 할 때 먼저 밟으려고 했던 것이 그만 그렇게 되었습니다."
6 어떤 일이든 때가 있는 법이다. 때가 채 이르기도 전에 억지로 애를 쓰면 도리어 화를 당한다. 사람들은 제때와 아닌 때를 잘 살펴 알아야 한다.

### 15. 한꺼번에 짜려던 우유

1 한 어리석은 사람이 있었다. 그는 잔칫날을 앞두고 그날 손님들에게 대접할 우유를 짜 모으다가 문득 이렇게 생각했다. '날마다 우유를 짜 모으면 저장할 곳도 마땅치 않고 맛도 덜할 것이다. 그러니 아예 소 뱃속에 우유가 고이도록 놓아두었다가 한꺼번에 짜는 것이 좋겠다.'
2 나오지 않았다. 잔치에 온 손님들은 그 사정을 듣고 모두 그를 비웃었다.
3 어리석은 사람도 그와 같다. 그는 보시를 하려다 말고 '재산이 많이 모이면 그때 한꺼번에 보시하리라'고 생각한다.
4 그러나 재산은 많이 모이기도 전에 수재, 화재, 혹은 관청이나 도둑의 약탈로 인해 잃어버릴 염려가 있다. 또는 갑자기 목숨을 잃어 알맞은 시기에 보시하지 못하게 되는 경우도 생긴다.
5 그것은 앞의 비유와 다를 바 없다.

### 16. 물속에 비친 금덩이

1 어떤 사람이 물가에 갔더니 물속에 금덩이가 보였다. 그는 물속에 들어가 금을 찾으려 했다. 진흙을 헤치며 금을 찾아보았으나 금은 나오지 않았다.
2 그는 물 밖으로 나왔다. 흐려진 물이 맑아지자 또 그 금덩이가 보였다. 다시 물에 뛰어

들어가 그것을 찾았으나 역시 찾지 못했다. 이렇게 하기를 여러 번 거듭하자 그는 지쳐 쓰러질 것 같았다.

3 이때 그의 아버지가 아들을 보고는 물었다.
"왜 그토록 지쳐 있느냐?"
"물속에 금이 있기에 들어가 건지려 했지만 찾지 못하고 이렇게 몸만 지쳤습니다."

4 그 말을 들은 아버지는 물속을 들여다보고 그것이 나무 위에 금덩이가 있어 물속에 비친 것임을 알았다.
"저것은 새가 금을 물고 가다 나무 위에 둔 것일 게다."

5 그는 아들에게 말해 주었다. 그들은 나무 위의 금을 내려와 집으로 가지고 갔다.

6 어리석은 범부들도 그와 같다. 이 육체 속에 내가 있는 줄 알고 아무리 찾아보아도 찾을 수 없는 것이다.

### 17. 거울 속의 사람

1 몹시 가난한 사람이 있었다. 항상 곤궁해서 남의 빚만 잔뜩 짊어진 채 갚지를 못했다.

2 그는 고향을 떠나 아무도 모르는 곳으로 도망쳤다. 도중에 그는 겉이 거울로 덮여 있는 한 보물상자를 발견했다.

3 그는 기뻐하며 상자를 열려 했다. 그때 거울 속에서 웬 사람이 자기를 마주보고 있었다.

4 그는 놀라서 얼른 합장을 하고 이렇게 말했다.
"나는 이 상자 속에는 아무것도 없는 줄 알았습니다. 당신이 이 속에 있을 줄은 정말 모르고 그랬으니 제발 용서해 주십시오."

5 범부들도 그와 같다. 한없는 번뇌의 시달림을 받고 생사의

마왕에게 핍박을 당하다가 그것을 피해 바른 가르침 안에 들어온다. 그들은 좋은 법을 닦아 행하고 여러 가지 공덕을 쌓으려 한다.
6 그러나 보물상자의 거울 속에서 자신의 얼굴을 보고 남으로 착각하는 바보처럼 '나'가 있다고 쓸데없는 생각을 낸다. '나'에 집착하여 그것을 실재하는 것이라고 타락의 길에 빠지는 것이다.
7 그것은 어리석은 자가 거울 속에 비친 자신에게 보물상자를 버리듯, 나라는 관념에 집착하기 때문에 온갖 공덕을 잃어버리는 것과 같다.

### 제8장 효행
#### 1. 번뇌와 업과 악행
1 부처님께서 라자그리하의 영취산에 계실 때였다. 아침이 되어 가사를 입고 발우를 들고 걸식하러 성안으로 들어가셨다.
2 성안에 사는 한 부유한 상인의 아들 싱갈라가 못에서 목욕하고 언덕에 올라와 몸을 말린 뒤 동·서·남·북·상·하 여섯 군데를 향해 예배하고 있었다.
3 부처님께서 싱갈라에게 말씀하셨다.
"너는 무엇 때문에 육방의 여섯 군데를 향해 예배하느냐?"
4 싱갈라는 부처님께 대답했다.
"저의 아버지가 임종하실 때 '너는 어딘가에 예배하고 싶거든 먼저 동·서·남·북·상·하의 여섯 군데를 향해 예배하라.'고 유언하셨습니다. 저는 아버지의 유언을 지키려 이렇게 예배하는 것입니다."
5 부처님께서 싱갈라에게 말씀하셨다.

"거기에는 방위의 이름만 있을 뿐이다. 우리 성현의 법은 그런 육방의 예배를 으뜸으로 삼지 않는다."

6 싱갈라는 부처님께 여쭈었다.
"성현의 법 안에서 육방에 예배하는 법을 가르쳐 주십시오."

7 부처님께서 말씀하셨다.
"이제 너를 위해 설명하겠으니 자세히 듣고 잘 명심하라. 네 가지 번뇌의 업과 네 가지 악행과 또 여섯 가지 재산을 없애는 일이 있다. 이런 나쁜 일을 하지 않고 육방에 예배하면 이 세상에서도 잘살고 후생에 가서도 좋은 과보를 얻을 것이다.

8 네 가지 번뇌의 업이란 살생과 도둑질과 음행과 거짓말이다. 또 네 가지 나쁜 행위란 탐욕과 성냄과 두려워함과 어리석음이다. 이와 같은 번뇌의 업과 악행을 행하면 큰 불행이 있을 것이다.

9 또 재산을 없애는 여섯 가지 일이란 술에 취하고 도박하며 방탕하고 풍류에 빠지며 나쁜 벗과 어울리고 게으름에 빠지는 일이다. 이런 악행을 떠난 뒤에 육방에 예배하면 이 세상이나 다음 세상에서 항상 안락할 것이다.

10 술을 마시는 데에는 다음과 같은 허물이 있다. 재산을 소비하게 되고 병이 생기고 잘 다투고 나쁜 이름이 퍼지며, 분노가 폭발하고 지혜가 날로 없어지는 것이다. 그러므로 술을 마시지 말아야 한다.

11 도박에도 다음과 같은 허물이 있다. 재산이 날로 줄어들고 이기더라도 원한이 생기며, 지혜로운 사람이 타일러

도 듣지 않고 사람들이 그를 멀리하며 도둑질할 마음이 생기는 것이다. 그러므로 도박을 해서는 안 된다.

12 방탕에도 다음과 같은 허물이 있다. 제 한 몸은 물론 자손도 보호하지 못하고 항상 놀라고 두려워하게 되며, 온갖 괴롭고 나쁜 일이 몸을 얽어매고 허망한 생각에 빠지게 된다. 그러므로 방탕하지 말아야 한다.

13 나쁜 벗과 어울리는 데에도 다음과 같은 허물이 있다. 남을 속일 꾀를 내고 으슥한 곳을 좋아하며, 남의 여자를 유혹하고 남의 물건을 훔치며, 재물을 독차지하려 하고 남의 허물 드러내기를 좋아한다. 그러므로 나쁜 벗과 어울리지 말아야 한다.

14 게으름에도 다음과 같은 허물이 있다. 부자면 부자라고 해서, 가난하면 가난하다고 해서 일하기 싫어한다. 추울 때는 춥다고 해서, 더울 때는 덥다고 해서 일하기 싫어한다. 시간이 이르면 이르다고 해서, 시간이 늦으면 늦었다고 해서 일하기 싫어한다. 그러므로 부디 게으르지 말아야 한다.

15 그 대신 가까이해야 할 벗이 있다. 그는 너에게 많은 이익을 주고 많은 사람들을 보살펴 준다. 잘못을 말리고 사랑하고 가엾이 여기며, 남을 이롭게 하고 사업을 같이하는 벗이다. 그러므로 그런 이는 친해야 한다."

### 2. 대인 관계

1 부처님께서 다시 말씀하셨다.
"육방이란 어떤 것인지 알아야 한다. 동쪽은 부모요, 남쪽은 스승이며, 서쪽은 아내요, 북쪽은 친족이며, 아래쪽은 종이요, 위쪽은 덕이 높은 사문과 브라만이다.

2 사람으로 태어났으면 다음 같은 일로 부모에게 효도해야 한다. 부모를 잘 받들어 아쉬움이 없게 하고, 할 일이 있으면 먼저 부모에게 알리며, 부모가 하시는 일에 순종하여 거스르지 않고, 부모의 당부를 어기지 않으며, 부모가 경영하는 바른 사업을 계승하여 끊어지지 않게 하는 것이다. 자식이 부모를 받들어 효도로 섬기면 부모는 편안하여 아무 걱정이 없을 것이다.

3 또 부모는 다음과 같이 자식을 사랑해야 한다. 자식을 타일러 나쁜 일을 하지 못하게 하고 좋은 일을 가르쳐 주며, 사랑이 골수에 사무치도록 하고 좋은 곳에 결혼시키며, 수시로 필요한 물건을 대어 주어야 한다.

4 제자가 스승을 받들어 공경하는 데에도 다음과 같은 일이 있다. 필요한 물건을 대어 드리고 예배 공양하며 존경하여 우러러 받들고, 가르침이 있을 때는 순종하여 어기지 않으며 들은 법은 잘 지녀 잊지 않아야 한다. 제자가 스승을 공경하고 받들면 스승은 편안하여 아무 걱정이 없을 것이다.

5 또 스승은 다음 같은 일로 제자를 지도해야 한다. 법을 따라 다루고 모르는 것을 가르쳐 주며, 묻는 것에 대답하여 잘 이해하도록 하고, 좋은 벗을 알선해 주며, 아는 것은 아끼지 않고 모두 가르쳐 주어야 한다.

6 남편이 아내를 위하는 데에도 다음 같은 일이 있다. 예절로써

대하고 위신은 지키며, 항상 의복과 음식을 넉넉히 대어 주고 집안일을 믿고 맡겨야 한다.

7 또 아내는 다음 같은 일로 남편을 공경해야 한다. 항상 먼저 일어나고 뒤에 앉으며, 말을 부드럽게 하고 잘 순종하며, 남편의 뜻을 먼저 알아 받들어 행해야 한다. 아내가 이와 같이 남편을 받들어 공경하면 남편은 편안하여 아무 걱정이 없을 것이다.

8 그리고 누구나 다음 같은 일로 친족을 가까이하고 공경해야 한다. 물건을 나누어 쓰고 말을 인자하게 하며, 이익을 주고 이익을 같이하여 속이지 않아야 한다. 이와 같이 친족을 공경하고 가까이하면 친족은 편안하여 아무 걱정이 없을 것이다.

9 주인은 하인에 대하여 다음과 같은 일을 가르쳐야 한다. 능력에 따라 일을 시키고, 항상 음식을 대어 주며, 수시로 노력의 대가를 치러 주고, 병이 나면 치료해 주며 가르쳐 주어야 한다.

10 또 하인은 다음 같은 일로 주인을 받들어 섬겨야 한다. 일찍 일어나고 일을 정성껏 해야 하며, 주지 않는 것을 가지지 않고 순서대로 일을 하며, 주인의 이름을 칭송하여 드날리는 것이다. 하인이 이와 같이 주인을 섬기면 주인은 편안하여 아무 걱정이 없을 것이다.

11 보시하는 사람은 항상 다음 같은 일로 사문이나 브라만을 받들어 공경해야 한다. 행동이 친절하고 말이 인자하며, 마음이 자비스럽고 때를 맞추어 보시하고 문을 잠그지 않는다. 보시하는 사람이 이와 같이 사문이나 브라만

을 받들면 그들은 편안하여 아무 걱정이 없을 것이다.

12 또 사문이나 브라만은 다음 같은 일로 보시하는 사람을 가르쳐야 한다. 그들을 보호하여 나쁜 일을 저지르지 않게 하고, 좋은 것을 가르쳐 착한 마음을 가지게 하고, 듣지 못한 것을 듣게 하며, 이미 들은 것은 잘 이해하게 하고, 천상에 나는 길을 알려 주는 일이다."

13 부처님께서 이와 같이 말씀하시니 부유한 상인의 아들 싱갈라는 이렇게 여쭈었다.
"부처님, 부처님의 말씀은 저로서는 상상도 할 수 없었던 것입니다. 아버지의 교훈과는 비교할 수도 없습니다. 넘어진 자를 일으켜 주고, 닫힌 마음을 열어 주시며, 미혹한 이를 깨닫게 하셨습니다. 그리고 어두운 밤에 등불을 켜시고 눈 있는 사람은 보게 하셨습니다. 부처님께서는 무수한 방편으로 미혹한 자를 깨닫게 하시고 맑고 깨끗한 이치를 드러내셨습니다.

14 저는 오늘부터 부처님과 부처님의 법과 승단에 귀의하겠습니다. 제가 바른 법 안에서 신도가 되게 해 주십시오. 목숨을 마칠 때까지 살생하지 않고, 도둑질하지 않으며, 사음하지 않고, 거짓말하지 않으며, 술을 마시지 않겠습니다."

### 3. 어진 아내의 길

1 사왓티의 부호 급고독 장자는 권력과 재산이 많은 집안의 딸 옥야를 며느리로 맞았다.

2 옥야는 뛰어난 미인이었다. 그러나 친정의 지체와 자기의 미모를 믿고 교만하여 시부모와 남편을 제대로 섬기려 하지 않았다.

3 아내로서의 부덕과 예절이 없는 것을 보고 걱정하던 장자는 부처님을 청해 며느리를 교화시키기로 했다. 초대를 받고 장자의 집을 찾아간 부처님께서는 옥야에게 말씀하셨다.

4 "여자는 무엇보다 단정해야 하오. 단정하다는 것은 얼굴이나 몸매나 의복 등 겉모양만을 가리키는 것이 아니라, 그릇된 태도를 버리고 마음을 한결같이 공손하게 가지는 일이오."
옥야가 속으로 자기 허물을 뉘우치며 묵묵히 있는 것을 보고 부처님께서는 말을 이으셨다.

5 "세상에는 일곱 종류의 아내가 있소. 어머니 같은 아내, 누이 같은 아내, 친구 같은 아내, 며느리 같은 아내, 종 같은 아내, 원수 같은 아내, 도둑 같은 아내 등이오.

6 첫째, 어머니와 같은 아내란 남편을 아끼고 생각하기를 어머니가 자식을 생각하듯 하는 것이오. 밤낮으로 모시고 그 곁을 떠나지 않고 때에 맞추어 먹을 것을 차리며, 남편이 밖에 나갈 때에는 남들에게 흉잡히지 않도록 마음을 쓰는 것이오.

7 둘째, 누이 같은 아내란 남편을 받들어 섬기기를 한 부모에게서 혈육을 나눈 형제와 같이 하는 아내요. 그러므로 거기에는 두 가지 정이 있을 수 없으며, 누이가 오라비를 받들어 섬기듯 하는 것이오.

8 셋째, 친구와 같은 아내란 남편을 모시고 사랑하는 생각이 지극해서 서로 의지하고 사모하여 떠나지 않소. 어떤 비밀한 일도 서로 알리며 잘못을 보면 충고를 하여 실수가 없게 하고, 좋은 일에는 칭

찬하여 지혜가 더욱 밝아지도록 하오. 서로 사랑하여 이 세상에서 편안히 지내게 하기를 어진 벗과 같이 하는 아내요.

9 넷째, 며느리와 같은 아내란 공경과 정성을 다해 어른을 받들고 겸손과 순종으로 남편을 섬기며, 일찍 일어나고 늦게 자며 어긋나는 말과 행동을 하지 않소. 좋은 일이 있으면 다른 사람에게 돌리고 궂은일에는 자기가 나서서 책임을 지오. 남에게 베풀기를 가르치고 착하게 살기를 서로 권하며, 마음이 단정하고 뜻이 한결같아 조금도 그릇됨이 없소.

10 아내의 예절을 밝게 익혀 손색이 없으니 나아가도 예의에 어긋나지 않고 물러나도 예의를 잃지 않으며, 오로지 화목으로써 귀함을 삼으니 이것이 며느리 같은 아내인 것이오.

11 다섯째, 종과 같은 아내란 항상 어려워하고 조심하여 교만하지 않고 일에 부지런하여 피하거나 꺼리는 것이 없으며, 공손하고 정성스러워 충성과 효도를 끝까지 지키오. 말은 부드럽고 성질은 온화하며 입으로는 거칠거나 간사한 말을 하지 않고, 몸으로는 방종한 행동을 하지 않소. 정숙하고 선량하고 슬기로우며, 항상 스스로 엄하게 단속하여 예의로 몸가짐을 삼소.

12 남편이 사랑해도 교만을 부리지 않고, 설사 박대를 할지라도 원망함이 없이 묵묵히 받아들여 딴 생각을 품지 않소. 남편이 즐기는 것을 권하고 말이나 얼굴빛에 질투가 없으며, 오해를 받더라도 그것을 밝히려고 다투지 않소.

13 아내의 예절을 힘써 닦아 옷과

음식을 가리지 않고 다만 공경하고 정성을 기울일 뿐, 남편을 공경하고 받들기를 마치 종이 상전을 섬기듯 하는 것이니 이것이 종과 같은 아내요.

14 여섯째, 원수와 같은 아내란 언제나 성내는 마음을 지니고 남편을 보아도 반기지 않고 밤낮으로 헤어지기를 생각하며, 부부라는 생각이 없이 나그네처럼 여기며 걸핏하면 싸우려고 으르렁거리면서 조금도 어려워하는 마음이 없소.

15 흐트러진 머리로 드러누워 손끝 하나 까딱하지 않고, 집안 살림살이나 아이들이 어떻게 되건 전혀 보살피지 않으며, 바람을 피우면서도 부끄러운 줄을 모르오. 그 모습이 짐승과 같아 친척을 욕하게 되니 이것이 원수 같은 아내요.

16 일곱째, 도둑과 같은 아내란 밤낮으로 자지 않고 성난 마음으로 대하며, 무슨 수를 써서 떠날까 궁리하고 독약을 먹이자니 남이 알까 두려워서 못하고, 친정이나 이웃에 가서 그들과 짜고 재산을 빼내려 하며, 정부를 두고는 틈을 보아 남편을 죽이려 하오. 남편의 목숨을 억울하게 빼앗으려는 것이니 이것이 도둑과 같은 아내요.

17 세상에는 이와 같은 일곱 종류의 아내가 있소. 그 가운데 먼저 든 다섯 종류의 착한 아내는 항상 그 이름을 널리 떨치고 여러 사람들이 사랑하고 공경하며 일가친척들이 함께 칭송하게 되오.

18 그리고 악독한 두 종류의 아내는 항상 비난을 받고 몸과 마음이 편치 못해 늘 앓게 되며, 눈을 감으면 악몽으로 두

려워 떨고 자주 횡액을 당하며, 죽은 뒤에는 삼악도에 떨어져 헤어날 기약이 없는 것이오."

19 부처님의 이와 같은 말씀을 듣고 옥야는 눈물을 흘리며 부처님 앞에서 자기 허물을 뉘우쳤다.

"제 마음이 어리석고 미련하여 아내로서 몽매한 짓을 했습니다. 이제부터는 지나간 잘못을 고쳐 교만을 부리지 않고 종과 같은 아내가 되어 시부모와 남편을 받들어 섬기겠습니다."

20 부처님께서는 옥야에게 말씀하셨다.

"사람 중에 어느 누가 허물이 없겠소. 고쳐서 새 사람이 된다면 그보다 더 좋은 일이 없을 것이오."

21 옥야는 이날부터 어진 아내가 되었다.

## 제9장 티끌을 벗어난 대장부

### 1. 출가 생활

1 부처님께서 말씀하셨다.

"부모형제와 이별하고 출가한 사문은 욕망을 쉬고 애욕을 끊어 자기 마음의 근원과 법의 깊은 이치를 알아서 무위법을 깨달아야 한다.

2 안으로 얻을 것이 없고 밖으로는 구할 것이 없어 마음은 진리에도 얽매이지 않고 업도 짓지 않는다. 생각도 없고 지음도 없으며, 닦을 것도 없고 얻을 것도 없다. 여러 과정을 거치지 않고도 스스로 가장 높은 것이니 이것을 일러 도라 한다.

3 머리와 수염을 깎고 사문이 되어 내 가르침을 받는 사람들은 세속의 온갖 재산을 버리고 남에게 빌어 얻는 것으

로써 만족하라. 하루 한 끼만 먹고 한 나무의 밑에서 하루 이상 머물지 마라.
4 사람의 마음을 덮어 어리석게 하는 것은 애착과 탐욕이기 때문이다."

### 2. 열 가지 선악

1 "중생은 열 가지 선을 이루기도 하고 악을 이루기도 한다. 그 열 가지란 몸의 세 가지, 말의 네 가지, 생각의 세 가지이다.

2 몸의 세 가지는 산목숨을 죽이는 일과 남의 물건을 훔치는 일과 음란한 짓을 하는 일이다. 말의 네 가지는 이간질과 악담과 거짓말과 당치않게 말을 꾸미는 일이고, 생각의 세 가지는 탐욕과 성냄과 어리석음이다.

3 이 열 가지 일은 성인의 가르침에 어긋나는 것이므로 열 가지 악한 일이라고 한다. 이와 같은 악한 일을 하지 않으면 곧 열 가지 착한 일이 될 것이다.

4 사람이 많은 허물이 있으면서도 스스로 뉘우치지 않고 그대로 지나 버리면 냇물이 바다로 들어가 점점 깊고 넓게 되듯이 죄가 무겁게 쌓일 것이다.

5 그러나 허물이 있을 때 스스로 그릇된 줄 알고 악을 고쳐 선을 행하면 죄가 저절로 없어질 것이니, 병자가 땀을 내고 차차 회복되어 가는 것과 같다."

### 3. 허공에 침 뱉기

1 "악한 사람이 선한 일 하는 사람을 일부러 찾아와 귀찮게 굴더라도 스스로 참고 견디면서 그에게 성내거나 꾸짖지 마라. 남을 미워하는 자

는 스스로를 미워하는 것이다.

2 내가 도를 지켜 큰 자비를 베푼다는 말을 듣고 어떤 사람이 찾아와 나를 꾸짖고 욕했다. 그러나 내가 잠자코 대꾸하지 않았더니 그는 꾸짖기를 그쳤다.

3 내가 그에게 '만일 당신이 어떤 사람에게 선물을 주려 했을 때 그가 받지 않는다면 당신은 그 선물을 어떻게 하시겠습니까?' 하고 물었더니 그는 '그냥 가지고 돌아가지요.'라고 대답했다.

4 나는 그에게 이렇게 말했다. '조금 전에 당신이 나를 욕했지만 나는 그것을 받아들이지 않았소. 그러니 당신은 그 욕을 당신 자신에게 한 것이오. 마치 메아리가 소리에 응하고 그림자가 물체를 따르는 것과 같이, 당신은 당신이 범한 죄업에서 벗어날 수 없는 것이오. 그러니 부디 악한 일을 하지 마시오.'

5 악한 사람이 어진 사람을 해치는 것은 허공을 향해 침을 뱉는 일과 같다. 침은 허공에 머물지 않고 자기 얼굴에 떨어지게 마련이다.

6 그리고 바람을 거슬러 티끌을 뿌리는 일과 같다. 티끌은 저쪽으로 가지 않고 도리어 자기 몸에 와 묻을 것이다. 어진 사람을 해칠 수는 없는 것이며 화는 반드시 자신에게 되돌아오고 만다."

### 4. 큰 공덕

1 "도를 사랑하되 많이 듣기만 한다면 도는 끝내 얻기 어렵다. 뜻을 지켜 도를 받들어 행할 때에야 도는 크게 이루어진다. 다른 사람이 도를 펴는

것을 보고 함께 기뻐한다면 그 공덕은 아주 크다.

2 어떤 사문이 내게 물었다. '그러면 그 공덕은 다할 때가 있습니까?'

3 나는 이렇게 대답했다. '한 횃불에 수천 사람이 저마다 홰를 가지고 와서 불을 붙여 간다 할지라도 그 횃불은 조금도 달라지지 않는다. 공덕도 또한 이와 같다.'

4 악한 사람 백 명을 공양하는 것보다 착한 사람 한 명을 공양하는 것이 더 낫고, 착한 사람 천 명을 공양하는 것보다 오계 지키는 한 사람을 공양하는 것이 더 낫다.

5 이와 같이 백억의 아라한을 공양하는 것보다 부처님 한 분을 공양하는 것이 낫고, 천억의 부처님을 공양하는 것보다 분별없고 집착 없고, 닦을 것 없고 얻을 것 없는 한 사람을 공양하는 것이 더 낫다."

### 5. 스무 가지 어려움

1 "사람에게는 스무 가지 어려움이 있다. 가난하고 궁핍해서는 보시하기가 어렵고, 돈 많고 지위가 높아 가지고는 배우기가 어려우며, 목숨을 버려 죽기를 기약하기 어렵다. 살아서 부처님의 세상을 만나기 어렵고, 부처님의 경전을 얻어 보기 어렵다.

2 색심과 욕심을 참기 어렵고, 좋은 것을 보고 갖고 싶은 생각 내지 않기 어려우며, 욕을 먹고 성내지 않기 어렵다. 권세를 가지고 뽐내지 않기 어렵고, 일을 당해 무심하기 어렵다.

3 널리 배워 두루 연구하기 어렵고, 스스로 뽐내는 마음을 버리기 어려우며, 무식한 사

람을 깔보지 않기 어렵다. 마음을 평등하게 쓰기 어렵고, 남의 옳고 그름을 말하지 않기 어렵다.

4 선지식을 만나기 어렵고, 자성을 보아 도를 배우기 어려우며, 형편 따라 교화하여 사람을 제도하기 어렵고, 어떤 경우를 당해 움직이지 않기 어려우며, 방편을 잘 알기 어렵다."

### 6. 전생을 잘 알려면

1 어떤 사문이 부처님께 여쭈었다.

"어떻게 해야 전생 일을 알며, 지극한 도를 알겠습니까?"

2 부처님께서 말씀하셨다.

"마음을 깨끗이 하고 의지를 굳게 가지면 지극한 도를 알 수 있다. 거울을 닦아 먼지가 없어지면 맑아지는 것과 같이, 탐욕을 끊고 구하는 것이 없으면 전생 일을 알게 될 것이다."

3 "어떤 것이 선이며, 어떤 것이 가장 큰 것입니까?"

"도를 행하고 참마음을 지키는 것이 선이며, 의지가 도와 들어맞는 것이 가장 큰 것이다."

### 7. 힘세고 밝은 것

1 "어떤 것이 힘센 것이며, 가장 밝은 것입니까?"

"욕심을 참는 것이 힘센 것이다. 욕심을 참으면 악한 마음도 들지 않게 되기 때문에 편안함과 씩씩함을 겸하게 된다.

2 또 참는 사람은 악한 마음이 없으므로 반드시 남의 존경을 받게 된다. 그리고 마음의 때가 다 없어져 깨끗해지니 이것이 가장 밝은 것이다.

3 천지가 생기기 전부터 오늘에 이르도록 시방세계에서 생긴 일을 보지 못하는 것이 없고 알지 못하는 것이 없으며 듣지 못하는 것이 없이 일체지를 얻은 것이니 가장 밝은 것이다."

### 8. 도를 얻으려면

1 부처님께서 말씀하셨다.
"사람이 애욕에 얽매이면 마음이 흐리고 어지러워 도를 볼 수 없다. 깨끗이 가라앉은 물을 휘저어 놓으면 아무리 들여다보아도 그림자를 볼 수 없는 것과 같다.

2 너희들 사문은 반드시 애욕을 버려야 한다. 애욕의 때가 씻기면 도를 볼 수 있을 것이다. 도를 보는 사람은 마치 횃불을 가지고 어두운 방 안에 들어갔을 때 어두움이 사라지고 환히 밝아지는 것과 같다. 도를 배워 진리를 보면 무명은 없어지고 지혜만 남을 것이다.

3 내 법은 생각함이 없이 생각하고, 행함이 없이 행하며, 말함이 없이 말하고, 닦음이 없이 닦는다. 그러므로 아는 사람에게는 가깝지만 어리석은 사람에게는 갈수록 아득할 뿐이다.

4 무어라 말할 길이 끊어졌으며, 사물에 걸릴 것이 없으니, 털끝만치라도 어긋나면 잃기도 잠깐이다.

5 천지를 볼 때 덧없이 생각하고, 세계를 볼 때도 덧없음을 생각하며, 마음을 볼 때는 그대로가 보리라고 생각하라.

6 이와 같이 도를 알면 얻기가 빠를 것이다.

7 몸 안에 있는 사대가 제각기 이름을 가졌지만 어디에도

## 제2편 초기 경전

'나'가 없다고 생각하라. 내가 있지 않다면 그것은 허깨비와 다를 게 무엇인가.

8 사람이 감정과 욕망에 이끌려 명예를 구하지만 명예가 드러날 만하면 몸은 이미 죽고 만다.

9 하잘것없는 세상의 명예를 탐하느라 도를 배우지 않고 헛수고만 하니, 마치 향을 사루어 그 향기를 맡기는 했지만 향은 이미 재가 되고 만 것과 같다.

10 이와 같이 몸을 해치는 불이 명예 뒤에 숨어 있는 것이다."

### 9. 칼날에 묻은 꿀

1 "사람들이 재물과 색을 버리지 못하는 것은 마치 칼날에 묻은 꿀을 탐하는 것과 같다. 한 번 입에 댈 것도 못 되는데 어린애들은 그것을 핥다가 혀를 상한다.

2 사람이 처자나 집에 얽매이는 것은 감옥에 갇히는 것보다 더하다. 감옥은 풀릴 날이 있지만 처자는 멀리 떠날 생각조차 없기 때문이다.

3 정과 사랑은 어떠한 재앙도 꺼리지 않는다. 호랑이 입에 들어가는 재난이 있다 하더라도 깊이깊이 빠져든다.

4 그런 이를 범부라 하고 여기에서 뚫고 나오면 티끌을 벗어난 장부라 한다.

5 모든 욕망 가운데서 성욕보다 더한 것은 없다. 성욕은 크기의 한계가 없다. 다행히 그것이 하나뿐이었기 망정이지 둘만 되었더라도 도 닦을 사람은 아무도 없을 것이다.

6 애욕을 지닌 사람은 마치 횃불을 들고 거슬러 가는 것과 같아서 반드시 손을 태울 화를 입게 된다.

7 어떤 악마가 내게 미녀를 보내어 그 뜻을 꺾으려 했을 때 나는 이렇게 말했다. '가죽 주머니에 온갖 더러운 것을 담은 자여, 너는 무엇 하러 왔느냐, 물러가라, 내게는 소용이 없다!'

8 악마가 도리어 공경하는 마음을 일으켜 도의 뜻을 물었다. 내가 그를 위해 설명해 주었더니 그는 곧 눈을 뜨게 되었다."

### 10. 진흙에 더럽혀지지 않는 연꽃

1 "도 닦는 사람은 마치 나무토막이 물에 떠서 물결 따라 흘러가는 것과 같다. 양쪽 기슭에도 닿지 않고, 누가 건져 가거나 소용돌이에 빠지지도 않고 썩지도 않는다면, 이 나무는 틀림없이 바다에 들어갈 것이다.

2 도를 배우는 사람도 이와 같아서, 정욕에 빠지거나 온갖 그릇된 일에 흔들리지 않고 정진에만 힘쓴다면 그는 반드시 도를 이룰 것이다.

3 너희들 스스로의 생각을 믿지 마라. 너희들 생각은 믿을 수 없는 것이다.

4 여인과 만나지 마라. 여인을 만나면 화가 생기게 마련이다. 아라한이 된 뒤에라야 너희들 뜻을 믿을 수 있을 것이다.

5 여인을 마주 보지 말고 함께 이야기도 하지 마라. 만일 함께 이야기할 때는 똑바른 마음으로 '나는 출가 사문이다. 흐린 세상에 태어났으니 연꽃이 진흙에 더럽혀지지 않는 것과 같아야 한다.'고 생각하라.

6 나이 많은 여인은 어머니로 생각하고 손위가 되는 이는 누님으로, 나이 적은 이는 누이동생으로, 어린이는 딸과 같이 생각하여 제도하려는 마음을 내면 부정한 생각이

일어나지 않을 것이다.
7 도 닦는 사람은 마른 풀을 가진 것과 같아서 불에 가까이 가지 말아야 한다. 수행인이 욕망의 대상을 보거든 마땅히 멀리해야 한다.
8 어떤 사람이 음란한 생각이 그치지 않음을 걱정한 끝에 자기의 생식기를 끊으려 했다. 나는 그에게 다음과 같이 타이른 적이 있다.
'생식기를 끊는 것은 생각을 끊는 것만 못하다. 음란한 생각이 쉬지 않고 일어난다면 생식기를 끊은들 무슨 소용이 있겠느냐.'
9 사람들은 애욕으로 인해 걱정이 생기고 걱정으로 인해 두려움이 생긴다.
10 애욕에서 떠나 버리면 무엇을 걱정하고 무엇을 두려워할 것인가."

### 11. 사람으로 태어나기 어렵다

1 "도를 닦는 사람은 한 사람이 만 사람을 상대로 싸우는 것과 같다. 갑옷을 입고 문을 나섰다가 의지가 약해져 겁을 내는 수도 있고, 혹은 반쯤 가다 물러나는 수도 있으며, 맞붙어 싸우다가 죽기도 하고 이기고 돌아오기도 한다.
2 사문이 배울 때에는 마땅히 그 마음을 굳게 가져 용맹스럽게 정진하고 모든 악마를 쳐부수어야만 도의 열매를 거두게 될 것이다.
3 쇠그릇을 만들 때 못 쓸 쇠붙이는 버리고 좋은 쇠붙이로 만들어야 그 그릇이 깨끗하고 튼튼한 것처럼, 도를 배우는 사람도 마음의 때를 씻은 뒤에야 그 행동이 청정해질 것이다.
4 사람이 악도에서 벗어났더라도 다시 사람으로 태어나기

어렵고, 사람 중에서도 남자 되기가 어려우며, 남자가 되었을지라도 여섯 감각기관을 온전히 갖추기 어렵고, 여섯 감각기관을 갖추었을지라도 큰 나라에 태어나기 어렵다.

5 큰 나라에 태어났을지라도 부처님의 세상을 만나기가 어려우며, 부처님 세상을 만났을지라도 수행자를 만나기 어렵고, 수행자를 만났다 하더라도 신심을 내기 어렵다. 신심을 냈을지라도 보리심을 내기 어렵고, 보리심을 냈을지라도 닦음도 없고 얻음도 없는 경지에 이르기는 참으로 어렵다.

6 내 제자들이 내게서 멀리 떠나 있더라도 내가 가르친 계율을 항상 생각하면 반드시 도를 성취할 수 있지만, 내 곁에서 항상 나를 보고 있더라도 내 계율에 따르지 않으면 끝내 도를 얻지 못할 것이다."

## 12. 목숨은 호흡 사이에

1 부처님께서 어떤 사문에게 물으셨다.
"사람의 목숨이 얼마 동안 있느냐?"

2 사문이 대답했다.
"며칠 사이에 있습니다."
"너는 아직 도를 모른다."

3 부처님께서 다른 사문에게 물으셨다.
"사람의 목숨이 얼마 동안 있느냐?"
"밥 먹는 사이에 있습니다."
"너도 아직 도를 모른다."

4 또 다른 사문에게 물으셨다.
"사람의 목숨이 얼마 동안 있느냐?"
"호흡하는 사이에 있습니다."
"그렇다, 너는 도를 아는구나."

### 13. 문틈에 비친 먼지처럼

1 "내 가르침을 배우는 사람은 내가 말한 바를 모두 믿고 따라야 한다. 이를테면 꿀을 먹으면 속과 겉이 모두 달듯이 내 법문도 또한 그렇다.

2 나는 왕자의 지위를 문틈에 비치는 먼지처럼 보고, 금이나 옥 따위의 보배를 깨진 기왓장처럼 보며, 비단옷을 헌 누더기같이 보고, 삼천대천세계를 한 알의 겨자씨같이 본다.

3 열반을 조석으로 깨어 있는 것과 같이 보고, 평등을 하나의 참다운 경지로 보며, 교화 펴는 일은 사철 푸른 나무와 같이 본다."

## 제10장 최후의 교훈

### 1. 계율은 스승이다

1 부처님께서 바라나시의 녹야원에서 처음으로 법륜을 굴려 꼰단냐 등 다섯 수행자를 교화시키며, 최후의 설법으로 수밧다를 제도하시니 건질 만한 사람은 모두 건지셨다.

2 샬라나무 아래서 열반에 드시려고 할 때였다. 사방이 고요해 아무 소리도 없는 한밤중에 부처님께서는 제자들을 위해 진리의 핵심을 말씀하셨다.

3 "비구들이여, 내가 열반에 든 뒤에는 계율 존중하기를 어둠 속에서 빛을 만난 듯이, 가난한 사람이 보물을 얻은 듯이 해야 한다.

4 계율은 너희들의 큰 스승이요, 내가 세상에 더 살아 있더라도 이것과 다름이 없을 것이다.

5 청정한 계율을 지닌 사람은 물건을 사고팔거나 거래를 하지 말고, 집이나 논밭을 마련하지 말며, 하인을 부리거나 짐승을 기르지 마라. 재물 멀리하기를

불구덩이를 피하듯 하고, 초목을 베거나 땅을 개간하지 마라. 가짜 약을 만들거나 사람의 길흉을 점치는 일, 하늘의 별로 점치는 일, 수를 놓아 맞추는 일들을 하지 마라.

6 몸을 바르게 갖고 일정한 때를 정해 먹으며, 깨끗하게 계를 지키며 살아라. 세상의 나쁜 일에 참여하지 말며 주술을 부리거나 선약을 만들지 마라. 권세 있는 사람과 사귀어 서민들을 업신여기지 말고, 자기 마음을 단정히 하여 바른 생각으로 남을 구제하라.

7 또 자기 허물을 숨기거나 이상한 행동으로 남들을 홀리지 말며, 음식·의복·침구·의약 등 네 가지 공양의 분량을 알고 만족하게 여기며, 받은 공양거리는 쌓아 두지 마라.

8 이상은 계율을 가지는 태도를 대강 말한 것인데 계는 바르고 순한 해탈의 근본이므로, 쁘라띠목샤라고 부르는 것이다. 이 계를 의지하면 모든 선정과 괴로움을 없애는 지혜를 낼 수 있을 것이다.

9 그러므로 비구들은 반드시 청정한 계를 가져 어긋나지 않게 하라. 만일 사람에게 청정한 계가 없으면 온갖 좋은 공덕이 생길 수 없다. 계는 가장 안온한 공덕이 머무는 곳임을 알아라."

### 2. 마음의 임자가 되라

1 "이미 계에 머물게 되었으면 오관을 잘 거두어 오욕에 들어가지 말게 하라. 그것은 사람이 회초리를 쥐고 소를 단속함으로써 소가 남의 논밭에 들어가지 못하도록 하는 것과 같다.

2 만약 오관을 제멋대로 놓아

버리면 오욕뿐 아니라 가는 곳이 끝없어, 마침내는 막을 수 없을 것이다.

3 또한 그것은 사나운 말과 같아서 재갈을 단단히 물리지 않으면, 그 수레에 태운 사람을 구렁에 내동댕이칠 것이다.

4 도둑이 들면 그 피해가 한 생에 그치지만, 오관의 화는 여러 생에 미치어 그 해독이 매우 무겁다.

5 지혜로운 사람은 스스로 자제하여 오관에 따르지 말고, 도둑을 붙들듯하여 함부로 날뛰지 못하게 해야 한다.

6 오관의 주체는 마음이다. 너희들은 마땅히 그 마음을 다스려라.

7 흐트러진 마음은 독사나 맹수보다 두렵다. 큰 불길이 치솟아 일어나는 것도 흐트러진 마음에 비길 바가 못 된다. 그것은 마치 꿀 그릇을 든 사람이 꿀만 보고 좋아서 이리저리 날뛰기만 하고 깊은 구렁을 보지 못하는 것과 같다.

8 또 그것은 고삐 없는 미친 코끼리나 나무를 만난 원숭이와도 같아 이리 뛰고 저리 뛰어 붙들기 어려우니 빨리 꺾어 방일하지 못하게 해야 할 것이다.

9 이 마음을 놓아 버리면 모든 착한 일을 잊어버리게 되지만 그것을 한곳에 모아 두면 이루지 못할 일이 없을 것이다. 그러므로 비구들은 부지런히 정진하여 자기 마음을 항복받아야 한다."

### 3. 빛깔과 향기를 다치지 않게

1 "음식을 받았을 때는 마치 약을 먹듯 하고, 좋고 나쁜 것을 가려 생각을 팔지 말며, 건강을 유지하여 배고픔과 목마

름을 달래는 데에 맞도록 하라.
2 마치 꿀벌이 꽃을 거쳐 올 때에 꿀 만들기에 적당한 꽃가루만을 취하고 빛깔이나 향기는 다치게 하지 않는 것처럼, 비구도 남의 공양을 받을 때는 배고픔을 달랠 정도만 받고, 많은 것을 구해 그 착한 마음을 헐지 마라.
3 지혜로운 사람은 소의 힘이 얼마만 한가를 헤아려 너무 무거운 짐을 지워 그 힘을 다하게 하지 않는다."

### 4. 독사가 방 안에서 자고 있는데
1 "낮에는 부지런히 착한 법을 닦아 익히고 밤중에는 경전을 읽어라. 잠자느라고 아무 소득 없이 헛된 나날을 보내서는 안 된다. 덧없는 불길이 온 세상을 불사르고 있음을 생각하면서 자신을 빨리 구제하라.
2 그러려면 부디 깨어 있어야 한다. 모든 번뇌의 도둑이 항상 틈을 엿보고 원수처럼 침범하는데 어찌 잠자기만을 일삼아 경계하지 않을 것인가.
3 번뇌가 네 마음속에 잠자고 있는 것은 검은 독사가 네 방에서 자고 있는 것과 같다. 계율의 갈퀴로 빨리 물리쳐야 한다.
4 독사가 나간 뒤에라야 마음 놓고 편히 잠들 수 있다. 독사가 나가지 않았는데 계속해서 잠만 자고 있다면 그는 어리석은 사람이다."

### 5. 부끄러워할 줄 알라
1 "부끄러움의 옷은 모든 장식 가운데 으뜸간다. 부끄러움은 쇠갈퀴와 같아 사람의 법답지 못함을 다스린다. 그러므로 항상 부끄러워할 줄 알고 잠시도 그 생각을 버리지 말아

야 한다.
2 만일 부끄러워하는 생각을 버린다면 모든 공덕을 잃게 될 것이다.
3 부끄러워할 줄 아는 사람은 곧 착한 법을 가질 수 있지만, 그렇지 못한 사람은 짐승과 다를 바 없다."

### 6. 참는 덕

1 "비구들이여, 만약 어떤 사람이 와서 너희 사지를 마디마디 찢는다 할지라도 자기 마음을 청정하게 가져 성내지 말고 입 또한 청정하게 지켜 나쁜 말을 하지 않도록 하라. 성내는 마음을 그대로 놓아 두면 자기의 도를 스스로 방해하고 공덕과 이익을 잃어버리게 될 것이다.
2 참는 일은 계를 지키거나 고행하는 일보다 덕이 크다. 참을 줄 아는 사람이라야 용기 있는 대장부라 할 수 있고, 타인으로부터 받는 꾸지람을 감로수 마시듯 하는 사람이라야 도에 들어선 지혜로운 사람이라 할 수 있다.
3 성냄의 해독은 착한 법을 부수고 좋은 명예를 헐어 이 세상이나 저 세상에서도 남이 좋게 보지 않는다.
4 성내는 마음은 사나운 불꽃보다 더 무서운 것이니, 항상 막고 지켜 마음속에 들어오지 못하게 하라. 성냄은 공덕을 빼앗는 가장 큰 도둑이다.
5 세상 사람은 욕심만 있고 자기를 다스리는 법이 없기 때문에 때에 따라 성냄도 용서받을 수 있겠지만, 출가 수행자가 성내는 것은 당치 않은 일이다. 그것은 마치 맑게 갠 날씨에 뇌성벽력이 치는 격이

다."

### 7. 순박하고 정직하라

1 "너희들 비구는 스스로 머리를 숙여야 한다. 몸의 치장을 버리고 가사를 입고 발우를 들고 탁발을 하면서 살아가라.

2 이러한 형색은 자기가 보기에도 세상의 잡된 일에서 떠난 모습이거늘 어디에 교만심을 품으랴. 교만은 세상 사람도 멀리하는데 하물며 출가하여 도를 구하는 사람임에랴. 해탈을 위해 자기를 낮추어 탁발로 살아가는 수행자임에랴.

3 굽혀 아첨하는 마음은 도와는 어긋나는 것이니, 그 마음을 순박하고 정직하게 가져야 한다.

4 굽혀 아첨하는 마음은 속임밖에 되지 않으니 도에 들어간 사람은 그럴 수 없다. 그러므로 너희들은 마음을 단정히 하고 순박과 정직을 근본으로 삼아야 한다."

### 8. 욕심이 적으면 근심도 적다

1 "비구들이여, 욕심이 많은 사람은 이익을 구하기 때문에 번뇌도 많지만, 욕심이 적은 사람은 이익을 구하지 않아 근심 걱정이 없다.

2 욕심을 적게 하기 위해서라도 힘써 닦아야 할 텐데, 하물며 그것이 온갖 공덕을 낳게 함에 있어서랴.

3 욕심이 적은 사람은 남의 마음을 사기 위해 굽혀 아첨하지 않고 모든 감각기관에 이끌리지 않는다.

4 또 욕심을 없애려는 사람은 마음이 편안해서 걱정이나 두려움이 없고, 하는 일에 여유가 있어 부족함이 없다.

5 열반의 경지에 들게 되는 이것을 가리켜 욕심이 적음이라 한다.
6 만약 모든 고뇌를 벗어나고자 한다면 만족할 줄 알아야 한다.
7 넉넉함을 아는 것은 부유하고 즐거우며 안온하다. 그런 사람은 비록 맨땅 위에 누워 있을지라도 편안하고 즐겁다. 그러나 만족할 줄 모르는 사람은 설사 천상에 있을지라도 흡족하지 않을 것이다.
8 만족할 줄 모르는 사람은 부유한 듯하지만 사실은 가난하고, 만족할 줄 아는 사람은 가난한 듯하지만 사실은 부유하다.
9 만족을 알지 못하는 사람은 항상 오욕에 이끌려 만족을 아는 사람들이 불쌍하게 여긴다.
10 만족을 아는 것을 가리켜 지족이라 한다.

### 9. 무리를 좋아하면 무리의 괴로움을 받는다

1 "비구들이여, 만약 적정무위의 안락을 얻고자 한다면 안팎의 시끄러움을 떠나 혼자서 한가한 곳에 있으라.
2 마음속의 온갖 분별 망상과 바깥의 여러 대상 경계를 버리고 한적한 곳에 혼자 있으면서 괴로움의 근본을 없애려 노력해야 한다. 그런 사람은 제석천도 공경한다.
3 무리를 좋아하는 사람은 무리로부터 괴로움을 받는다. 그것은 약한 나무에 많은 새 떼가 앉으면 그 가지가 부러질 염려가 있는 것과 같다.
4 또 세상일에 얽매이고 집착하여 여러 가지 괴로움에 빠지는 것은 늙은 코끼리가 진흙 수렁에 빠져 스스로 헤어나지 못하는 것과 같다. 이것을 가

리켜 멀리 떠남이라 한다."

## 10. 낙숫물이 돌을 뚫는다

1 "부지런히 정진하면 어려운 일이 없을 것이다. 그러므로 너희들은 부지런히 정진해야 한다. 이를테면, 낙수가 돌을 뚫는 것과 같다. 수행인의 마음이 게을러 정진을 쉬게 되면, 그것은 마치 나무를 비벼 불씨를 얻으려 할 때 나무가 뜨거워지기도 전에 그만두는 것과 같다. 그는 아무리 불씨를 얻고자 해도 얻지 못할 것이다.

2 불씨를 얻으려는 이런 노력을 가리켜 정진이라 한다.

3 선지식을 찾으려면 항상 잊지 않고 생각하는 일밖에 없다. 잊지 않고 생각하면 모든 번뇌의 도둑이 들어올 수 없기 때문이다. 그러므로 너희들은 항상 생각을 모아 마음에 두라.

4 만약 바른 생각을 잃어버리면 모든 공덕을 잃어버릴 것이며, 생각하는 힘이 굳세면 비록 오욕의 도둑 속에 들어가더라도 도둑이 해치지 못할 것이다. 완전하게 무장하고 싸움터에 나가면 두려울 것이 없다.

5 굳센 마음을 지키려는 이런 노력을 가리켜 잊지 않고 생각함이라 한다.

6 마음을 한곳에 모으면 선정에 들 수 있을 것이다. 마음이 선정에 들면 세상이 생멸하는 모습을 알 수 있다. 그러므로 너희들은 선정을 부지런히 닦아 마음이 흐트러지지 않도록 하라. 물을 아끼는 집에서 둑이나 못을 잘 관리하는 것처럼, 수행자도 지혜의 물을 위해 선정을 잘 닦고 그 물이

새지 않도록 한다.
7 마음을 흐트러지지 않게 하는 이런 노력을 가리켜 정이라 한다."

### 11. 무명 속의 밝은 등불

1 "지혜가 있으면 집착이 없어지리니, 항상 자세히 살펴 지혜를 잃지 않도록 하라. 이것은 우리 법 가운데서도 해탈을 쉽게 해 준다. 그렇지 못한 사람은 수행자도 아니요, 세속 사람도 아니므로 무어라 이름할 수도 없다.

2 참다운 지혜는 생로병사의 바다를 건너는 튼튼한 배이고, 무명 속의 밝은 등불이며, 모든 병든 자의 좋은 약이고, 번뇌의 나무를 찍는 날 선 도끼다. 그러므로 비구들은 잘 듣고 생각하고, 지혜로써 자신을 더욱 길러야 한다.

3 만약 어떤 사람이 지혜의 빛을 가졌다면, 그는 세상의 그 무엇도 육신으로 밝게 볼 수 있다. 이것을 가리켜 지혜라 한다.

4 여러 가지 궤변으로 논쟁하면 마음이 어지러워진다. 비록 집을 나왔다 할지라도 아직 해탈하지 못한 비구는 무익한 논쟁을 하지 말고 어지러운 마음을 쉬어야 한다.

5 반의 즐거움을 얻으려면 논쟁의 번거로움을 없애야 하기 때문이다. 이것을 가리켜 논쟁하지 않음이라 한다."

### 12. 여래는 길잡이

1 "한결같은 마음으로 방일하지 마라. 게으르고 나태한 마음일랑 원수와 도둑을 멀리하듯 하라. 여래의 가르침은 지극한 것이니 너희들은 부지런히 행해야 한다.

2 산속이나 늪가나 나무 밑에서, 혹은 고요한 방에 한가히 있을 때, 들은 법을 잘 생각해서 잃어버리지 말고 스스로 힘써 부지런히 수행하라.

3 아무것도 해 놓은 일 없이 헛되이 죽으면 뒷날 반드시 뉘우침이 클 것이다.

4 나는 의사와 같아 병을 알고 약을 말하는 것이니, 먹고 안 먹는 것은 의사의 허물이 아니다.

5 나는 길잡이와 같아 좋은 길로 사람을 인도하는 것이니, 듣고서 가지 않더라도 그것은 길잡이의 허물이 아니다."

### 제11장 동서의 대화
#### 1. 현자와 제왕의 대화

1 밀린다왕이 말했다.
"나가세나 스님, 저와 말씀을 나눌 수 있겠습니까?"

2 나가세나는 왕의 물음에 대해 다음과 같이 대답했다.
"왕이시여, 저를 현자로 대해 주시면 응하겠습니다. 그러나 제왕의 권위로 저와 말씀 나누기를 원한다면 저는 응할 뜻이 없습니다."

3 "나가세나 스님, 현자로서 말씀을 나눈다는 것은 어떻게 하는 것입니까?"
"현자는 문제가 해명되고 해설되고 비판, 수정, 반박 당하는 경우가 있다 할지라도 결코 성내지 않습니다."

4 "그렇다면 제왕과의 대화는 어떻게 하는 것입니까?"
"제왕은 외골수로 주장하며 자기 뜻을 따르지 않는 사람에게는 왕의 권위로 벌을 주라고 명령합니다."

⁵ "알겠습니다. 저는 제왕이 아닌 현자로서 스님과 대화하겠습니다. 스님은 비구나 사미나 신도들과 대화하듯 거리낌 없이 자유롭게 말씀하십시오."
"좋습니다."
"그럼 질문하겠습니다."

### 2. 수레의 비유

¹ 밀린다왕은 나가세나에게 물었다.
"스님은 어떻게 하여 세상에 알려졌습니까? 스님의 이름을 뭐라고 부릅니까?"

² "왕이시여, 저는 나가세나로 알려져 있습니다. 동료 수행자들도 나가세나로 부릅니다. 그리고 저의 부모는 나가세나 이외에도 수라세나, 위라세나, 시하세나란 이름으로 저를 부르기도 합니다. 그러나 이 나가세나란 이름은 명칭·호칭·가명에 지나지 않습니다. 거기에 자아는 인정할 수 없습니다."

³ 이 말을 듣고 밀린다왕은 오백 명의 그리스 유민과 팔만 명의 비구에게 '나가세나 스님은 이름 속에 인격적 개체는 없다고 말했습니다.

⁴ 여러분은 그 말을 믿을 수 있습니까?'라고 물어본 다음, 다시 나가세나 스님을 향해 다음과 같은 질문을 했다.
"스님, 만일 이름에 자아를 인정할 수 없다면 스님에게 의복·음식·약품 등의 필수품을 제공하는 사람은 누구입니까? 그것을 받아 사용하는 사람은 또 누구입니까? 계행을 지키는 사람은 누구이며, 수행에 힘쓰는 사람은 누구입니까?

⁵ 또 수행한 결과 열반에 이르는 사람은 누구이며, 살생을

하고 남의 것을 훔치는 사람은 누구입니까? 세속적 욕망 때문에 바르지 못한 행동을 하고 거짓말하는 사람은 누구입니까?

6 자아가 없다면 공덕도 죄도 없으며, 선행과 악행의 과보도 없을 것입니다. 나가세나 스님, 자아가 없다면 스님을 죽이는 사람이 있더라도 살생의 죄는 없을 것입니다. 따라서 스님의 승단에는 계를 일러 주는 수계사도 없다는 결론이 나옵니다.

7 스님은 '승단의 수행 비구들이 나를 나가세나라 부른다.'고 하였습니다. 그렇다면 나가세나라 불리는 것은 대체 무엇입니까? 머리카락이 나가세나란 말입니까?"

"왕이시여, 그렇지 않습니다."

8 "그렇다면 스님의 손톱이나 이가 나가세나란 말입니까?"

"그렇지도 않습니다."

9 "그렇다면 살·힘줄·뼈 등 신체의 각 부분에서 어느 한 부분이 나가세나란 말입니까? 아니면 이들 전부가 나가세나란 말입니까?"

10 나가세나는 어느 한 부분도 또 전부도 아니라고 대답했다.

11 "그렇다면 오온 중의 어느 하나가 나가세나입니까? 아니면 오온을 합친 것이 나가세나입니까?"

12 나가세나의 대답은 역시 아니라고 했다.

13 "그렇다면 스님, 오온 밖에 나가세나가 따로 있는 것입니까?"

"왕이시여, 그렇지도 않습니다."

14 "스님, 저는 스님에게 물을 수

있는 것은 다 물어보았으나 나가세나는 찾아내지 못했습니다. 나가세나란 빈 소리에 지나지 않습니까? 그렇다면 우리 앞에 있는 나가세나는 어떤 사람입니까? 스님은 '나가세나는 없다'고 진실 아닌 거짓말을 말씀하셨습니다."

15 이때 나가세나는 밀린다왕에게 반문하기 시작했다.
"왕이시여, 대왕은 귀족 출신으로 호화롭게 자라났습니다. 대왕이 한낮의 더위에 뜨거운 땅이나 모래를 밟고 또 울퉁불퉁한 자갈 위를 걸어 왔다면 발을 상했을 것입니다.

16 그리고 몸은 피로하고 마음은 산란하여 온몸에 고통을 느꼈을 것입니다. 도대체 대왕은 걸어서 왔습니까, 아니면 타고 왔습니까?"
"스님, 저는 걸어서 오지 않고 수레를 타고 왔습니다."

17 "수레를 타고 왔다면, 무엇이 수레인가를 말씀해 주십시오. 수레채가 수레입니까?"
"그렇지 않습니다."

18 "그러면 굴대가 수레입니까?"
"그렇지 않습니다."

19 "바퀴·차체·차틀·멍에·밧줄·살·채찍 가운데 어느 하나가 수레입니까?"

20 왕은 한결같이 아니라고만 대답했다.

21 "왕이시여, 그렇다면 이것들을 모두 합친 전체가 수레입니까?"
"아닙니다, 스님."
"그렇다면 이것들 밖에 수레가 따로 있는 것입니까?"

22 왕은 여전히 아니라고만 대답했다.

23 "왕이시여, 저는 대왕에게 수레에 대해 물을 수 있는 것은 죄다 물어보았습니다. 그러나 수레는 찾아낼 수 없었습니다. 수레란 단지 빈 소리에 지나지 않습니까? 그렇다면 대왕은 '수레가 존재하지 않는다.'고 진실 아닌 거짓을 말씀하신 셈이 됩니다. 대왕은 만백성을 다스리는 왕입니다. 무엇이 두려워 거짓을 말씀하십니까?"

24 이와 같이 물은 다음 나가세나는 오백 명의 그리스 유민과 팔만 명의 비구에게 말했다.

"밀린다왕은 여기까지 수레를 타고 왔다고 말씀했습니다. 그러나 '어떤 것이 수레인가'라는 질문을 받았을 때 무엇이 수레라고 분명한 대답을 못하였습니다. 여러분은 왕의 말씀을 믿을 수 있겠습니까?"

25 이 말을 듣고 오백 명의 그리스 유민들은 왕에게 간청했다.

"왕이시여, 무엇이 수레인가를 분명히 말씀하여 주십시오."

26 그러자 왕은 나가세나에게 다음과 같이 설명했다.

"스님, 저는 거짓을 말하지 않았습니다. 이 모든 것, 즉 수레채·굴대·바퀴·차틀 등과 어울려 수레라는 명칭·호칭·가명이 생겨난 것입니다."

27 "왕이시여, 참 훌륭하게 설명해 주셨습니다. 수레라는 이름을 바로 파악하였습니다. 마찬가지로 대왕이 저에게 질문한 나가세나의 이름도 신체의 각 부분과 오온의 각 부분이 어울려 이루어진 것입니다."

### 3. 나이에 대한 문답

1 밀린다왕이 물었다.
"나가세나 스님, 출가 이후 스님의 나이는 몇 살입니까?"
"일곱 살입니다."
"스님이 말씀한 일곱이란 스님이 일곱이란 말입니까, 아니면 숫자가 일곱이란 말입니까?"

2 바로 그때 온몸을 화려하게 장식한 밀린다왕의 그림자가 땅 위에 드리우고 물항아리 속에도 비쳤다.

3 "왕이시여, 대왕의 그림자가 땅 위에 드리우고 물항아리 속에도 비쳤습니다. 도대체 당신이 왕입니까, 저 그림자가 왕입니까?"
"내가 왕입니다. 그림자는 나로 인해 생긴 것입니다."

4 "마찬가지로 출가 이후의 햇수가 일곱인 것이요, 내가 일곱인 것은 아닙니다. 대왕의 그림자처럼 나로 인해 일곱이라는 숫자가 생긴 것입니다."
"그렇습니다. 내 질문은 아주 어려웠는데 스님은 훌륭하게 대답하셨습니다."

### 4. 자아에 대한 문답

1 나가세나가 대담을 위하여 밀린다왕의 초대를 받고 사깔라에 갔을 때의 일이다.

2 나가세나를 모시러 간 밀린다왕의 신하인 아난따까야가 나가세나 곁에 가까이 가서 이런 질문을 했다.
"스님, 제가 나가세나라고 부를 때 그 나가세나는 무엇입니까?"

3 나가세나는 곧 그 신하에게 반문했다.

"당신은 나가세나를 무엇이라고 생각하시오?"
"나가세나 스님, 들이쉬고 내쉬는 숨이 나가세나라고 생각합니다."

4 "그렇다면 나간 숨이 돌아오지 않거나 들어온 숨이 나가지 않을 때 그 사람은 살아 있을 수 있겠습니까?"
"살아 있을 수 없습니다."

5 "나팔 부는 사람이 나팔을 불 때 그가 내쉰 숨이 다시 그에게로 돌아옵니까?"
"돌아오지 않습니다."

6 "피리 부는 사람이 피리를 불 때 내쉰 숨이 다시 그에게로 돌아옵니까?"
"돌아오지 않습니다."

7 "그런데 어째서 나팔 부는 사람과 피리 부는 사람은 죽지 않습니까?"
"저는 스님과 같은 현자와는 말씀을 나눌 수준이 못 되는 듯합니다. 들숨과 날숨이 바로 그 사람이 아닌 그 까닭을 좀 더 자세히 말씀해 주십시오."

8 "호흡에 자아가 있는 것은 아닙니다. 들이쉬는 숨과 내쉬는 숨은 신체의 계속적인 활동에 지나지 않습니다."

그리고 그 신하에게 자세히 설명하여 주었다. 그랬더니 그 신하는 승단의 보시하는 사람이 되겠다고 맹세했다.

**5. 윤회에서 벗어남에 대한 문답**
밀린다왕은 이와 같이 물었다.
"스님, 죽은 뒤 다시 태어나지 않는 사람이 있습니까?"
"어떤 사람은 다시 태어나고, 어떤 사람은 다시 태어나지 않습니다."

2 "그러면 어떤 사람이 다시 태어나고, 어떤 사람이 다시 태어나지 않습니까?"
"번뇌 있는 사람은 다시 태어나고, 번뇌 없는 사람은 다시 태어나지 않습니다."

3 "나가세나 스님, 스님은 다시 태어날 것입니까?"
"죽을 때 삶에 대한 집착을 가지고 죽는다면 다시 태어날 것이고, 삶에 대한 집착이 없이 죽는다면 다시 태어나지 않을 것입니다."
"잘 알겠습니다."

### 6. 지혜의 특징

1 밀린다왕은 나가세나에게 물었다.
"스님, 지혜의 특징은 무엇입니까?"
"광명입니다."

2 "지혜의 특징이 왜 광명입니까?"
"왕이시여, 지혜가 생길 때는 무명의 어둠을 깨뜨리고 등불을 밝혀서 심오한 진리를 드러냅니다. 그래서 출가 수행자는 모든 것을 '무상이다, 고다, 무아다.'라는 밝은 지혜로 보려고 합니다."
"비유를 들어 말씀해 주십시오."

3 "어떤 사람이 어두운 집 안으로 등불을 가지고 들어온다고 합시다. 그는 어둠을 깨고 밝은 빛을 비추어 거기 있는 물건들을 밝게 볼 수 있습니다. 마찬가지로 수행하는 자는 가장 밝은 지혜로써 이 세계의 참모습을 바로 비추어 봅니다."
"잘 알았습니다."

## 7. 무아와 윤회

1 밀린다왕은 나가세나에게 물었다.

"스님, 다시 태어난 사람과 죽은 사람은 같습니까, 다릅니까?"

"같지도 않고 다르지도 않습니다."

"비유를 들어 설명해 주십시오."

2 "대왕은 어떻게 생각하십니까? 일찍이 갓난아이였던 대왕과 어른이 된 대왕은 같다고 생각하십니까?"

"아닙니다, 어릴 적 나와 지금의 나는 다릅니다."

3 "그렇다면 어른이 된 대왕은 어머니도 아버지도 또 스승도 없었다는 말이 됩니다. 따라서 학문이나 계율이나 지혜도 배울 수 없었다는 것이 됩니다. 어릴 적 어머니와 어른이 되었을 적 어머니가 다릅니까? 지금 배우고 있는 사람과 이미 배움을 마친 사람이 다릅니까? 죄를 범한 자와 죄를 범하여 손발이 잘리는 처벌을 받은 사람이 다릅니까?"

"그렇지는 않습니다. 그런데 무슨 까닭에 그런 말씀을 하십니까?"

4 "현재의 나를 보더라도 어릴 적 나와 어른이 된 나는 같습니다. 이 몸에 의존하여 어릴 적 나와 어른이 된 나는 한 몸입니다."

"비유를 하나 들어 주십시오."

5 "여기 어떤 사람이 등불을 켠다고 합시다. 기름이 풍족하고 심지가 잘 돋아 있다면 그 등불은 밤새도록 타겠습니까?"

"그렇습니다, 밤새도록 탈 것입니다."

6 "그렇다면 초저녁에 타는 불꽃과 밤중에 타는 불꽃이 같겠습니까?"
"아닙니다, 같지 않습니다."

7 "또 밤중에 타는 불꽃과 새벽에 타는 불꽃이 같겠습니까?"
"같지 않습니다."

8 "그러면 초저녁의 불꽃과 밤중의 불꽃과 새벽의 불꽃은 전혀 다른 것입니까?"
"그렇지 않습니다. 불꽃은 똑같은 등불에 의하여 밤새도록 탈 것입니다."

9 "인간이나 사물도 꼭 그와 같이 지속되는 것입니다. 생겨나는 것과 없어지는 것은 앞서거나 뒤서거나 하지 않고 동시에 계속되는 것입니다. 이것은 마치 우유가 변하는 경우와 같습니다. 짜낸 우유는 얼마 후 엉기게 되고 다시 기름으로 변합니다. 만일 우유를 엉긴 우유나 기름과 똑같다고 하는 사람이 있다면 대왕은 그 말이 옳다고 하겠습니까?"
"스님, 그 말은 옳지 않습니다. 엉긴 우유와 그 기름은 우유를 바탕으로 변한 것입니다."

10 "인간이나 사물의 지속도 이와 같습니다. 생겨나는 것과 없어지는 것이 별개의 것이지만 앞서거나 뒤서거나 하면서 지속되는 것입니다."
"잘 알겠습니다."

### 8. 명칭과 형태

1 밀린다왕은 나가세나에게 물었다.
"스님, 무엇이 저 세상에 바꿔 태어나게 됩니까?"
"명칭과 형태가 바꿔 태어납니다."

2 "현재의 명칭과 형태가 바뀌 태어납니까?"

"아닙니다. 현재의 명칭과 형태에 의해 선이나 악의 행위가 이루어지고 그 행위에 의해 새로운 명칭과 형태가 저 세상에서 바뀌 태어납니다."

3 "현재의 명칭과 형태 그대로가 저 세상에 태어나는 것이 아니라면, 인간은 악업으로부터 벗어날 수 있지 않겠습니까?"

"만일 저 세상에 다시 태어나지 않는다면 인간은 악업으로부터 벗어날 수 있습니다. 그러나 저 세상에 다시 태어나는 한 악업으로부터 벗어나지 못합니다."

"비유를 들어 설명해 주십시오."

4 "어떤 사람이 남의 망고를 훔쳤다고 합시다. 망고나무 주인이 그를 잡아 왕에게 끌고 가 처벌을 요구하였습니다. 그때 도둑이 '왕이시여, 저는 이 사람의 망고를 따지 않았습니다. 이 사람이 심은 망고와 제가 따온 망고와는 다릅니다. 그러므로 처벌받을 수 없습니다.'라고 말한다면 왕은 어떻게 하겠습니까? 그를 처벌하겠습니까?"

"물론 처벌할 것입니다."

5 "무슨 이유로 처벌하겠습니까?"

"스님, 그가 무슨 말로 변명하든 처음 망고는 지금 보이지 않지만 나중 망고에 대하여 그 사람은 처벌을 받아야 합니다."

6 "왕이시여, 마찬가지로 인간은 현재의 명칭과 형태에 의해 선악의 행위가 이루어지고 그 행위에 의해 새로운 명칭과 형태로 저 세상에서 다시 태어나는 것입니다. 그러므로 다

시 태어난 인간은 그의 업으로부터 벗어나지 못하는 것입니다."

"다시 한 번 비유를 들어 주십시오."

7 "어떤 사람이 밤에 등불을 가지고 자기 집 지붕에 올라가 일하다가 등불이 그의 집을 태우고 이어서 온 마을을 태웠다고 합시다. 마을 사람들이 그를 붙잡아 '당신은 어찌하여 온 마을을 태웠소?' 하고 물었습니다.

8 그랬더니 그는 '나는 마을을 불태우지는 않았습니다. 내가 일할 때 밝힌 불과 마을을 태운 불은 다릅니다.' 하고 대답했습니다. 그들이 입씨름을 하다가 왕 앞으로 갔다고 합시다. 왕은 어느 쪽 말이 옳다고 하겠습니까?"

"마을 사람들 말이 옳습니다."

9 "어째서 그렇습니까?"

"그가 무어라고 변명하든 마을을 태운 불은 그가 일할 때 사용한 불을 원인으로 하여 일어났기 때문입니다."

10 "왕이시여, 마찬가지로 사람은 죽음과 함께 끝나는 현재의 명칭과 형태가 저 세상에서 다시 태어나는 명칭과 형태가 다르기는 하지만 나중 것은 첫 번째 것을 원인으로 하여 생겨나는 것입니다. 그러므로 악업으로부터 벗어날 수 없습니다."

"나가세나 스님, 잘 알았습니다."

### 9. 부처님의 실재

1 밀린다왕은 물었다.

"스님, 부처님을 뵌 적이 있습니까?"

"저는 뵌 적이 없습니다."

2 "그러면 스님의 스승은 부처

님을 뵌 적이 있습니까?"
"뵌 적이 없습니다."
"그렇다면 부처님은 실재하지 않았습니까?"

3 "대왕은 히말라야 산중에 있는 우하강을 보신 적이 있습니까?"
"본 일이 없습니다."

4 "대왕의 아버지께서는 우하강을 보신 일이 있습니까?"
"본 일이 없습니다."

5 "그렇다면 왕이시여, 우하란 강은 없는 것입니까?"
"스님, 그 강은 있습니다. 나도 아버지도 우하강을 본 일은 없습니다. 그러나 우하강은 실재한 강입니다."

6 "왕이시여, 마찬가지로 저도 스승도 부처님을 뵌 적은 없습니다. 그러나 부처님께서는 실재하셨습니다."
"스님, 잘 알겠습니다."

### 10. 부처님은 가장 높으신 분인가

1 밀린다왕은 나가세나에게 물었다.
"스님, 부처님은 가장 높으신 분입니까?"
"그렇습니다, 세상에서 가장 높으신 분입니다."
"스님은 한번도 본 일이 없는데 어떻게 그분이 가장 높으신 것을 알 수 있습니까?"

2 "큰 바다를 본 일도 없는 사람들이 '큰 바다는 광대무변하고 그 깊이를 헤아릴 수 없으며 오대강이 모두 바다로 흘러 들어가지만 바다는 더 줄거나 차는 일이 없다.'는 것을 알겠습니까?"
"네, 알 수 있습니다."

3 "마찬가지로 저는 위대한 부처님 제자들이 완전한 열반에 도달하는 것을 보고 부처님은 세상에서 가장 높으신 분이라는 것을 알 수 있습니다."
"잘 알겠습니다."

### 11. 부처님의 증명

1 밀린다왕은 나가세나에게 물었다.
"스님, 다른 사람들도 부처님께서 세상에서 가장 높으신 분이라는 것을 알 수 있습니까?"
"그렇습니다, 다른 사람들도 알 수 있습니다."
"어떻게 다른 사람들도 부처님께서 가장 높으신 분이라는 것을 알 수 있습니까?"

2 "옛날 탓사라는 명필이 있었습니다. 그 명필이 죽은 후 많은 세월이 지났는데 사람들은 어떻게 탓사라는 명필이 있었다는 것을 알 수 있겠습니까?"
"그분이 남긴 글씨로 그분이 살아 있었다는 것을 알 수 있습니다."

3 "왕이시여, 마찬가지로 법을 본 사람은 누구나 부처님께서 어떤 분이라는 것을 압니다. 왜냐하면 부처님께서는 법을 말씀하셨기 때문입니다."
"잘 알겠습니다, 스님."

### 12. 출가자에게 육신은 소중한가

1 밀린다왕은 나가세나에게 물었다.
"스님, 출가자에게도 육신은 소중합니까?"
"아닙니다, 출가자는 육신을 사랑하지 않습니다."
"그렇다면 왜 스님들은 육신을 아끼고 집착합니까?"

2 "대왕은 싸움터에 나가 화살

에 맞은 적이 있습니까?"
"네, 있습니다."

3 "그때 상처에 연고를 바르고 기름약을 칠하고 붕대를 감았습니까?"
"그렇게 했습니다."

4 "그렇다면 연고를 바르고 기름약을 칠하고 붕대를 감은 것은 그 상처가 소중하여서였습니까?"
"아닙니다, 상처가 소중한 것은 아니었습니다. 상처의 살이 부풀어 곪았으므로 치료하였을 뿐입니다."

5 "왕이시여, 그와 마찬가지입니다. 출가 수행자가 육신을 아끼는 것은 육신이 소중하여서가 아닙니다. 출가자는 육신에 집착하는 것이 아니라, 청정한 수행을 더욱 잘하기 위하여 육신을 유지할 뿐입니다.

6 부처님께서는 일찍이 '육신은 상처와 같다.'고 말씀하셨습니다. 따라서 출가한 수행자는 육신에 집착하는 것이 아니라 육신을 상처처럼 보호하는 것입니다."
"잘 알았습니다."

### 13. 계율은 어떻게 만들어졌는가

1 밀린다왕은 나가세나에게 물었다.
"스님, 부처님께서는 모든 것을 아시고 예견하신 분입니까?"
"그렇습니다. 부처님께서는 모든 것을 아실뿐 아니라 모든 것을 예견하셨습니다."
"그렇다면 어째서 부처님께서는 비구 승단의 규율을 한꺼번에 만들지 않으시고 기회 있을 때마다 마련하셨습니까?"

## 제2편 초기 경전

2 "왕이시여, 이 세상에 있는 모든 의약을 다 알고 있는 의사가 있겠습니까?"
"그렇습니다, 아마 있을 것입니다."
3 "의사는 병들었을 때 환자에게 투약합니까, 아니면 앓기도 전에 투약합니까?"
"병든 다음에 투약합니다."
4 "그와 마찬가지로 부처님께서는 모든 것을 아시고 모든 것을 예견하신 분이지만, 적당하지도 않을 때 규율을 마련해 주시지는 않았습니다. 일상생활을 하는 동안 필요가 있을 때 계율을 마련해 주신 것입니다."
"잘 알았습니다, 나가세나 스님."

### 14. 지혜가 있는 곳

1 밀린다왕은 물었다.
"스님, 지혜는 어디 있습니까?"
"아무 데도 없습니다."
"그렇다면 지혜는 실재하지 않습니까?"
2 "왕이시여, 바람은 어디 있습니까?"
"아무 곳에도 없습니다."
"그렇다면 바람은 실재하지 않습니까?"
"잘 알았습니다."

### 15. 수행의 목적

1 밀린다왕은 나가세나에게 물었다.
"스님들은 과거의 괴로움을 버리기 위해 노력하십니까?"
"그렇지 않습니다."
2 "그렇다면 미래의 괴로움을 끊기 위해 노력하십니까?"
"그렇지 않습니다."

3 "그렇다면 현재의 괴로움을 끊기 위해 노력하십니까?"
"그것도 아닙니다."

4 "만일 스님들이 과거의 괴로움이나 미래의 괴로움이나 또 현재의 괴로움을 버리기 위해 노력하는 것이 아니라면 무엇 때문에 그처럼 애를 쓰십니까?"
"우리들은 '이 괴로움은 사라지고 저 괴로움은 생기지 않기를' 바라는 소원 때문에 노력합니다."

5 "그렇다면 미래의 괴로움이 있습니까?"
"존재하지 않습니다."
"스님들은 지금 있지도 않은 괴로움을 버리기 위해 노력한다고 하니 지나치게 현명하십니다."

6 "대왕은 일찍이 적이나 원수와 대항하여 맞선 일이 있습니까?"
"있습니다."

7 "대왕은 그때를 당해서 비로소 참호를 파고, 보루를 쌓고, 성문을 굳게 잠그고, 망루를 세우고, 양곡을 마련하게 했습니까?"
"아닙니다, 그런 일은 모두 미리 준비해 두었습니다."

8 "대왕은 그때를 당해서 비로소 말 타는 기병과 활 쏘는 병사들을 훈련시켰습니까?"
"아닙니다, 그들은 모두 미리 익혀 두게 했습니다."

9 "어떤 목적 때문에 그렇게 했습니까?"
"미래의 위험을 막기 위해서였습니다."

10 "미래의 위험이 지금 존재합니까?"

제2편 초기 경전

"존재하지 않습니다."
"대왕은 지금 존재하지 않는 미래의 위험을 대비하기 위해 그런 일을 했습니다. 지나치게 현명하십니다."
"또 한 가지 비유를 들어 주십시오."

11 "대왕은 어떻게 생각하십니까? 목이 말랐을 때 물을 마시고 싶다고 우물을 파거나 저수지를 만듭니까?"
"그렇지 않습니다. 그런 일은 모두 미리 준비해 둡니다. 장차 목마름에 대비하기 위해서입니다."

12 "그렇다면 미래의 목마름은 지금 존재합니까?"
"지금 존재하지 않습니다."
"대왕은 지금 존재하지 않는 미래의 목마름에 대비한다니 지나치게 현명하십니다."
"다시 한 번 비유를 들어 주십시오."

13 "대왕은 어떻게 생각하십니까? 배가 고팠을 때 비로소 무엇인가 먹고 싶어 밭을 갈고 씨를 뿌립니까?"
"그렇지 않습니다. 그런 일은 미리부터 준비합니다."

14 "무엇 때문에 미리 준비합니까?"
"미래의 배고픔을 막기 위해 준비하는 것입니다."

15 "그렇다면 미래의 배고픔은 지금 존재합니까?"
"그렇지 않습니다."
"대왕은 지금 존재하지도 않는 미래의 배고픔을 위해 씨를 뿌린다니 지나치게 현명하십니다."
"스님, 잘 알았습니다."

### 16. 염불에 의한 구제

1 밀린다왕은 나가세나에게 물었다.

"스님, 내가 들으니 '백 년 동안 악행을 하였더라도 죽을 때 한 번만 부처님을 생각한다면 천상에 태어날 수 있다.'고 말합니다. 나는 그것을 믿지 않습니다. 또 '살생을 단 한 번 하였더라도 지옥에 떨어질 것이다.'라고 합니다. 나는 그런 것도 믿지 않습니다."

2 "대왕은 어떻게 생각합니까? 조그마한 돌멩이가 배 없이 물 위에 뜰 수 있습니까?"

"뜰 수 없습니다."

"백 대의 수레에 실을 만한 바위라도 배에 싣는다면 물 위에 뜰 수 있습니까?"

"그렇습니다, 물 위에 뜰 수 있습니다."

3 "선업을 그 배와 같이 생각하십시오."

"잘 알겠습니다, 스님."

### 17. 모르고 짓는 악행

1 밀린다왕은 나가세나에게 물었다.

"스님, 알면서 나쁜 짓 하는 사람과 모르고 하는 사람 중 누가 더 큰 화를 입습니까?"

"몰라서 나쁜 짓을 하는 사람이 더 화를 입습니다."

2 "그렇다면 우리 왕자나 대신들이 모르고 잘못을 범한다면 그들에게 갑절의 벌을 내려야 하겠습니까?"

"왕이시여, 어떻게 생각하십니까? 이글이글 단 쇠붙이를, 한 사람은 모르고 잡았고 한 사람은 알고 잡았다고 하면 어느 사람이 더 심하게 데겠습니까?"

"모르고 잡은 사람이 더 심하게 뎁니다."
3 "그와 마찬가지로 모르고 악행을 하는 사람이 더 큰 화를 입습니다."
"잘 알겠습니다, 나가세나 스님."

### 18. 해탈하면 지식은 없어지는가

1 밀린다왕은 나가세나에게 물었다.
"스님, 지식을 가진 자는 지혜도 가집니까?"
"그렇습니다."
2 "지식과 지혜는 둘 다 같은 것입니까?"
"그렇습니다."
3 "그렇다면 지식과 함께 지혜를 가진 사람은 미혹에 빠지는 일이 있습니까, 없습니까?"
"어떤 일에 대해서는 미혹되고, 어떤 일에 대하여는 미혹되지 않습니다."
4 "그렇다면 어떤 일에 대해서 미혹됩니까?"
"아직 배우지 않은 기술이나 아직 가 본 적 없는 지방이나 아직 들어 보지 못한 이름과 술어 등에 대해서는 미혹될 것입니다."
5 "어떤 일에 대해 미혹되지 않습니까?"
"지혜에 의하여 깨친 것, 즉 무상과 고와 무아에 대해서는 미혹되지 않을 것입니다."
6 "그러면 깨친 사람의 어리석음은 어디로 갑니까?"
"지혜가 생기자마자 어리석음은 곧 사라져 버립니다."
7 "비유를 들어 설명하여 주십시오."
"사람이 어두운 방 안으로 등불을 가져왔을 때 어둠이 사라지고 밝음이 나타나는 것과 같습니다."

8 "스님, 그렇다면 지혜는 어디로 갑니까?"
"지혜는 자신이 해야 할 일을 이룩하자마자 곧 사라집니다. 그러나 지혜에 의해 이룩된 무상과 고와 무아의 깨침은 없어지지 않습니다."

9 "비유를 들어 설명해 주기 바랍니다."
"어떤 사람이 하인에게 등불을 밝혀 편지를 쓰게 한 다음 등불을 끄게 하는 경우와 같습니다. 이 경우 등불은 꺼져도 편지는 없어지지 않습니다. 마찬가지로 지혜는 사라지지만 지혜에 의해 이룩된 깨침은 없어지지 않습니다."

10 "다른 비유를 들어 설명하여 주십시오."
"의사가 환자에게 약을 먹여 병을 낫게 하는 경우와 같습니다. 이 경우 병이 나은 다음에도 의사는 다시 그에게 약의 효과를 보이려고 생각하겠습니까?"
"아닙니다. 약은 이제 할 일을 다했습니다. 병이 다 나은 사람에게 약이 무슨 소용이 있겠습니까?"

11 "꼭 그와 같습니다. 약은 수행력이고 의사는 수행자, 병은 번뇌이며, 환자는 범부와 같습니다. 약에 의해 병이 나은 것처럼 뛰어난 수행력에 의해 모든 번뇌는 없어지며 지혜는 사라지지만 깨달음은 없어지지 않습니다."
"잘 알겠습니다."

### 19. 여러 가지 정신 작용

1 밀린다왕은 나가세나에게 물었다.
"스님, 모든 것이 혼합되어 있을 때 이것은 촉각이고 이것은 감정이며 이것은 표상이고 이것은 생각이라는 등으로 분리시켜 분명히 말할 수 있겠습니까?"

"아닙니다, 따로따로 구별할 수는 없습니다."

2 "비유를 들어 설명하여 주십시오."

"궁중 요리사가 요리를 만든다고 합시다. 그는 음식에다 기름과 소금과 생강과 마늘과 후추와 그 밖의 조미료를 넣습니다. 그때 대왕은 요리를 들고 온 요리사에게 '이 요리에서 기름맛과 소금맛과 생강맛과 마늘맛을 분리하여 가져오너라.' 하고 분부했다고 합시다.

3 그 요리사가 혼합하여 만든 요리에서 '이것은 기름맛, 이것은 소금맛, 이것은 생강맛, 이것은 마늘맛입니다.'라고 분리하여 가져올 수 있겠습니까?"

"그렇게는 할 수 없습니다. 그러나 양념맛은 하나하나 특징에 따라 나타나 있습니다."

4 "꼭 그와 같습니다. 모든 것이 한데 혼합되어 있는데 하나하나 분리하여 이것은 감정이요, 이것은 생각이라고 말할 수 없습니다."

"잘 알겠습니다."

5 "왕이시여, 소금을 눈으로 보고 알 수는 있습니까?"

"알 수 있습니다."

"잘 들으십시오. 눈으로 알 수 있는 것은 소금이 갖고 있는 흰빛에 지나지 않습니다."

"그렇다면 혀로 알 수 있습니까?"

"그렇습니다."

6 "스님, 만일 혀로만 소금을 알 수 있다면 황소는 왜 소금 전체를 수레로 실어 나릅니까? 짠맛만을 나르면 될 텐데."

"왕이시여, 그것은 짠맛만을 실어 나를 수 없기 때문입니다. 짠맛과 무게라는 두 가지 성질은 소금에서는 하나이면서 또한 갈라져 있는 것입니다.

7 왕이시여, 대체 소금을 저울로 달 수 있습니까?"

"그렇습니다, 달 수 있습니다."

"그렇지 않습니다, 소금은 저울로 달 수 없습니다. 그 무게만을 저울로 달 수 있을 뿐입니다."

"잘 말씀하셨습니다, 나가세나 스님."

### 20. 업의 증명

1 밀린다왕은 나가세나에게 물었다.

"스님, 스님들은 '지옥의 불은 보통 불보다 훨씬 더 뜨겁다. 보통 불 속에 던져진 조약돌은 하루에 녹지 않지만 큰 집채만 한 바위도 지옥불 속에 들어가면 순식간에 녹아 버린다.'고 말합니다. 나는 이 말을 믿지 않습니다.

2 또 스님들은 '지옥에 태어난 생명체는 수십만 년 동안 지옥불 속에서 타더라도 녹아 없어지는 일이 없다.'고 합니다. 나는 이 말도 믿지 않습니다. 어떻게 생각하십니까?"

3 "왕이시여, 암상어와 암악어와 암거북은 단단한 돌멩이 자갈이나 모래를 먹습니까?"

"그렇습니다."

4 "돌멩이나 자갈이나 모래는 뱃속에 들어가면 녹아 버립니까?"

"그렇습니다."

5 "그렇다면 뱃속에 든 그들의 태아도 녹아 버립니까?"

"그렇지는 않습니다."

6 "어찌하여 자갈도 돌멩이도 녹는데 태아는 녹지 않습니까?"
"업 때문에 녹지 않는다고 생각합니다."
7 "마찬가지로 지옥에 태어나는 생명체는 수천 년 동안 지옥불 속에 있어도 업 때문에 녹지 않습니다. 지옥에 있는 생명체는 거기서 태어나 거기서 성장하고 거기서 죽습니다. 그러므로 부처님께서는 '악업이 소멸될 때까지는 죽지 않는다.'고 말씀하신 것입니다."
"잘 알았습니다, 스님."

### 21. 윤회의 주체

1 밀린다왕은 나가세나에게 물었다.
"스님, 사람이 죽을 때 윤회의 주체가 저 세상으로 옮겨가지 않고 다시 태어날 수 있습니까?"
"그렇습니다. 옮겨가지 않고 다시 태어날 수 있습니다."
"어찌하여 그럴 수가 있습니까? 비유를 들어 설명해 주십시오."
2 "어떤 사람이 등불에서 등불로 불을 붙인다고 합시다. 이런 경우 한 등불이 다른 등불로 옮겨간다고 할 수 있습니까?"
"그렇지 않습니다."
3 "마찬가지로 윤회의 주체도 한 몸에서 다른 몸으로 옮겨가지 않고 다시 태어나는 것입니다."
"다시 다른 비유를 들어 설명해 주십시오."
4 "대왕은 어릴 때 스승으로부터 배운 시를 기억하십니까?"
"그렇습니다, 기억할 수 있습니다."

"그러면 시는 스승으로부터 대왕에게로 옮긴 것입니까?"
"아닙니다, 그렇지 않습니다."
5 "왕이시여, 마찬가지로 몸은 옮기지 않고도 다시 태어나는 것입니다."
"잘 알았습니다."

### 22. 사후의 시간

1 밀린다왕은 나가세나에게 물었다.
"스님, 세상에서 죽은 후 범천에 태어나는 사람과 까쉬미르에 태어나는 사람 둘 중에 어느 쪽이 먼저 도착합니까?"
"동시에 도착합니다."
"비유를 들어 주십시오."
2 "대왕은 어디서 태어났습니까?"
"깔라시라는 마을에서 태어났습니다."
3 "깔라시는 여기에서 얼마나 멉니까?"
"약 이백 요자나입니다."
"까쉬미르는 여기에서 얼마나 멉니까?"
"십이 요자나입니다."
4 "왕이시여, 그러면 지금 깔라시를 생각하십시오."
"생각하였습니다."
"또 까쉬미르를 생각하십시오."
"생각하였습니다."
5 "어느 쪽이 더 빨리 생각됩니까?"
"어느 쪽이나 같습니다."
6 "왕이시여, 마찬가지로 여기서 죽은 후 범천에 태어나는 것이나 까쉬미르에 태어나는 것이나 동시입니다. 빠르고 더딘 것이 없습니다.
7 여기 새 두 마리가 공중을 날다가 한 마리는 높은 나무에

앉고 한 마리는 낮은 나무에 앉았다고 합시다. 두 마리가 동시에 내려앉았다면 어느 쪽 그림자가 땅에 먼저 비치겠습니까?"

"두 마리의 그림자가 동시에 땅에 비치겠습니다."

"대왕이 말한 경우도 꼭 이와 같습니다."

"잘 알겠습니다."

### 23. 열반의 즐거움

1 밀린다왕은 나가세나에게 물었다.

"아직 열반을 얻지 못한 사람이 열반이 얼마나 평안한 상태인가를 알 수 있습니까?"

"그렇습니다, 알다 뿐입니까?"

2 "아직 열반을 얻지도 않고 어떻게 열반이 평안한 상태인가를 알 수 있습니까?"

"왕이시여, 손발을 잘려 본 일이 없는 사람이 손발이 잘린 사람의 고통과 슬픔을 알 수 있습니까?"

"그렇습니다, 그런 줄을 압니다."

3 "어떻게 그것을 압니까?"

"손발이 잘린 사람이 아파하고 슬퍼하는 표정을 보고 아프고 슬픈 일인 줄 압니다."

4 "왕이시여, 아직 열반을 얻지 못한 사람들도 열반을 체득한 사람들의 즐거운 표정을 보고 열반이 얼마나 평안한 상태인가를 압니다."

"잘 알았습니다."

### 24. 해탈을 얻은 사람

1 밀린다왕은 나가세나에게 물었다.

"스님, 탐욕에 가득 차 있는 사람과 탐욕을 버린 사람은 어떻게 다릅니까?"

"탐욕에 차 있는 사람은 집착하고 탐욕을 버린 사람은 집착하지 않습니다."

2 "그 뜻은 무엇입니까?"

"한 사람은 욕심에 살고 한 사람은 욕심이 없습니다."

"스님, 나는 이와 같이 생각합니다. 탐욕에 차 있는 사람이나 탐욕을 버린 사람이나 다 같이 굳은 음식이든 부드러운 음식이든 맛 좋은 것을 바라고 맛없는 것은 바라지 않습니다."

3 "왕이시여, 탐욕에 차 있는 사람은 맛 좋은 음식의 맛을 즐기고 그 맛에 집착하지만, 탐욕을 버린 사람은 맛은 알면서도 집착하지 않습니다."

"잘 알겠습니다."

### 25. 윤회란 무엇인가

1 밀린다왕은 나가세나에게 물었다.

"스님이 말씀하신 윤회는 무엇을 뜻합니까?"

"이 세상에 태어난 사람은 이 세상에서 죽고, 이 세상에서 죽은 사람은 저 세상에 태어나며, 저 세상에서 태어난 사람은 저 세상에서 죽고, 저 세상에서 죽은 사람은 다시 다른 세상에 태어납니다. 윤회가 뜻하는 것은 이런 것입니다."

2 "비유를 들어 주십시오."

"어떤 사람이 잘 익은 망고를 먹고 씨를 땅에 심었다고 합시다. 그 씨로부터 망고나무가 자라 열매를 맺을 것입니다. 그 나무에 열린 망고를 따 먹고 씨를 땅에 심으면, 다시 나무로 자랄 것입니다. 망고나무는 끝없이 이어갈 것입니다. 윤회도 이와 같습니다."

"잘 알겠습니다."

# Memo

Memo

# Memo

Memo

# Memo

Memo

### 불교성전 필사본 上

2021년 9월 8일 초판 1쇄 인쇄
2021년 9월 15일 초판 1쇄 발행

| | |
|---|---|
| 발행인 | 박 기 련 |
| 발행처 | 학교법인 동국대학교 출판문화원 |
| 출판등록 | 제2020-000110호 |
| 주소 | 04626 서울시 중구 퇴계로36길 2 신관 105호 |
| Tel | 02-2264-4714    Fax  02-2268-7851 |
| 홈페이지 | http://dgpress.dongguk.edu |
| 이메일 | abook@jeongjincorp.com |
| 정가 | 15,000원 |
| ISBN | 979-11-91670-07-3 |
| | 979-11-91670-06-6(세트) |

이 책의 무단 전재나 복제 행위는 저작권법 제98조에 따라 처벌받게 됩니다.

## 사홍서원

중생을 다 건지오리다
번뇌를 다 끊으오리다
법문을 다 배우오리다
불도를 다 이루오리다

## 한문반야심경

관자재보살 행심반야바라밀다시 조견 오온개공 도일체고액
觀自在菩薩 行深般若波羅蜜多時 照見 五蘊皆空 度一切苦厄

사리자 색불이공 공불이색 색즉시공 공즉시색 수상행식 역부여시
舍利子 色不異空 空不異色 色卽是空 空卽是色 受想行識 亦復如是

사리자 시제법공상 불생불멸 불구부정 부증불감
舍利子 是諸法空相 不生不滅 不垢不淨 不增不減